# MELQUISEDEC

# MAESTRO DE SALEM

Margarita María Niño Torres

ISBN 9798428032123

# Índice

# MELQUISEDEC, MAESTRO DE SALEM

## *INTRODUCCIÓN*

*"Entonces Melquisedec, rey de Salem, presentó pan y vino a Abram, pues era sacerdote del Dios Altísimo, y le bendijo diciendo: 'Bendito seas Abram del Dios Altísimo, creador de cielos y tierra, y bendito sea el Dios Altísimo que puso la victoria en tus manos'. Y dióle Abram el diezmo de todo".*

*Gen 14, 18-19*

Melquisedec, el sacerdote del Altísimo, aparece nombrado en el Antiguo Testamento solamente una vez, y su vida no se narra en absoluto, ni entretejida con peleas ni con conquistas de pueblos o de tesoros o de tierras baldías, ni entregada a largas oraciones y penitencias. No obstante, para el lector que trata de encontrar elementos firmes y verdaderos para su propia vida espiritual, puede convertirse en una fuente perenne de paz y de fe.

*'Melquisedec maestro de Salem'* es una novela alrededor de este personaje y su época, que usa, además de la cita bíblica mencionada, elementos

tomados del libro de Urantia y de relatos y tradiciones de pueblos antiguos, con el único fin de comunicar a otros algo de esa serenidad que emana de una figura apenas entrevista en el gran libro que a tantos sirve de inspiración y consejo.

Sabemos por la Biblia que Abraham visitó a Melquisedec en su tienda y fue agasajado con pan y vino. Este hecho nos permite ubicarlo en Salem al comienzo del segundo milenio anterior a nuestra era.

*La autora*

**Preámbulo...**

*¿Cuáles fueron las principales actividades y movimientos de la humanidad y cuántos los años que se ocultan detrás de esas catorce páginas de la Biblia entre el registro de la muerte de Adán en el segundo jardín y la aparición y obra de Melquisedec en Salem?...*

Redondeando a decenas de miles, se puede estimar que pasaron treinta mil años entre la muerte de Adán y la llegada de Melquisedec a Salem.

Los primeros hijos de Adán y Eva, aquéllos que nacieron en el primer jardín y que eligieron compartir la suerte de sus padres después de la falta, una vez que les ayudaron a establecerse en la segunda ubicación, emigraron al norte, hacia las tierras de Van, pero no se quedaron en ellas. Allí encontraron algunos descendientes de los inmortales rebeldes del séquito del príncipe, que aunque sabían poco o nada de sus lejanos antepasados y sus acciones, sí se veían a sí mismos mejor dotados intelectual y físicamente que los habitantes de las razas evolutivas.

Estos personajes -los hijos adánicos y los descendientes de los inmortales-, junto con sus familias de raza mezclada, manifestaron y alimentaron el deseo de ir siempre hacia nuevas tierras, buscando pastos mejores y nuevas posibilidades para cultivar... Así llegaron hasta el margen inferior del Mar Negro, lo bordearon, primero hacia el norte y luego al occidente, y entraron en Europa. Por donde pasaban dejaban asentamientos de nuevas familias, formadas por sus descendientes mezclados con los nativos de las regiones donde iban estableciéndose.

Las nuevas generaciones siguieron con el impulso incansable de viajar, descubrir y poblar, y llegaron hasta el extremo occidental de la Península Ibérica. Algunos incursionaron en el norte de África y continuaron hacia el este, aprovechando los recursos del mar, bordeando el Sahara, y dejando asentamientos en donde las condiciones lo permitían.

Transcurridas varias generaciones, unas cuantas familias encontraron el valle del Nilo y allí se convirtieron en artesanos, pastores y campesinos, sin ningún deseo de regresar por el desierto hasta la tierra que sus antepasados describían. Se mezclaron con los hombres evolutivos de la región y procrearon grupos humanos hábiles para la construcción y para la navegación por el Nilo. Sus descendientes concibieron y desarrollaron la gran civilización egipcia.

Una vez asentados en Europa, en algunos puntos del norte de África y en Egipto, los descendientes de esas cepas genéticamente privilegiadas continuaron mezclándose con los pobladores evolutivos que fueron hallando en los espacios donde el clima era propicio para la vida humana, y allí se quedaron.

Después de esos primeros hijos, algunos de los descendientes de Caín y de varios de la progenie de Adán y Eva en el segundo jardín, así como un buen número de los primeros anditas, -descendientes de hijos de Adán con mujeres vanitas también del segundo jardín-, emigraron al norte y sobrepasaron las tierras de Van, como lo habían hecho los primeros, pero esta vez desviaron hacia el este, bordeando el mar Caspio hasta llegar al Turkestán.

Allí se estableció un gran centro de población andita mezclada, parte de la cual siguió hacia el norte hasta encontrar las grandes estepas. De ellos los más aventureros avanzaron hacia el este hasta que, mil o más años después, sus descendientes encontraron la forma de pasar a Norteamérica y lo hicieron.

Otra parte de los que estaban asentados en el Turkestán viajaron de ahí hacia el sureste, hasta Thien-Shiang; de allí unos entraron al Tíbet y siguieron a la China, y otros bajaron hasta el Decán en la India.

Todos aquellos que formaron parte de las migraciones iniciales fueron dejando grupos de familias a lo largo y ancho de los espacios que iban conociendo, grupos que se desarrollaron independientemente, muchos de los cuales no llegaron a ver nuevos viajeros por varios miles de años. Las poblaciones evolutivas de las regiones nórdicas eran menos numerosas que las de Mesopotamia y sus alrededores, pero existían y se habían adaptado a los rigores del clima, especialmente en las estepas y en las zonas árticas. Los descendientes mezclados de estas familias fijaron tipos humanos con características marcadamente diferentes de las que heredaron los pobladores de las zonas más próximas al valle del Éufrates.

Al cabo de quince mil años y por los diez mil siguientes, el rigor del clima en el norte frenó las avanzadas de las nuevas generaciones procedentes de Mesopotamia, cuyos posteriores descendientes solo pudieron llegar hasta las regiones de Anatolia, al sur-occidente del mar Negro, y el Cáucaso al noreste, entre los mares Negro y Caspio.

En toda esa franja cubierta de vegetación y montañas, crecieron comunidades diversas, cada una de las cuales desarrolló una cultura propia: Las habilidades de cada clan, tribu o pueblo, las circunstancias mismas de su historia y los ingredientes genéticos de las nuevas familias mezcladas, fueron determinando sus características físicas, así como su dialecto particular, derivado del lenguaje original común, pero con rasgos y voces peculiares. De esta manera, cada una de esas comunidades adquirió una identidad claramente diferenciada de las de sus vecinos.

En el segundo jardín permanecían descendientes de Adán cada vez más mezclados con nuevas tribus semisalvajes que salían de sus ubicaciones escondidas. Las tradiciones se habían perdido por completo y algunas familias practicaban cultos retrógrados y grotescos, y creían en fantasmas y hechizos, como sucedía en los tiempos más antiguos.

Muchos de los anditas que habían salido del jardín antes de esta invasión, en lugar de viajar al noreste como los primeros, viajaron al sur y se mezclaron con los habitantes de Sumeria, formando con ellos un pueblo mucho más civilizado, inteligente y físicamente fuerte. Allí se conservaban mejor que en ninguna otra parte las tradiciones de siembra y pastoreo, así como la religión de los sacerdotes setitas que, aunque desaparecidos, habían inculcado en muchas familias el culto del UNO, como único dios. El concepto de Dios Padre se había perdido. Solo unos pocos conservaban y transmitían a sus hijos la leyenda de tiempos en que los hombres hablaban con el UNO como si fuera un Padre.

Estas eran, a grandes rasgos, las ubicaciones de la humanidad veinticinco mil años después de la muerte de Adán.

Sobrevino entonces el período de las grandes inundaciones. En particular en el valle del Éufrates, al norte de Mesopotamia, este período tuvo unas características aniquiladoras. Para cuando se secaron las tierras, el segundo jardín había desaparecido y los pueblos de toda la región se encontraron totalmente diezmados. Desde entonces los descendientes de quienes sobrevivieron a las inundaciones del valle del Éufrates son llamados "semitas", relacionándolos así con Sem, el hijo mayor de la única familia que, según la historia, sorteó con éxito esos terribles días.

Los semitas se multiplicaron y en su mayor parte fueron ocupando la Mesopotamia media y baja. Muchos llegaron a Sumeria, se mezclaron con sus habitantes sumerio-anditas y fundaron ciudades cerca de las muy antiguas ubicaciones sumerias. Por las características de sus tierras y las enseñanzas de las tradiciones que habían dejado los más antiguos -a quienes en su tiempo correspondió salvarse de terribles avanzadas del agua y de la desaparición de asentamientos-, los habitantes de Sumeria no sufrieron tan desastrosos efectos con las inundaciones y casi toda su cultura sobrevivió intacta.

Los semitas del norte de Mesopotamia fueron principalmente pastores; su actividad los llevaba de un lugar a otro buscando tierras buenas para los rebaños, así que ocupaban sucesivamente los valles de los ríos y las zonas fértiles intermedias, pero sin establecerse definitivamente en ninguna ubicación. De este modo, a lo largo de tres mil años, abrieron los caminos para pasar de la parte alta del Éufrates hacia el sur-oeste, llegar al valle del Jordán y de allí, siguiendo al sur, encontrar el valle del Nilo y en él la civilización egipcia en crecimiento.

Algunos de estos semitas, inclinados más a la artesanía que al pastoreo, viajaron desde el Éufrates hacia el occidente directamente hasta encontrar el Mediterráneo; bajaron por la costa, levantaron ciudades en las cuales se establecieron, aprendieron el arte de construir embarcaciones y se constituyeron en un pueblo muy definido, dedicado a la navegación. Se llamaron a sí mismos fenicios. Por el mar llegaron a Egipto y establecieron relaciones de variada índole con esa civilización más avanzada.

....................................

Las tierras adyacentes a las semitas de la media y baja Mesopotamia, estaban habitadas por pueblos evolutivos. Después de las inundaciones, movidos por sequías y escasez de alimentos, estos pueblos se volcaron hacia las llanuras fértiles y amenazaban con exterminar a los semitas que se iban consolidando al norte de Sumeria, y las ciudades mismas de Sumeria. Para defenderse, estas comunidades constituyeron una red de ciudades estado, cada una de las cuales reforzaba sus fronteras y preparaba su ejército para acudir a defender cualquiera de las ciudades confederadas que se viera atacada. Este régimen perduró casi tres mil años.

Una consecuencia muy notable del régimen de ciudades estado fue la formación militar de todos los semitas varones. Los hombres ricos, jefes de familia que poseían esclavos y trabajadores en sus campos y rebaños, fueron generalmente estrategas y dirigentes de las batallas contra los invasores, mientras que todos los agricultores, artesanos y pastores formaban el cuerpo de soldados. Terminada cada campaña y vencidos los asaltantes, todos volvían a sus puestos y trabajos. Este entrenamiento y práctica continuó por largo tiempo dentro de los pueblos individuales y de las familias poderosas, aún después de terminado el régimen de ciudades estado.

Se llamó Caldea la región que ocuparon las antiguas ciudades de Sumeria junto con nuevas ciudades semitas: Larsa y Ur fueron dos de estas primeras ciudades caldeas. Poco a poco, los semitas fueron dominando el conjunto creciente de ciudades, de modo que dos mil años después de las inundaciones se constituyó un primer imperio semita llamado Acad, que abarcaba prácticamente toda Mesopotamia; entonces los semitas de Mesopotamia comenzaron a llamarse acadios. Gobernado inicialmente por el rey Sargón, este primer imperio duró solamente cien años pero estableció un modelo que muchos intentarían repetir en el futuro.

En Caldea los semitas dominaron la mayor parte de las ciudades en las cuales, sin embargo, predominaba la cultura sumeria y se hablaba la lengua de los sumerios.

Pocos años antes de los sucesos que describe nuestro relato, por el borde oriental de Mesopotamia comenzaron a verse hombres de un tipo diferente, no semitas ni de familias nativas no mezcladas; se llamaban a sí mismos arios de la nación persa y procedían de las estepas del norte, más arriba del Cáucaso y de los mares Negro y Caspio. Eran pocos pero constituían una avanzada, encargada de buscar nuevas tierras donde pudieran reubicarse todas las tribus de esa nación que llamaban persa.

………………………………

El deseo de conocer nuevas tierras llevó a los nuevos pobladores de todos los territorios habitados y con algún nivel de desarrollo, a viajar hacia otras regiones también pobladas. En estos viajes encontraron que otros pueblos tenían bienes y producían objetos útiles, bellos o extraños. Al regresar con algunos de estos elementos, abrían en muchos el apetito por poseerlos.

Como no todos podían viajar, a quienes lo hacían les encargaban traer algo a su regreso. Algunas cosas comenzaron a destacarse como de gran utilidad, y su aceptación y el deseo generalizado de tenerlas marcaron las rutas de las caravanas que las llevaban desde su origen a los otros pueblos: el jade, que permitía hacer cuchillos mucho más finos y cortantes; la canela, que aromatizaba los alimentos; la seda y sus múltiples y bellas combinaciones; el bronce trabajado y convertido en vasijas y estatuillas, y un número cada vez mayor de productos combinados se movían en todas direcciones, en manos de hombres que dedicaron todo su tiempo al oficio de llevar, cambiar, traer... los mercaderes.

Puesto que el viajar solo o en pequeños grupos era muy peligroso, los mercaderes organizaron las caravanas e instituyeron el oficio de guías. Se trataba fundamentalmente de unir el oriente con el Mediterráneo. Así, las rutas terrestres que provenían de las márgenes del Indo, llegaban hasta el Nilo, pasando por todas las ciudades de Mesopotamia. Todas esas rutas tenían una parada obligatoria en Salem.

Una vez regularizadas las caravanas y todos sus protocolos, comenzaron a unirse a ellas hombres que buscaban las riquezas del espíritu y del conocimiento, personas deseosas de aprender de otros pueblos, de escuchar a otros maestros. Ellos a su vez distribuían esta ganancia espiritual a su regreso.

Para la época de Melquisedec en Salem, se encontraban perfectamente definidas las grandes rutas del comercio de productos entre el oriente y el Mediterráneo, siendo éste el motivo que lo llevó a elegir allí el lugar de su residencia en la tierra.

*La figura de Eva es el personaje central de una novela anterior, titulada* ***"En Memoria de Eva",*** *en la cual se narran acontecimientos de la vida de los humanos en el segundo jardín, desde la llegada a él de Adán y Eva, hasta la muerte de Adán.*

*En ayuda de quienes no tienen a mano mejores ilustraciones y datos geográficos, se inserta aquí una aproximación al mapa de las regiones del mundo conocido hace cuatro mil años, regiones que estuvieron relacionadas con los hechos narrados en esta historia de Melquisedec.*

Mapa aproximado de las regiones y lugares involucrados en esta historia hacia el año 2.000 antes de nuestra era.

# MELQUISEDEC MAESTRO DE SALEM

## I. Los primeros días

### *Nahama y Amdón*

Nahama tiene veintidós años y vive en una tienda en el campo, con su marido que es pastor y sus dos hijos. Ella teme a la guerra más que a ningún dios: cada vez que los jefes de una tribu inician una campaña contra otros jefes, los hombres de la tribu no pueden negarse a participar en las luchas y a las mujeres no les queda otro remedio que apoyarlos. No está en modo alguno segura de la reciente paz, aunque parece que por fin el país ha superado las turbulentas épocas de su pasado inmediato: Los jefes y reyezuelos de los pueblos que se hallaban inmersos en luchas continuas por el control de las mejores tierras, y a quienes sus dioses de metal o de barro los acompañaron desde sus plataformas portátiles o los observaron desde los altares de las colinas, habían celebrado un pacto y constituido una confederación de tribus comprometidas a vivir en paz en toda la región. Sin embargo, no era propiamente tranquilidad lo que las mujeres sentían: ladrones y hombres violentos que obtenían ánimo de las acciones guerreras y no deseaban la vida pacífica y rutinaria, merodeaban en las cercanías de los poblados, atacaban a caminantes despreocupados y solitarios y sembraban el temor haciendo correr rumores de nuevas e inminentes batallas.

En cuanto el pequeño Obed se durmió y ella hubo encargado a Amós, el mayor, que lo cuidara, sin hacer ningún ruido, salió rápidamente para llegar al pozo antes de que oscureciera y volver con el agua necesaria para preparar la comida de la tarde. Amdón, su marido, regresaría del campo con las ovejas en un par de horas. Desde la victoria contra los amonitas del norte no había sido llamado a ninguna pelea y había podido atender el rebaño, que se duplicó en esos meses de relativa calma en el sector de su vivienda. Nahama caminó apresuradamente y llegó un poco fatigada a la parte alta de la pendiente por donde pasa el camino amplio que une el pozo con la ciudad.

Varias mujeres y algunos niños volvían del pozo cargando los cántaros al estilo usual. Muy pocas se veían alegres. Casi todas mostraban decaimiento y un tanto de mal humor. Otras viajaban en la misma dirección y, como ella, se sabían retrasadas en la tarea de recoger el agua.

—¡Madre Ener, tenga usted salud!—, dijo Nahama inclinándose ante la mujer mayor que en ese momento se volvía y se encontraba repentinamente frente a ella.

—Nahama, ven un momento—, respondió la anciana, ignorando el saludo y mirando con preocupación a la joven.

Nahama se acercó y las dos se apartaron unos pasos de la entrada del pozo.

—Tienes que andar pronto y volverte a la casa. Los tiempos están malos, los hombres perversos parecen surgir de la tierra en cada vuelta del camino... y, además, allá atrás, más arriba, vi una tienda desconocida. No sabemos qué clase de forasteros vienen a estas tierras llenas de ladrones—, dijo Ener y siguió su camino sin añadir nada. Ella vivía más lejos que Nahama y para alcanzar su vivienda tenía que pasar forzosamente cerca de la tienda cuyos ocupantes no había visto. Esta novedad le hacía sentir temor; por eso apresuró el paso sin dar más explicaciones...

Nahama hubiera querido preguntarle si se había asomado a la tienda o si había visto huellas de ganado o restos de bultos de mercancías, porque deseaba que se tratara de un vendedor llegado del oriente, con cosas útiles e imposibles de conseguir en ese país que sus tribus habitaban.

Aunque generalmente hablaban una lengua difícil, siempre se llegaba a comprender algo de lo que contaban esos mercaderes y, cuando se iban, las pocas cosas adquiridas, una vez que ocupaban sus lugares dentro de la tienda, recordaban la existencia de un mundo diferente y envuelto en misterio, que existía más allá de las montañas y que daba formas a los sueños de libertad de algunos moradores menos apegados al terruño, como Nahama.

Ella debía dejar sus preguntas para otro día. De momento lo urgente era llegar a la casa y esperar a Amdón. Seguramente él sabría de los forasteros. Los pastores solían juntarse al mediodía, cerca del abrevadero, y comentar los sucesos de sus lugares y poblados.

Mientras cocinaba la carne y las verduras, Nahama recordó la preocupación y el temor de la madre Ener... "Ojalá arriba no estén comenzando una nueva guerra... Obed está muy pequeño todavía y a veces hay que correr tan lejos para esconderse....", se dijo casi en voz alta. Luego sacudió la cabeza como espantando esas ideas. Volvió a imaginar las túnicas de telas de colores y con hilos brillantes, el olor de la canela y el sonido de los adornos tintineantes para el cuello y los brazos. Tenía ahorros. Algo podría comprar...

—¡Ya llegó padre!— El niño tiraba de su túnica muy excitado. Nahama retiró la vasija del fuego y salió:

—Te saludo y te respeto, mi señor—. Así saludó a su marido, siguiendo en esto lo que establecían las costumbres del país para la esposa. Después pasó al diálogo simple, mientras ayudaba a entrar las cosas que traía Amdón: un pequeño saco de cereales, una porción de cordero crudo y algunas yerbas y verduras.

—¿Y qué nuevas escuchaste por allá?— preguntó a su esposo mientras le alargaba el cubo del agua para que se refrescara la cabeza.

Amdón se humedeció la cara y la cabeza, se escurrió con las manos el exceso de agua, se sentó para recibir algo de beber, y luego dijo: —Pues hubo un poco de alboroto. Que tal vez algún pueblo desconocido está llegando a nuestras fronteras para pelear... Y el consiguiente lamento de todos por la pérdida segura de rebaños y cosechas. También temor porque, sin haberlos visto, siempre se piensa que son más fuertes y numerosos que los de aquí...

—¿Y... es o no es verdad eso?— preguntó Nahama ansiosa.

—Pues no se sabe todavía con seguridad, pero creo que no, porque los que llegaron con esos cuentos se fueron temprano y ninguno volvió con otras noticias, así que nos olvidamos. Si hubiera sido verdad, hubo tiempo suficiente para que nos advirtieran pero nada más pasó; por eso creo que al menos esta noche podemos dormir tranquilos.

—Ah... ojalá que no se trate de pelear...— Y recordando el encuentro con Ener, Nahama añadió: —¿Sabes que encontré a madre Ener en el pozo y me dijo que había una tienda desconocida allá arriba? No vio a nadie, pero estaba temerosa por los forasteros que seguramente dormirán ahí.

—Ya es tarde para ir a saludar... dejémoslo para mañana. Iré antes de que salga el sol a ver quiénes son esos visitantes y después vendré por las ovejas para llevarlas a pastar... No nos vendría mal que fueran comerciantes, porque tenemos buenas pieles para cambiar por algo nuevo..., tal vez algo para los niños...—, le dijo Amdón mirándola interesado en el asunto.

Nahama sonrió. Eso le gustaba de su marido. Era capaz de seguir tranquilo y ver buenas posibilidades en hechos nuevos, aunque el temor de todos los demás intentara contagiarlo y prevenirlo contra males sin cuento que podrían esconderse allí.

Acabando de comer, Nahama acomodó a sus hijos. Cuando los niños se durmieron, ellos salieron a mirar las estrellas y conversaron largamente:

—Si fuera cosa de nuevas guerras, ¿qué crees que debamos hacer?— preguntó Amdón a su mujer.

—¿Y por qué no nos movemos hacia el sur? tal vez por allá los pastos estén ya en buen punto. Estando aquí, tan cerca de Salem, siempre andaremos temiendo a los del norte que quieren invadir—, repuso ella.

—Mmm... antes lo mejor será averiguar, pero sin despertar ninguna alarma—, observó él; pensó un poco más y agregó como hablando consigo mismo: —Voy a preguntar a algunos sureños que veo llegar al abrevadero. Lo haré de modo que parezca una tonta curiosidad... aprovechando la circunstancia de que los pastos comienzan a escasear...

Miraron nuevamente las estrellas. Nahama suspiró hondamente antes de decir: —¿Y si los dioses se disgustan con nosotros y nos castigan?

—No creo en eso—, contestó rápidamente Amdón. Y bajando la voz, reafirmó: —Realmente no creo en esos dioses... Dicen que hace tiempo todas las tribus de los hombres que vivían al oeste tenían un solo dios al que llamaban UNO, y que no tenían tanto miedo de ser castigados y vivían tranquilos, trabajaban y prosperaban...

—¡Cómo me gustaría que fuera verdad...! Pero dicen que esas historias son pura imaginación de la gente. Los dioses son castigadores y crueles... —, expresó Nahama con nostalgia y deseo de que ese mundo incomprensible de los espíritus fuera realmente más amable que lo que mostraban las enseñanzas de los antepasados.

—Vamos a descansar. Debo pararme antes de que amanezca para hacer todo lo que pienso—. Y entraron.

Una hora antes del alba salió Amdón de su morada. Quería llegar arriba y observar la nueva tienda antes de que el sol saliera. Con solo verla adivinaría la procedencia y el oficio de los dueños y entonces decidiría si se acercaba a saludar o se volvía para hablar con Nahama de cambiarse al sur. No deseaba por nada del mundo participar en otra guerra mientras los niños estuvieran tan pequeños... "Será duro dejar estas buenas tierras y alejarnos de Salem y sus ventajas...", se dijo luego de que el pensamiento de la huida alterara su ánimo, pero no se dejó abatir; con la mano espantó esas ideas de su cabeza y aceleró el paso.

— Ey, Amdón, ¿buscas al hombre de ahí?—, le preguntó Katro desde un punto más alto en la colina, cuando Amdón no divisaba todavía la tienda.

— Sí. ¿Está adentro?—, preguntó el pastor mientras se acercaba a esa tienda totalmente diferente de cuantas había visto.

—No. Hace como una hora salió. Cuando yo llegué aquí él ya iba lejos... y yo quería que me dejara acompañarlo —, comentó el chiquillo con un dejo de tristeza.

— ¿Y por qué querías acompañarlo, acaso él te lo pidió? —, se interesó Amdón.

— Pues porque ayer tarde, casi noche, mi abuela Ener, que lo vio de cerca, me mandó que viniera hoy a saludar y me dijo: "Yo tenía miedo, pero ahora que lo vi sé que es un hombre del UNO, así que mañana madruga y vas. Ojalá lo acompañes y le ayudes" —, contestó el niño.

— ¿Y piensas esperar ahí hasta que regrese?

— Voy a estar por aquí. Si lo veo le digo que viniste a saludar.

— Está bien. Si él quiere ir al atardecer, dile dónde vivo. O mejor no. Es de más respeto que yo vuelva después de encerrar las ovejas. Dile eso, que volveré antes del anochecer—, recomendó Amdón a Katro y despidiéndose se alejó.

Se sentía aliviado mientras bajaba rápidamente, deseoso de comentar con Nahama lo que había visto y sabido, y de comer algo antes de salir a su trabajo del día. Volvió a pensar en esa tienda tan blanca, como acabada de hacer con una tela nueva: "No es como las nuestras, que siempre completamos uniendo pedazos de aquí y de allá, y mucho menos como las tiendas de las tribus alejadas, que son inconfundibles por la suciedad y las innumerables roturas. Y las de los comerciantes siempre se ven adornadas con telas de colores brillantes y llenas de baratijas colgadas que suenan con el viento.... Esta es muy diferente. No, yo nunca he visto una tienda así..."

En cuanto su marido le contó las nuevas, Nahama dijo: —Pues creo que iré a ver a madre Ener para que me diga lo que piensa ella del forastero y, si te parece, cuando regreses vas y lo invitas. Mientras tanto yo preparo la cena. Así le damos la bienvenida y le ofrecemos nuestra colaboración.

—Traeré el cordero listo para asar. ¿Tenemos harina para que prepares unos panes?

— Sí, hay suficiente. Mejor no tardes demasiado. Yo me encargo de adelantar lo que pueda—, dijo Nahama mientras entregaba a Amdón la comida del mediodía.

—Si vas a ver a la anciana, lleva algo de comida para el nieto que estará de guardia cerca de la tienda nueva—, le dijo Amdón mientras comenzaba a arriar las ovejas en la dirección opuesta al camino de la madrugada.

En el transcurso de la mañana Nahama se esmeró en arreglar y ordenar la vivienda. Estaba alegre. Todo se le antojaba fácil y los temores de la guerra habían desaparecido de su corazón, como exorcizados con las pocas cosas que Amdón había dicho. Preparó con especial cuidado cuatro panes grandes. Aseó y vistió a sus hijos, se arregló ella misma y, en cuanto tomaron el alimento del mediodía, salió con los niños en dirección a la casa de Ener.

Fue una hora de camino así, cargada con el pequeño Obed, bajo el calor del sol que aumentaba la dificultad de la subida, pero ella tenía alas en los pies y no sintió ningún cansancio.

—¡Ey, madre Nahama!, ¿va a visitar a mi abuela? —, gritó Katro desde la misma colina en donde Amdón lo dejó temprano.

—Sí, niño. Y baja corriendo que aquí te manda Amdón para que almuerces—, contestó ella sacando el paquete de hojas con un trozo de cordero y otro de pan.

—Gracias, madre. Qué bueno porque mi abuela no puede venir con este sol y yo no quiero irme, no sea que vuelva el hombre de esa tienda tan bonita que está ahí—, dijo señalando con la mano hacia el lugar, y concluyó: —Es que quiero que me deje acompañarlo y ayudarle...

Mientras Katro comía, Nahama y sus hijos avanzaban hacia la casa de Ener. Veinte minutos después llegaron y cuando la anciana salió a recibirlos, ella hizo la reverencia de saludo que acostumbraba dar a las abuelas.

—Entra, Nahama, y descansa un poco con tus hijos. ¿Viste a mi nieto? Salió muy temprano y no ha vuelto. Espero que esté con el sacerdote de la tienda nueva—, dijo Ener, que no sabía nada del encuentro de Amdón y Katro.

Nahama le contó todos los detalles y finalmente quiso saber si Ener había o no hablado con el forastero: —¿Por qué dice usted que el forastero es sacerdote, madre Ener, acaso él mismo se lo dijo?

—No. Yo no hablé con él pero lo vi sentado fuera de su tienda y miraba al cielo tal como nuestras tradiciones dicen que oraban los sacerdotes setitas: en silencio y con una actitud de paz y de fe inmensa. De lejos lo miré un momento y supe que era un hombre del UNO, alguien bueno que nos ayudará mucho y nos enseñará lo que hemos olvidado...

Hablaron un rato y se propusieron saber todo lo que les fuera posible de lo que el sacerdote enseñara a los hombres -daban por hecho que solamente hablaría con hombres-, para comentarlo alrededor del pozo con las mujeres y que así pudieran beneficiarse también ellas de sus enseñanzas. Nahama, pensando en que Amdón podía regresar antes que de costumbre, para comenzar a desarrollar el plan de ofrecer una cena al recién llegado, se despidió de Ener y tomó el camino de bajada a media tarde, cuando el sol quemaba menos y la brisa comenzaba a refrescar.

Amdón apareció antes del crepúsculo, guardó las ovejas y entró a lavarse para ir a esperar e invitar al forastero. Pero se detuvo un momento a consentir a Obed, que reclamaba su atención, y a beber el agua que le ofreció Nahama, en tanto que Amós corrió afuera para entregarle el cayado. Y no acababa de vaciar el cuenco del agua cuando entró Amós corriendo muy excitado: —¡Padre, vienen…! y en su lengua infantil no supo decir más.

—Él quiso venir—, dijo Katro, que apareció en ese momento en el ángulo de la entrada.

Amdón salió y se inclinó ante el recién llegado, que acababa de detenerse a dos pasos de la tienda. Nahama esperó con sus hijos adentro, en silencio, pendiente de lo que los hombres pudieran decir.

—Me honra su visita, señor—, dijo el pastor y levantó la cabeza.

El hombre esperó a que Amdón terminara su venia y, mirándolo de frente, se presentó con estas palabras: —Yo soy Melquisedec, sacerdote del Dios Altísimo.

Aunque Ener había dicho que el recién llegado era un sacerdote, el pastor se sintió tremendamente impresionado con las palabras y el porte de Melquisedec. Hubo de esperar unos momentos antes de estar en capacidad de decir algo coherente. Al fin expresó la invitación que tanto había ensayado durante el día: —Yo soy un simple pastor. Mi nombre es Amdón y vivo aquí con mi familia. Si usted acepta comer esta noche en nuestra compañía, nos sentiremos inmensamente honrados y bendecidos—. Miró hacia adentro e hizo una seña a Nahama para que saliera a saludar.

—Esta es mi mujer, Nahama. Ambos somos de origen caldeo y ahora vivimos en esta región—, expresó Amdón dirigiéndose al sacerdote, y Nahama, sin pronunciar palabra, se adelantó e hizo una profunda reverencia.

—Agradezco y acepto tu invitación—, contestó el invitado. Luego, mirando a Katro, recordó que el niño no había vuelto a su casa desde la madrugada y le dijo: —Katro, creo que debes ir con tu abuela. Ella no sabe que estás aquí. Mañana te espero cuando el sol esté saliendo para que me muestres la ciudad.

—¡Sí, claro que llegaré temprano!—, contestó entusiasmado el niño y salió corriendo.

Nahama se adelantó para levantar suficientemente la tela de la entrada, de modo que el visitante no tuviera que agacharse demasiado. Los hombres entraron y se acomodaron en el espacio destinado a la conversación y a la comida. Amdón se levantó enseguida para traer agua a su invitado, a fin de que pudiera refrescarse y, después de lavarse también él las manos, sintió gran confianza y comenzó a interrogar a Melquisedec sin ningún temor:

—¿Cómo debemos dirigirnos a usted para hablarle?

—Pues me pueden decir "maestro", porque vine a enseñar las verdades del Dios eterno a todos los que deseen aprenderlas—, respondió Melquisedec con gran sencillez.

—¿Y dónde piensa enseñar esas verdades?

—Creo que conformaré una escuela en mi tienda. Hoy ya estuve caminando por los alrededores y mañana iré con Katro a conocer la ciudad. Luego, con ayuda de personas como ustedes, podré decidir sobre el sitio más apropiado para empezar a enseñar.

—¿Y qué condiciones deben reunir las personas para ser admitidas en su escuela?

—Solo desear saber algo del Único Dios del cielo y de la tierra. El Padre de todos—, contestó con claridad y firmeza el sacerdote.

—¿Aunque sean mujeres?—, preguntó Nahama quien, habiendo puesto la carne sobre las piedras de asar, volvió prontamente para escuchar y permanecía un poco retirada de los hombres.

—Sí, claro, el Padre ama a todos por igual y se complace cuando un hombre o una mujer desean saber de Él y tratan de cumplir sus deseos.

Amdón se sobresaltó al escuchar la última frase de Melquisedec y enseguida le preguntó: —¿Y cómo son esos deseos del Dios al que usted sirve? ¿Así de terribles y exigentes como los de los dioses de los altares de allá arriba, que quieren que uno les dé lo mejor y más elegido de los rebaños, aunque se quede sin buenos animales para la reproducción?

Melquisedec supo, en ese momento preciso, de las dificultades que tendría para desvelar ante los hombres algo de la naturaleza amorosa del Padre y de su inmensa generosidad, que solamente desea la voluntad de sus hijos humanos de creer en su amor. Pensó un momento y luego, hablando despacio, dijo: —Amdón, no te preocupes. El Padre no se parece en nada a esos dioses de que hablas. El Padre sólo desea de ti que creas en Él y trates de amarlo mientras cumples tus obligaciones familiares y te esfuerzas por hacer crecer tus rebaños. Él no necesita ofrendas de carne y sangre.

—¿Entonces qué ofrendas tenemos que llevar al altar?— preguntó el asombrado Amdón.

En ese momento Nahama se acercó para decir en voz baja a su marido que ya estaba lista la cena. Melquisedec, que la oyó, le dijo a Amdón: —Ayúdame a reunir personas como tú, que deseen saber más acerca del Dios Altísimo, para iniciar la escuela. Te prometo que todas tus preguntas quedarán contestadas porque tú mismo entenderás qué es lo que el Padre quiere— Y enseguida dijo a Nahama: —Si quieres, podemos comer ya. Luego hablaremos más.

Melquisedec, desde su llegada la tarde del día anterior, solamente había comido algunos granos de trigo, tomados directamente de las espigas mientras caminaba por los campos. Esta cena en la tienda del pastor caldeo, que sólo había oído nombrar al UNO como una leyenda de sus antepasados caldeos, era la primera de su vida en la tierra.

Mientras comían, primero Nahama y luego Amdón miraron atentamente la insignia que el maestro llevaba sobre el pecho y que resaltaba sobre el color claro de la túnica. Melquisedec se dio cuenta y, haciendo una pausa, les dijo señalando el objeto:

— Este adorno tiene un significado: Lo forman tres círculos que si se miran en conjunto se ven como uno solo, pero son tres diferentes. Es para explicar una verdad antigua que se ha olvidado completamente, pero que en los tiempos de los sacerdotes setitas era enseñada a los hombres: Dios es único y a la vez triple: Es el Padre de todos, es el Creador del universo, y es el Espíritu que todo lo llena—. Hizo una pausa y luego, con ánimo menos solemne, les confortó: —Por ahora piensen solamente en Dios como Padre. Poco a poco irán familiarizándose con la verdad que representa este triple círculo—. Y volvió a su comida.

Terminada la cena, Amdón condujo a su invitado fuera de la tienda y sentados allí tomaron jugo de uva fermentado, como se usaba en las ocasiones especiales. Un vino obtenido por métodos rústicos de presión sobre las uvas y almacenamiento del jugo en odres.

Mirando el cielo nocturno tachonado de estrellas, Melquisedec hizo un amplio movimiento del brazo, como intentando encerrar todas las luces, y dijo: —El Altísimo gobierna todo lo que vemos. Él conoce cada una de las estrellas. Nada está oculto para Él.

Amdón y Nahama miraron el cielo y se sintieron confundidos. Estas palabras eran nuevas. Ningún sacerdote de ningún dios que ellos conocieran había dicho nunca algo así. Nahama se atrevió a preguntar: —¿Y también nos conoce a nosotros que estamos aquí en este lugar?

—No lo dudes, Nahama. El Padre de todos no sólo te conoce sino que está oyendo lo que dices y sobre todo mira los deseos de tu corazón. Él te ama a ti, particularmente, y sólo desea que tú creas en Él y que trates de amarlo—, le contestó Melquisedec con dulzura.

—Pero maestro, usted dice a veces el Altísimo y otras el Padre de todos. ¿Son dos dioses distintos?— preguntó Amdón.

—No. Es uno y único Dios que, según les expliqué en relación con estos círculos—, respondió Melquisedec señalando el adorno, —cuando se trata de los seres humanos quiere que lo llamen Padre y se comporta con ellos como el mejor Padre. Pero se necesita que ellos crean en Él, porque respeta la decisión de cada uno y no obliga a nadie.

La conversación se hizo lenta. Los dos alumnos tenían serias dificultades para comprender lo que el maestro quería decir, pero en su interior sentían abrirse un mundo de esperanza. Cuando hubo pasado la media noche, Melquisedec se levantó para despedirse:

—No tengan temor. Traten de hablar a Dios como a un Padre. Poco a poco verán de otra manera esta misma vida que viven y se sentirán más felices. Gracias por la comida, Nahama. Cuando la escuela esté andando, habrá en ella lugar para que las mujeres y los niños vayan a escuchar y a aprender. Cuando quieras puedes ir con tus hijos. Y tú, Amdón, vine porque supe que fuiste el primero en ir a buscarme. Sé que eres un hombre honesto y que te parece difícil creer. No te desanimes, el mismo Padre te irá ayudando. Por mi parte, te agradezco y espero que cuando tengas tiempo disponible vengas a la tienda, sea solo o con otros pastores amigos, para que comencemos el trabajo de enseñar.

Dicho esto, Melquisedec comenzó a caminar hacia su tienda. Ellos lo observaron hasta que su silueta se perdió detrás de los árboles.

## II. Inicio de la escuela de Salem

El día siguiente, Katro llevaba a Melquisedec por las calles de Salem y le enseñaba algunas cosas que a él, en sus doce años, le parecían muy grandes e importantes; la gente seguía con la mirada al forastero que no parecía comerciante ni tampoco pastor o agricultor. Una de las mujeres que conocía al niño como el nieto de Ener, le preguntó quién era el hombre a quien guiaba y Katro, de pasada, sin detenerse porque Melquisedec por el momento solamente quería observar y no se paraba a hablar ni a descansar, le contestó: —Es un sacerdote del dios de mi abuela...—, que era lo que había sacado en claro la noche anterior, cuando le contó a Ener las cosas que había oído en la puerta de la tienda de Amdón; porque entonces ella le aseguró que ese dios del que hablaba el forastero era el dios de su familia, el UNO, que mucho tiempo antes había sido honrado por los sacerdotes setitas... y por pueblos enteros, pero del que, en los tiempos que corrían, muy pocas familias conservaban memoria y trataban de honrarlo.

Después del mediodía varias mujeres, con sus niños y sus cántaros, decidieron pasar por la vivienda de Ener para ir con ella al pozo y pedirle que les dijera lo que sabía del hombre de la tienda nueva. También Nahama quería visitarla y salió de su casa con esa intención, pero en el cruce de caminos se encontró con el grupo que ya iba con la anciana. Entonces la saludó a ella, les hizo señas amistosas a las otras, dijo que ya volvía y se devolvió por su cántaro, porque no quería hacer dos viajes al pozo en la misma tarde. Pero cuando estuvo en su casa se sintió cansada. Al fin y al cabo había dormido poco la noche anterior y al pensar en volver camino arriba con los dos niños y el cántaro, le pareció muy difícil. Además los niños tenían sueño, así que se tendió al lado de ellos y se durmieron los tres.

—Pero Madre Ener, ¿está segura de que ese sacerdote aceptó comida en la tienda de Amdón? —, preguntó una de las mujeres una vez que estuvieron sentadas cerca del pozo, continuando así la conversación que traían por el camino.

—Mi nieto me dijo que sí, que Amdón había invitado al forastero a comer y que él había aceptado. Después de eso, el mismo sacerdote le dijo a Katro que viniera a la casa porque yo no sabía dónde estaba. Y eso era verdad.

—¿Por qué con ese pastor y no con alguien de la ciudad que hubiera podido atenderlo mejor?—, preguntó otra.

—Pues yo creo que porque Amdón había ido temprano a buscarlo y, como no lo encontró, le dijo a Katro que volvería por la tarde para invitar al forastero a comer. Cuando el sacerdote volvió, el muchacho le contó todo y él no quiso esperar a Amdón sino que le pidió a Katro que lo guiara hasta la tienda. Como no conocía a nadie, pues seguro pensó que era bueno ver a ese que lo quería invitar.

—Raro eso de que un sacerdote de un dios importante vaya a la tienda de un hombre que casi no lleva ofrendas ni sacrificios a los altares—, comentó otra, esposa de un hombre que poseía muchos rebaños.

—Pero es que el UNO tampoco pide sacrificios. En el tiempo de los sacerdotes setitas la gente llevaba ofrendas, pero eran para los sacerdotes, por su trabajo de enseñar a los niños. No se mataban corderos en el templo. Eso empezó después, cuando la gente conoció otras tribus que sacrificaban los corderos en los altares y asaban la carne, y les pidieron a los sacerdotes del UNO que hicieran lo mismo, pero casi ninguno lo hizo. Después se acabaron los sacerdotes y pocas familias conservaron la fe en el UNO—, explicó Ener.

—Esperemos a Nahama. Creo que ella aclarará muchas cosas—, dijo Vera, la mujer que por la mañana le había preguntado a Katro quién era el hombre en cuestión.

—Mientras, lo mejor es que saquemos el agua. Yo tengo que regresar antes de que se ponga el sol. No tengo ni pan para la comida—, invitó una que no había hablado antes.

Todas estuvieron de acuerdo, se levantaron e hicieron fila, mientras continuaban con el tema entre cuchicheos y miradas en dirección al lugar donde estaba Ener. Hubo toda suerte de adivinanzas...

—Yo no estoy tan segura de que sea buena gente.... mejor no me acerco mucho...

—No. Ener ha conocido mucha gente y ella piensa que es un buen hombre.

—Pero ella ni siquiera lo vio bien. Solamente pensó que oraba... y le recordó las historias de su familia...

Buena parte de las mujeres manifestó desconfianza hacia el forastero y más desconfianza hacia el dios al que servía. Si era el dios de Ener, seguro que no lo aceptarían y mucho menos los hombres. Un dios solo, que además no quería sacrificios, era un dios débil. Toda la vida temiendo la ira de dioses poderosos y sanguinarios y sacrificando lo mejor de los bienes para aplacarlos, y que ahora viniera alguien a decir que esos sacrificios no servían para el nuevo dios... entonces, cómo iban a sentirse tranquilos si no sacrificaban...

Cuando tuvieron los cántaros llenos, al ver que Nahama no había llegado como había dicho, varias pensaron que debía ser por algo que quería ocultar. Todas las que no llegaron a interesarse realmente en modificar las creencias y prácticas de su familia en cuanto a dioses y sacrificios, una vez satisfecha su curiosidad inicial se adelantaron a las demás en el camino de regreso a sus casas.

Las otras caminaban sin tanta prisa, preguntando a Ener acerca de sus antepasados y de cómo vivían en el sur. Algunas a quienes resultaba demasiado opresiva la dominación de los dioses, suspiraban imaginando una vida sin miedo a los jefes de las tribus que se empeñaban en hacer cumplir las exigencias de esos terribles dioses.

—Madre Ener, ¿por qué no dejamos los cántaros aquí, a la sombra de estos matorrales, y bajamos rápidamente hasta la tienda de Nahama para saber algo más?—, preguntó Vera al llegar al cruce del camino de Nahama.

—Está bien—, dijo la anciana. —Las que lo deseen y puedan, pues vamos.

Después de algunos titubeos, cuatro más decidieron acompañar a Ener y a Vera hasta la tienda de Amdón. Siendo ese el tramo más corto del camino y ya libres del peso del agua, en pocos minutos estuvieron frente a la vivienda.

—Nahama, ¿por qué no llegaste al pozo?— llamó Vera que era amiga de la familia.

Nahama se despertó sobresaltada y a la vez aliviada por el rato de sueño. Salió a recibir la visita, mientras se alisaba el cabello con la mano.

— ¡Ay, lo siento mucho! Llegué cansada. Los niños tenían sueño y me recosté con ellos pensando que sería por un momento nada más. Si ustedes no me llaman, llega la noche sin que me dé cuenta.

—Y algunas pensaron que no querías hablar del sacerdote—, dijo Vera.

—No, al contrario, yo iba a hablar con Ener y ponernos de acuerdo para ir a visitarlo. Pero sigan, sigan, que tengo mucho gusto en contarles lo que me pareció más importante.

Claro que no entendimos algunas de las cosas que dijo.

Todas se sentaron y Nahama les contó que Melquisedec sí había confirmado que el UNO que Ener nombraba era el mismo Padre de todos o el Altísimo, que fueron los dos nombres que él dio a su Dios. Les dijo lo del adorno pero no la explicación porque no la recordaba bien. También lo de que ese Dios conocía todas las estrellas y también a todos los hombres, mujeres y niños, aunque fueran pobres y vivieran muy lejos. Y lo más importante, que ese Padre no quería sacrificios de carne y sangre, sino únicamente que el hombre y la mujer creyeran en Él y trataran de amarlo y enseñaran esto a sus hijos.

—¡Ah, entonces es verdad!— dijo Ener. Todas la miraron y ella explicó:

—Mi padre decía que su bisabuelo había oído hablar de que al tiempo que unos sacerdotes invocaban al UNO y le presentaban las ofrendas de los fieles, otros más viejos decían que el UNO es un Padre para todos, que lo que quiere es que tengamos fe en su amor. Pero esos sacerdotes viejos se murieron y los jóvenes olvidaron lo del amor; ellos solamente conservaron la fe en que el UNO es el único Dios y en la necesidad de las ofrendas para obtener su favor. Yo siempre soñaba con que fuera cierto lo que decían los sacerdotes viejos del tiempo de mi tatarabuelo—. Se quedó pensando y luego dijo como para sí misma: —Mi padre era muy bueno.

Yo lo amaba mucho....Si el UNO es un Padre para todos, es claro que podemos amarlo.

—Pero madre Ener, todo esto lo va a enseñar el sacerdote en la escuela que va a abrir en su tienda. Él quiere que le ayudemos a buscar el lugar más apropiado y a invitar a la gente que quiera aprender sobre este Dios—, dijo Nahama con entusiasmo.

—Bueno. Pues empezaré por contarle a mi marido. Yo creo que puede interesarse. De todos modos se oye como lluvia fresca en la sequía, ese anuncio de un Dios que es Padre para todos; y si Beúl no quiere ir, entonces vendré aquí y tú, Nahama, me contarás lo que aprendas, ¿verdad? —, dijo Lía, una de las que habían permanecido en silencio.

— Claro que sí. Pero estoy segura de que tu marido aceptará y ayudará en la organización de la escuela. Él es bueno para eso de levantar tiendas y de limpiar los lugares...

Bueno, mejor nos vamos. El camino es largo para mí—, concluyó Lía.

—Las acompaño hasta el cruce. Tengo que ir por agua—, dijo Nahama. Entró a mirar a los niños y despertó a Amós para decirle que cuidara a su hermano mientras ella iba al pozo. Luego salió con el cántaro.

Las mujeres se despidieron al llegar al cruce y las visitantes tomaron el rumbo de la ciudad; se sentían todas conquistadas por la nueva de un

Dios que es Padre y dieron rienda suelta a su deseo de saber más.

Nahama volvió lo más rápido que pudo y encontró que Amdón ya estaba en la tienda y jugaba con los niños. Ella comenzó a preparar la comida.

Mientras su abuela y las otras mujeres iban al pozo, Katro condujo a Melquisedec por el interior de la ciudad. Pocos hombres encontraron en su recorrido, pero sí muchas mujeres que se inclinaban ligeramente ante el sacerdote y enseguida se metían en sus viviendas, y también niños que corrían un rato detrás, preguntaban a Katro por su nombre y el del "hombre grande", y luego se devolvían repitiéndolos para contarles a sus madres.

Melquisedec le pidió a Katro que lo llevara al sitio donde solían acampar las caravanas que llegaban de oriente.

—Queda un poco lejos y en estos días no ha llegado nadie—, contestó el niño.

—No importa. Vamos. Mejor que no haya mucha gente; así puedo mirar bien el lugar—. Y sonriendo, el sacerdote dio un golpecito en la espalda del muchacho.

Desde un punto del camino, Melquisedec pudo ver en su totalidad una extensión amplia y plana, con algunas construcciones grandes y abiertas. Muchos caminos llegaban hasta ella de diferentes direcciones.

—¿Cómo se sabe si alguna caravana está por llegar?— preguntó a Katro.

—Siempre, a la hora en que el sol deja mirar lejos, vienen los hijos de los comerciantes. Ellos saben distinguir el polvo que levantan los camellos de las polvaredas que el viento empuja, y saben calcular cuántos vienen. Luego van a contarles a sus padres... Yo también quiero aprender a mirar lejos, pero mi abuela no me deja todavía. Dice que cuando cumpla 14 puedo venir un rato; que ella va a hablarle a un comerciante que conoce, para que su hijo me enseñe. Es que mi papá murió y por eso tengo que obedecerle a ella.

—Seguro que aprenderás muy bien—, le contestó Melquisedec y luego, en tono de confidencia, le dijo: —¿Sabes que me gustaría organizar mi tienda por aquí cerca? Así pueden venir todos los que quieran aprender sobre el Dios Altísimo, tanto de la ciudad como forasteros que lleguen de lejos.

Katro miró fijamente al sacerdote y se sintió muy alegre con la idea de ir todos los días a visitarlo. Así su abuela no le podría negar el permiso. Entusiasmado, ofreció de inmediato: —Yo le ayudo, y seguro que Amdón también. Y hay muchos hombres que vendrán si usted les pide. Si quiere, esta tarde voy a casa de Amdón a decirle que suba a hablar con usted.

—Bueno, volvamos ahora para que veas a tu abuela. Después de que descanses, ve a la tienda; allá te espero.

Regresaron bordeando la ciudad. Katro se separó un poco antes para llegar pronto a su casa y contarle a su abuela las novedades.

Sucedió que después de despedirse de Nahama, Ener y sus acompañantes coincidieron en acercarse a la tienda nueva al tiempo que Melquisedec llegaba por la ladera, del otro lado, de modo que solo en el último momento, cuando levantaba la tela de la entrada, ellas lo vieron desde el camino. Algunas emitieron una tenue exclamación y todas se detuvieron. Entonces Melquisedec soltó la tela y, en lugar de entrar, miró hacia ellas e inclinó ligeramente la cabeza en señal de saludo. Como una sola, las seis mujeres atravesaron el espacio entre el camino y la tienda, y se detuvieron haciendo una reverencia de respetuoso saludo al hombre alto que les habló:

— Mujeres salemitas, que las bendiciones del Dios Altísimo y Padre de todos lleguen hasta ustedes y sus hijos.

Ellas se inclinaron nuevamente y Ener, como la más anciana de todas, tomó la palabra para responder: — Padre Melquisedec, te saludamos. Nahama nos habló de ti y de tus enseñanzas y nosotras queremos saber también.

En ese momento Katro llegó corriendo y, sorprendido por tantas mujeres que hablaban con su maestro, le dijo a Ener: —Abuela, yo traje esta comida que encontré junto a la mía—. Bajó la vista y agregó, como disculpándose: — Es que el maestro no ha comido nada en todo el día...

—Hiciste bien. Yo la dejé precisamente para eso.

—Gracias madre Ener—, dijo enseguida Melquisedec. —Me ayudas mucho con esto porque no soy experto en eso de preparar alimentos.

— Por eso no tiene que preocuparse más, maestro—, dijo Vera. —Nosotras nos encargaremos de hacerle llegar cada día su comida.

Todas asintieron. Melquisedec sonrió y les aseguró: —Esto que hacen es una ayuda para que yo pueda realizar mi trabajo: el de revivir las enseñanzas sobre el Único Dios que es el Padre de todos—. Y como una promesa, les dijo: —Con Katro las mantendré informadas del lugar donde comenzaré mi escuela, que estará abierta a todos: hombres, mujeres, niños...

Ener agradeció en nombre de todas y de nuevo hicieron una reverencia y se retiraron, para que el maestro pudiera comer tranquilamente.

La abuela dejó su cántaro mientras hablaba a su nieto: — Katro, sirve agua a tu maestro y cuando te vayas, llévame el cántaro—. Dio media vuelta y se alejó con sus acompañantes.

Aún no se ocultaba el sol completamente cuando varios hombres aparecieron frente a la entrada de la tienda: eran Amdón y algunos pastores que habían acordado ir allí después de comer en sus casas.

Melquisedec saludó: —Buenas tardes para todos ustedes—. Mirando a su anfitrión de la noche anterior, le dijo: —Amdón, me da mucho gusto verte. Espero que tu familia se encuentre bien.

Los hombres se inclinaron y Amdón dijo: —Maestro. Hoy hablé con estos que son todos pastores, como yo, y acordamos venir a ayudarle. Lo mismo haremos todas las tardes, después de guardar las ovejas.

—¡Ah, muy bien... perfecto! Precisamente hoy miré la zona donde creo que será muy apropiado establecer la escuela. Empezaremos por trasladar esta tienda y extenderla totalmente—. Con la mano les indicó los rollos de tela que bordeaban todo el piso del espacio interior, determinado por una estructura rectangular de madera. Todos observaron que la tela era suficiente para lograr una amplísima estancia, si se ensanchaban la estructura y el espacio plano disponible.

Luego, por indicación de Melquisedec, se sentaron afuera. Como la noche anterior, el maestro ordenó a Katro que regresara a su casa y madrugara al día siguiente: —Tu trabajo es acompañarme y ayudarme durante el día. De noche debes estar con tu abuela y dormir—. El niño salió corriendo sin otra ceremonia. Se devolvió en cuanto se acordó del cántaro de su abuela y, recogido éste, reemprendió la carrera.

Melquisedec habló a los hombres de su idea de instruir a todos los que lo desearan, tanto pobladores de la ciudad y sus alrededores como forasteros que pudieran llegar con las caravanas, porque *"el Altísimo es el Padre de todos y esos forasteros pueden llevar la verdad hasta pueblos distantes..."* De ahí su idea de buscar un terreno cerca de los caminos de llegada de las caravanas, pero también cerca de la ciudad.

Los pastores se comprometieron a buscar terrenos disponibles por esos lados, y a trasladar la tienda cuando el maestro hubiera escogido el sitio. En esto quedaron y se despidieron.

Por el camino comentaron entre ellos sobre el hombre y sobre la tienda.

¿Quién pudo tejer esa tela tan inmensa? y, ¿cómo fue que el maestro llegó con ella hasta ese lugar?... Amdón les dijo que tal vez el Dios mismo que él predicaba lo había puesto ahí con todo y la tienda... que lo mejor sería preguntarle cuando volvieran a sentarse para escucharlo.

Ya en la casa, Amdón contó las novedades a Nahama y ella, pensando en esa escuela, se durmió sonriendo...

..................................

La mayoría de los habitantes de Salem vivía en tiendas o en casas de piedra y tierra ubicadas en dos colinas próximas entre sí, y en el valle intermedio que se abría hacia el norte. Al oriente de estas colinas se extendía una gran región plana en la cual, luego de sucesivos y cada vez más espaciados grupos de árboles y matorrales, el viajero comenzaba su travesía por el desierto.

Otras colinas cercanas, al occidente y sur de las dos más habitadas, junto con sus valles, eran lugares de pastoreo y de cultivos de vid y de cereales. Los pastores vivían generalmente en tiendas, en las laderas sur-occidentales de las principales colinas de la ciudad, y cada día guiaban sus ganados hasta los pastos disponibles, de acuerdo con un plan grupal, para evitar que se agotasen todos simultáneamente.

Después de la visita a Melquisedec, los pastores del grupo de Amdón decidieron hacer turnos durante el día, de manera que mientras cuatro de ellos cuidaban los rebaños de todos, los otros dos iban hasta el sector nor-oriental, al otro lado de la ciudad, a buscar posibles emplazamientos para la escuela de Salem.

Cada tarde Melquisedec, que los esperaba listo para partir, caminaba con ellos hasta los sitios que habían visitado y señalado como buenos. Al final de la semana se decidió por un espacio sobre el costado más occidental, al final del valle intermedio entre las dos colinas de Salem. Era casi totalmente plano y en él podían caber fácilmente mil personas sentadas. Había árboles que daban buena sombra en los días de calor y un pozo de agua no demasiado lejos. Y para las caravanas que llegaban por el este, la escuela quedaría a la mano, pero no demasiado cerca. El ruido de los viajeros, de los pregones de los comerciantes, de los beduinos y guías que arreaban las cabalgaduras, interrumpiría la atención de los asistentes a las enseñanzas. Por esta razón se habían desechado lugares más amplios en el borde oriental.

En los días siguientes, Melquisedec, los pastores y otros hombres interesados e informados por las mujeres del pueblo, cortaron maderas, levantaron la estructura y finalmente trasladaron la tienda y la extendieron completamente.

De esta forma, antes de cumplirse dos semanas de su llegada, Melquisedec pasó la primera noche en el albergue de esa primera escuela de Salem. La tienda cubría una extensión suficiente para dar sombra a doscientas personas. Estaba abierta por tres costados y en el fondo, contra la ladera de la colina, una tela transversal aislaba una habitación pequeña para uso personal del maestro, con una salida interior hacia el espacio de reunión y una exterior, por el lado opuesto, hacia la pendiente de la colina.

Al atardecer de ese día, una vez revisados los amarres y la estructura de la tienda y probada su resistencia a fuerzas en uno y otro sentido, como precaución por los vientos que podrían llegar desde el desierto, Melquisedec, que había estado observando ese control al trabajo terminado, hizo entrar a todos sus ayudantes, incluido Katro, les indicó que se sentaran y les dijo:

— Gracias por la ayuda. De este momento en adelante ustedes son discípulos de la escuela de Salem para empezar a conocer la verdad sobre el Dios Altísimo. Esta tarde estamos un poco cansados. Por eso quiero que vayan a sus hogares y mañana, cuando vuelvan de su trabajo, vengan para que hagamos el plan de desarrollo de la escuela. Y tú, Katro, hazme el favor de decir a tu abuela que si mañana quiere reunir a sus amigas y venir con ellas antes del mediodía, hablaremos de los planes para enseñar a las mujeres y los niños—. Y dirigiéndose nuevamente a todos, explicó: —Lo que dije a Katro se extiende a todas las mujeres que quieran saber acerca de Dios. Pueden venir con los niños. Así que también ustedes lleven este mensaje a sus casas y a quienquiera que desee venir. Comenzaremos así: en la mañana hablaré con las mujeres y al atardecer con los hombres.

Muchas expectativas generó en las familias la invitación de Melquisedec. Ener madrugó a buscar a las mujeres para ponerse de acuerdo acerca de la hora y el lugar en donde se encontrarían, a fin de llegar juntas a la tienda.

Durante los días de preparación del terreno y de construcción de la estructura de la tienda, todos los habitantes de Salem y muchos de los que vivían en los alrededores se enteraron de la presencia y propósito de Melquisedec. Aunque no todos lo vieron como algo realmente bueno, sí sucedió que la noticia comenzó a moverse de los pastores a los comerciantes, a los agricultores, a los encargados de atender la comida y el agua de los camellos en el puesto de llegada de caravanas, y de ellos a los viajeros que llegaban o partían de Salem. El mundo conocido contaba ya con un sistema de divulgación listo para transmitir las enseñanzas del maestro Melquisedec, quien decía de sí mismo que era sacerdote del Dios Altísimo.

Cuando llegaron las mujeres, Ener se adelantó para saludar con alguna reverencia, pero fue Melquisedec quien con toda sencillez le dijo: —Madre Ener, eres bienvenida a la escuela de Salem y contigo lo son todas las mujeres que buscan la verdad para su vida y la de sus hijos—. Con un gesto amable les indicó a todas que podían sentarse en el interior. Luego él mismo se sentó frente a ellas.

En cuanto los niños, alborotados por la novedad del lugar, se hubieron calmado, Ener, de pie, habló en nombre de todas: —Gracias a ti, maestro Melquisedec. Nos has invitado y nos sentimos honradas y deseosas de escuchar tus enseñanzas—. Hizo una inclinación y se sentó.

Melquisedec entonces les dijo: —La reunión de hoy es principalmente para que organicemos la forma de trabajo que mejor sirva a todos. Para empezar, deseo que durante las dos primeras semanas ustedes pregunten y expongan lo que quieren saber respecto del Dios Altísimo. Así que pueden reunirse y comentar para hacer como una lista de preguntas. Pero también si alguna tiene o se le ocurre una pregunta diferente, puede hacerla.

—¿Y después de esas dos semanas?— se atrevió a preguntar Vera, que siempre era la más lanzada.

—Entonces, empezaré a desarrollar los temas básicos de la Verdad sobre el Dios Altísimo, y ustedes podrán preguntar, pero ya de manera organizada, sobre el tema que estemos estudiando.

—¿Y la reunión para las preguntas será todos los días?— preguntó otra mujer.

—No sé si les quedará fácil venir todos los días. Creo que quizá dos veces por semana estaría bien. Si tienen tiempo, comenten de antemano entre ustedes, que se aprende mucho más cuando se ha pensado antes en el tema...

Un suspiro de alivio se notó en el ambiente. Las mujeres se relajaron y Lía se paró para preguntar: —¿Puedo comenzar preguntándole a usted, maestro, por qué lleva ese adorno colgado del cuello?

—Es porque tiene un significado muy importante que ya les explicaré, y quiero que después de que lo sepan, siempre que vean este adorno, recuerden lo que significa y piensen en el Dios Altísimo—, contestó él sonriendo.

—¿Y cuándo nos lo explicará?— preguntó Vera.

—Después de las dos semanas de preguntas. Es que no resulta fácil empezar por ahí las enseñanzas. De modo que mejor, cuando les haya explicado lo primero, pasaremos a esto.

—Sí, el maestro tiene razón. Yo también le pregunté por el adorno pero no entendí la explicación y ahora sé que es importante aprender primero otras cosas más fáciles—, expresó Nahama.

—¿Qué días quiere usted que vengamos? —preguntó una que no había hablado.

—¿Por qué no lo hablan entre ustedes y cuando lo hayan decidido me informan a través de Katro? Se trata de lo que les resulte mejor.

Las mujeres comenzaron ahí mismo a dar opiniones, hasta que Ener les dijo: —Bueno, dejemos que el maestro descanse. Ya nos reuniremos para hablar de las preguntas que vamos a hacerle y cuándo nos queda mejor venir.

Todas se pusieron de pie, hicieron una venia al sacerdote y empezaron a manifestar su agradecimiento con gestos y palabras. Por el camino acordaron encontrarse esa misma tarde en el pozo. Estaban contentas y aliviadas de que el maestro fuera tan tratable. Muchas tenían temor de encontrarse con un señor autoritario y orgulloso, que pudiera burlarse de su ignorancia.

En la tarde, poco antes del crepúsculo, llegaron once hombres. Todos ellos, menos un comerciante que se les unió por el camino, habían trabajado en la preparación del terreno o en la construcción de la estructura de la tienda.

Una vez que se hubieron sentado, por indicación de Melquisedec, sin ninguna timidez comenzaron las preguntas quienes habían pasado más tiempo con él y conocían mejor su buena disposición y voluntad de escuchar y contestar.

Amdón, el primero, le dijo: —Maestro, todos queremos saber de dónde vienes y cómo cargaste la tela de esta tienda.

—Yo vengo de un lugar muy alejado, más allá de los mares y de las estrellas que ustedes ven. Me trajeron otros seres de ese lugar, expertos en este tipo de viajes, y ellos mismos hicieron todo lo necesario para que yo estuviera aquí y pudiera comenzar a cumplir mi misión. Luego se fueron—, contestó Melquisedec sencillamente.

Los hombres se quedaron como en suspenso. No podían preguntar más porque no acababan de entender cómo alguien podía venir de más allá de los mares y mucho menos de las estrellas. Los navegantes fenicios que a veces llegaban hasta Salem en busca de especies o de otros artículos, siempre hablaban de las costas y de viajes por el mar, en donde los guiaban las estrellas para llegar a puerto, pero nunca de lugares situados al otro lado de esas inimaginables extensiones.

Al fin otro preguntó: —¿Y cuál es su misión, maestro?

—Mi misión es enseñar a hombres y mujeres acerca del Dios Altísimo y Padre de todos. Por eso estamos aquí, en este espacio en el que hoy comienza a funcionar la escuela de Salem, la cual será conocida por muchos que aún sin llegar hasta aquí, sabrán de las verdades a través de otros que serán llamados misioneros, porque extenderán el alcance de esta misión hasta los confines de la tierra y por largo tiempo. Todos los que crean en esta enseñanza, en cualquier tiempo y lugar, amarán y honrarán al Único Dios verdadero.

—¿Qué tenemos que hacer?— preguntó un tercero llamado Tubal, en tono de hombre práctico que espera le indiquen un trabajo concreto.

—Empezaremos por difundir la noticia de que existe esta escuela, no tanto en la ciudad, en donde ya todos saben de ella, sino en la llegada de viajeros y caravanas. Cada uno de ustedes trate de entrar en comunicación con alguien que pueda hablar con personas que lleguen de lejos y se interesen por saber del Dios Altísimo, para que inviten a esas personas, sean pobres o ricos, jefes o siervos, jóvenes o viejos... y los guíen hasta aquí—, explicó pausadamente Melquisedec.

Tubal volvió apreguntar: —Y nosotros, ¿cuándo vamos a aprender esas verdades?

—Pues mi plan es dedicar las tardes de estas dos primeras semanas a contestar preguntas que ustedes quieran hacer. No tienen que venir todos, ni todos los días. Pero si alguno o varios quieren preguntar, cualquier cosa que sea, vengan. Mientras tanto, voy haciendo un orden de ideas para comenzar la enseñanza en la tercera semana, y solamente dos tardes de cada semana, ¿les parece bien?

Tomando la palabra en nombre de todos los presentes, Amdón dijo: —Pues claro que estamos de acuerdo, maestro—. Y pausadamente, eligiendo las palabras correctas, terminó: —Así, entre una enseñanza y otra podemos comentar entre nosotros, para expresarle después a usted lo que no hayamos entendido bien...

—Perfecto, Amdón. Ese es un método excelente para aprender—, comentó Melquisedec.

Amdón ya iba a levantarse e indicar a los compañeros que era hora de despedirse, cuando se acordó del asunto del sacerdocio y, dudando un poco, le dijo: —Una pregunta antes de irnos, maestro: ¿Debemos traerle ofrendas para que usted las sacrifique al Dios Altísimo?

Melquisedec lo miró con bondad y les dijo a él y a todos:

—El Dios Altísimo no necesita ni desea sacrificios de carne y sangre. Ya hablaremos de eso—. Calló por un momento y luego continuó hablando de modo que no quedaran dudas: —Pero si ustedes quieren traer cosas como harina, aceite y vino, eso sí puede servirnos para compartir aquí, mientras hablamos de Él y nos alegramos por las enseñanzas acerca de su amor—. Volvió a interrumpirse, y como quien cuenta algo relacionado con las costumbres de su familia, terminó: —En tiempos pasados, cuando Adán vivía y Set era sacerdote, no se hacían sacrificios en ningún altar: la gente llevaba ofrendas y se las daba a los sacerdotes; ellos tomaban de ahí para su sustento y el resto lo repartían entre las familias cuyo padre faltaba por alguna razón, para que no pasaran hambre, porque las madres siempre tenían que cuidar a sus pequeños.

Amdón se levantó y resumió el asunto: —No tenemos que presentar ofrendas para el sacrificio del altar al Dios Altísimo, pero sí podemos compartir con el sacerdote y entre nosotros el pan, el vino y el aceite.

Melquisedec sonrió ampliamente y los tranquilizó respecto de su propio sustento: —No tienen que preocuparse por mi alimento diario. La madre Ener y sus amigas me lo envían cada mañana con Katro—. Luego confirmó las palabras de Amdón: —Si quieren, pueden traer harina o pan, aceite y vino para compartir. Y sin exagerar, para que no se ponga viejo ni se lo coman los ratones.

Todos se levantaron sonrientes. Eso era nuevo. En lugar de sacrificios, compartir con pan y vino... Realmente el maestro era un sacerdote raro, pero les había hablado con tanta verdad que sus corazones estaban llenos del deseo de saber acerca del Dios Altísimo.

Se despidieron sin ninguna ceremonia y salieron apresuradamente para sus hogares...

## III. La comunidad de Salem

Pasaron los días que Melquisedec dedicó a contestar las preguntas y curiosidades tanto de hombres como de mujeres, cuyo número crecía con personas que al escuchar a los primeros, se sentían deseosas de saber del nuevo dios o simplemente curiosas por lo que les parecían rarezas de ese sacerdote recién llegado. Todos fueron tomando confianza y quisieron saber desde cómo se veía la figura del Dios Altísimo, si como hombre o como león u otro animal, y cómo podría ser que no gustara del aroma que expedía la carne asada de los animales sacrificados..., hasta dónde vivían la mujer y los hijos de Melquisedec.

El contestaba a todas las preguntas con bondad y suavemente los disuadía de representarse al Altísimo con cuerpo y sentidos físicos de persona o animal, asegurándoles que poco a poco irían entendiendo mucho mejor la personalidad del Dios Unico. En cuanto a su propia vida, les contestó que tenía el compromiso de no formar familia antes de terminar su misión. Que cuando ese tiempo se cumpliera, sus compañeros volverían por él y lo regresarían a su lugar de origen donde continuaría con su vida. De este modo, desde esos primeros encuentros de los discípulos con el maestro, se difundió la noticia de que Melquisedec había hecho a su dios el voto de no tener mujer hasta que hubiera terminado de enseñar todo lo que tenía que ver con ese dios y que después se volvería a su lejana tierra para hacer una familia allá, aunque él solamente dijo que continuaría con su vida.

Mediando la segunda semana, una mañana temprano Melquisedec y Katro se dirigían al campamento de las caravanas. El niño le había contado que la noche anterior, al volver a su casa, su vecino, el hijo de un comerciante, les estaba diciendo a todos los jóvenes del barrio que estaba llegando gente del oriente, por allá de Mari, de Babel, de Lagash, y hasta de Ecbátana y Susa, y que los guías estaban preocupados porque faltaban algunos hombres rezagados. Esperarían hasta el amanecer y si para entonces no veían señales de su llegada, se devolverían a buscarlos. Estaba Katro tan deseoso de ir a mirar, que Melquisedec, contagiado por la curiosidad y también movido por su propio interés, salió para hacer ese paseo con él.

Cuando se aproximaban a la colina oriental, antes de bordearla para llegar al campamento, Katro propuso: —Maestro, por qué no subimos para mirar desde arriba. Así nos damos cuenta de si ya vienen los viajeros retardados y sabemos qué buscar cuando volvamos a bajar.

— Eres listo, Katro. Vamos—. El ascenso por la ladera de esa colina, desde el valle intermedio, resultó un tanto abrupto y difícil a tramos, pero lo superaron. Una vez arriba, el desierto iluminado por el sol naciente era todo un espectáculo, imposible de mirarlo completamente de frente por la intensidad de la luz.

Katro, viendo que otros que estaban cerca de ellos miraban y señalaban hacia el norte, con el codo, llamó la atención de Melquisedec y le indicó un remolino de polvo vio en esa dirección.

—Mire, maestro, ese polvo debe ser el que levantan algunos caminantes. Ojalá sean los viajeros que se retrasaron ayer.

—Sí, lo veo ...Y veo también que ya estás aprendiendo a mirar el desierto—, le contestó el maestro sonriendo. Y mientras Katro permanecía totalmente concentrado en descubrir el origen de la polvareda , Melquisedec comenzó a observar con cuidado la tremenda excitación que había en el campamento: los animales reclamaban atención a un volumen más que suficiente para impedir la percepción de cualquier otro ruido. Solamente los movimientos y actitudes de las gentes mostraban el carácter de las conversaciones: cobros y regateos, órdenes a los ayudantes, peleas por el derecho de un trabajo al cual aspiran dos o más, exigencias de los comerciantes recién llegados para que sus siervos cuidaran bien sus tesoros... etc. De pronto llamó su atención una mujer que salía de una tienda pero no se alejaba de ella. Aunque desde arriba no podía verle la cara, su actitud era de timidez y ansiedad: miró en derredor, atajó a un muchacho que corría y le preguntó algo, seguramente relacionado con los viajeros que esperaban porque el joven indicó con la mano en la dirección sur y siguió su carrera hacia el hombre que lo llamaba imperativamente. La mujer volvió a la tienda.

Melquisedec siguió con sus observaciones de la vida humana, sin descuidar la tienda de la mujer ni dejar de mirar a ratos hacia el norte y constatar que la polvareda continuaba acercándose. De un momento a otro vio que el hombre que había llamado al muchacho lo empujaba fuera de su tienda y, evidentemente a la fuerza, lo llevaba en dirección a la tienda cerrada donde había entrado la mujer.

—Katro, mira allá: ¿ves ese hombre gordo que da órdenes a un muchacho?—, dijo Melquisedec golpeando al niño en el hombro.

—Sí, maestro. Yo conozco al muchacho. Se llama Seír.

—Pues, corre y llámalo a gritos. Dile lo que se te ocurra y quédate al lado de la tienda. Me parece que el hombre quiere entrar a las malas ahí. Tal vez hay una mujer con un bebé. Yo voy bajando más despacio. Me esperas y, sin enfrentarte con él, trata de impedir que el hombre entre en esa tienda.

Katro miró un segundo a su maestro por si tenía que decir otra cosa y echó a correr como un gamo ladera abajo, directamente hacia el bullicio. Cuando estuvo a la vista de la tienda, el hombre gordo aún estaba discutiendo airadamente con el joven que no quería hacer lo que él le decía.

— ¡Seír, Seír...! ¡Espérame; tengo un recado urgente para ti!—, gritó Katro. Es tu padre, que ya viene. Que lo esperes y no te muevas de donde estás—. Mientras le decía esto, señalaba hacia arriba, a Melquisedec que bajaba.

SeÍr miró y vio que no se trataba de su padre, pero comprendió que ese hombre quería ayudarlo; entonces siguió la idea de Katro y le dijo al gordo que esperaran juntos a su padre antes de entrar en la tienda. El hombre, furioso, miró hacia la figura grande y fuerte que se aproximaba, le dio un empellón al joven y se devolvió de mala gana a su lugar. En ese momento Katro estuvo al lado de Seír y los dos se miraron a cual más ignorantes de la exacta realidad de los sucesos. La mujer percibió algún movimiento y asomó la cabeza. Al ver a Seír, con ansiedad le preguntó:

— ¿Ya llegaron los otros?... por favor, busca a Ahmed, el que trae un turbante azul y verde. Es mi marido. Guíalo hasta aquí. Él seguramente te pagará bien.

—Señora, todavía falta un poco. Espere adentro. Ahorita está llegando mi padre y tengo que esperarlo. Enseguida iré a buscar al señor Ahmed y lo traeré—, contestó Seír muy aliviado por la compañía de Katro y la próxima llegada del hombre que se hacía pasar por su padre.

— No es tu padre. Yo inventé eso—, le dijo Katro. —Es mi maestro, que vio desde arriba que la señora estaba en peligro; entonces me mandó venir a ayudarte para que el gordo no entrara en la tienda—. En ese momento ambos escucharon el llanto de un niño y Katro dijo:

— ¿Cómo fue que el maestro supo que había un bebé?

—Pues debe ser adivino, porque yo no lo había visto ni oído—, comentó Seír.

— ¿Y por qué está ahí esa señora sola?

— No estaba sola. Esta es la tienda del anciano Nob. Él salió muy temprano con su nieto a pedir limosna. Quién sabe por qué el marido se quedó atrás y la pobre está asustada; por eso yo no quería que el gordo entrara. Aunque él dice que es tío de ella, yo creo que eso es tan verdad como que mi padre es el que ahí viene llegando—, y señaló hacia Melquisedec antes de terminar: —Resulta que el gordo solo se acordó de su parentesco con la señora cuando yo le dije que había visto al viejo limosnero por allá...— e indicó hacia el lado opuesto... Entonces, para no hacer ruido cerca, hizo seña a Katro y se alejaron unos pasos para no importunar el sueño del bebé.

—Bueno, Katro, hiciste bien el mandado—, dijo Melquisedec; y mirando a Seír, sonrió y añadió: — Vi que tenías problemas y te mandé un ayudante. Ahora cuéntame qué pasa.

— Gracias señor por la ayuda. Es que ese señor de allá me había contratado desde ayer tarde para que hoy le ayudara con sus mercancías. Y cuando yo venía, la señora me preguntó por los viajeros retardados. El la vio cuando salió de la tienda y se empeñó en que yo viniera y la llamara para que me hiciera entrar y entrar él también, que dizque es tío de ella, pero yo no quería hacerlo. El viejo Nob es muy quisquilloso y me daría bastonazos si me encuentra ahí.

— ¿Y qué vas a hacer ahora, volverás con el hombre que te contrató?—, preguntó Melquisedec.

—No, señor, él me despachó. Debo ir a esperar al marido de la señora y traerlo hasta aquí, pero no quiero que el hombre ese vuelva a tratar de entrar. Ella tiene un niño pequeño. Lo oímos llorar—, contestó Seír preocupado.

—Se me ocurre que yo puedo esperar por aquí y cuidar que nadie, aparte de Nob, entre en la tienda, mientras ustedes dos van a esperar a los viajeros y vuelven con...—, se distrajo mirando algún movimiento en la tienda del gordo.

—Con Ahmed, señor, el marido de la señora se llama Ahmed —, completó Seír.

Katro, muy animado, añadió:

—Sí maestro, nosotros vamos. Descanse usted un poco.

Melquisedec asintió mirando sonriente a los muchachos y comenzó a pasearse, cuidando de estar siempre visible para el mercader gordo, por si volvía a asomarse. Los chicos salieron a la carrera.

El movimiento y la excitación de los lugareños aumentaron considerablemente cuando los primeros jóvenes que habían salido al encuentro de los viajeros para ofrecerles sus servicios como ayudantes o guías en la ciudad y en la región, llegaron corriendo y gritando: ¡traen un enfermo!..., ¡traen un enfermo!..., ¡que llamen a Mitah, la curandera! En ese momento asomó Nob, que venía a su tienda después de darle la vuelta al campamento y recibir algunas limosnas de muy diversos géneros y utilidades. Viendo a Melquisedec cerca, le dijo:

— Usted, forastero, ¿no tiene un regalo para este pobre?

—No tengo cosas para darte, padre Nob, pero si quieres ve a mi tienda esta tarde y compartiré contigo un poco de pan y vino en nombre del Dios Altísimo.

— ¿Le gusta el vino a tu dios?—, preguntó el anciano con una mirada socarrona y un dejo de malicia.

—El no toma vino ni come nuestros alimentos, pero le gusta que compartamos entre nosotros lo que tenemos y que hablemos de Él—, le dijo el maestro.

—Ah,... eso suena muy raro. Debe ser un dios nuevo, porque así de viejo como estoy, nunca supe de un dios que no quisiera nuestros alimentos...¡y los mejores!

A ese punto llegaron frente a la tienda y la mujer que estaba adentro, al escuchar la voz del anciano que le había dado posada, salió enseguida con un niño como de un año.

—Gracias; usted ha sido muy bueno y mi marido lo recompensará en cuanto llegue—, le dijo. Y mirando a Melquisedec, sintió confianza para preguntarle: — ¿Sabe usted si llegaron los viajeros rezagados?

— Sí, acaban de llegar. Creo que lo mejor es que espere aquí a su marido, porque el joven que se comprometió a buscarlo fue con mi ayudante y quedaron en volver aquí con él , contestó el maestro.

— No he salido antes porque el mismo anciano que anoche me permitió quedarme en su tienda, esta mañana me dijo que este no es sitio para una mujer sola con un niño, que no saliera antes de que él volviera.

— Buena recomendación. Pero ahora, si usted quiere quedarse aquí afuera, puedo acompañarla hasta que lleguen. ¿Qué le parece si preguntamos por ahí quién es el enfermo que traen?

— Yo sé quién es. Por él se retrasó mi marido y todos los demás que tuvieron que seguir muy despacio cargando con él. Es un hombre de la región de Mari, que ayer tarde, a pesar de la oposición de los guías, bebió de un agua maloliente y a la media hora empezó a tener fiebre y a descomponerse tanto que quiso que lo dejaran tirado. Lo peor fue que algunos camellos tomaron de esa agua y simplemente se tendieron y no quisieron seguir. Parecía que iban a morir. Por eso los guías les pidieron a todos los hombres jóvenes que continuaran a pie, para pasar la carga de esos camellos a sus cabalgaduras y llegar hasta aquí rápidamente con toda la carga y las mujeres y los niños. No había más agua y era necesario llegar ayer mismo. Además venían dos ancianas a quienes esperaban sus familias... Ayer llegaron también los hombres que pudieron seguir el paso de los guías y de los camellos, y un comerciante que no quiso ceder su camello; un hombre de mal carácter y demasiado exigente con los guías, que hacían lo que podían. Pero mi marido, mi cuñado y otros no se quisieron venir sin el enfermo y por eso se quedaron atrás, con un ayudante de la caravana. Me alegra que el hombre esté vivo. Ojalá lo salven.

Melquisedec escuchó todo el relato atentamente. El no sabía nada de curar enfermedades, pero sí sabía que si un enfermo desea vivir por una razón verdaderamente importante, puede superar muchas dolencias y recuperarse. Esperaría a que llegara alguno de confianza para acompañar a Safira, que así se llamaba la mujer, y después iría a ver al enfermo.

El niño agitó sus pequeños brazos y sonrió. Melquisedec se volvió para ver al padre del pequeño, que llegaba y demostraba una inmensa alegría al ver a su familia en buenas condiciones. Detrás venían Seír y Katro conversando con un hombre joven, muy parecido a Ahmed.

Después de los saludos y presentaciones, Melquisedec preguntó por el enfermo.

— Pues esperamos que se recupere, pero está muy mal. El agua no lo envenenó pero sí le hizo mucho daño; y sin más agua para tomar, la fiebre lo tuvo delirando toda la noche y la sed lo agotó tanto que lo trajimos inconsciente, amarrado a un par de palos—, contestó el joven, hermano de Ahmed, quien se había presentado como Jobán.

— Katro, vamos, llévame a donde tienen a ese enfermo—, urgió Melquisedec. Luego, dirigiéndose a Ahmed, le dijo: —Pasen por mi tienda. Estoy seguro de que Seír los llevará sin perderse. Esta tarde estaré esperándolos—. Sin decir más, se alejó con su ayudante que se abría paso entre el gentío.

Habían depositado al enfermo bajo la sombra de algunas palmeras contra la falda de la colina. Cuando Melquisedec y Katro llegaron, la curandera se disponía a bañarlo con agua aromatizada con hierbas. Melquisedec se quedó de pie detrás de los curiosos, que esperaban tal vez que el hombre acabara de morir como su débil respiración parecía anunciar, o que Mitah desplegara algún poder oculto y que su dios lo curara por simpatía hacia ella. Katro se fue adelantando con maña hasta llegar al propio borde de la manta sobre la que yacía el joven inconsciente.

Con un manojo de hierbas y ramas, la mujer humedecía el cuerpo del muchacho desde la cabeza hasta los pies, siempre en el mismo orden, volviendo una y otra vez a mojar el improvisado hisopo con agua del cántaro. Cuando se acabó el agua, ella se alejó un poco y comenzó su oración al dios de sus ancestros, mientras quemaba resina olorosa que ponía pesado el aire y arrastraba al sueño. La mujer repetía frases ininteligibles cada vez más rápido e iba entrando en un frenesí de gritos y gemidos que la llevaron a un trance hipnótico, ayudada seguramente por la aspiración del vapor de la resina.

Melquisedec, aprovechando la somnolencia de los concurrentes y la inconsciencia de la maga, se acercó a Katro y en voz baja le dijo que se moviera a los pies del enfermo, tomara las dos puntas de la manta, y estuviera listo para el momento en que él por el otro extremo le hiciera seña; entonces entre los doslevantarían y sacarían de ahí al joven por el lado opuesto a la mujer, despacio, despacio, para que ninguno saliera de su letargo.

Fue fácil. Katro, también un poco bajo el efecto de ese humo, sin la menor resistencia obedeció a la dirección que Melquisedec iba dando a sus movimientos. Así llegaron, por detrás de la vegetación que bordeaba la colina, hasta un punto donde ya no había nadie. Allí pusieron al enfermo en el suelo y Melquisedec, por el contacto de la piel en la frente y en las manos, supo que la fiebre estaba cediendo, sin duda gracias al baño que le hiciera la mujer. Entonces ordenó a su ayudante que corriera a conseguir agua limpia. El chico volvió pronto con un pequeño odre lleno de agua fresca y, sorbo a sorbo, el enfermo fue regresando de la zona mortal en la que divagaba desde el mediodía

anterior. Cuando abrió los ojos y miró la cara y el adorno de Melquisedec, mareado como estaba, creyó que era el dios de su tribu que lo esperaba a la orilla de la vida; trató desesperadamente de levantarse y decir algo, pero Melquisedec, presionándolo un poco por los hombros, le pidió que descansara, asegurándole que pronto podría caminar y entonces ya hablarían por largo rato.

Ahmed le había dado a Katro el agua sin pedirle ninguna explicación, y en otras dos vueltas por el mismo camino, el niño trajo a Melquisedec algunas frutas y un pedazo de pan para reanimar al enfermo. Con el pan disuelto en el jugo que pudo extraer de las uvas y agua, administrado en porciones mínimas, el maestro ayudó al joven a tener fuerzas suficientes para pararse y caminar, apoyado en el hombro de Katro, hasta llegar a la tienda.

Después de un sueño tranquilo de casi dos horas, a media tarde el joven se despertó totalmente. Se hallaba solo en medio de una tienda vacía, abierta y más amplia que ninguna que él hubiera visto antes. Volvió a pensar si estaría muerto, pero al mirarse y reconocer su cuerpo y su túnica rasgada, recordó la caravana, el agua, el dolor y ardor terrible en el vientre, y luego ... nada más... Concluyó que estaba vivo. Se paró, pero tuvo que sentarse rápidamente para no caer. Entonces sintió hambre.

Katro acababa de llegar con el paquete de comida que mandaba Ener, esta vez con una porción más para el visitante enfermo. Buscó a Melquisedec por la parte de atrás y ambos pasaron a la estancia para mirar al que suponían dormido. Se sorprendieron al encontrarle despierto y sentado, con la espalda apoyada en una de las columnas interiores.

—Bueno, veo que andas mejor—, dijo Melquisedec sonriendo ante tan agradable sorpresa.

—Gracias, señor—, contestó el joven haciendo una inclinación de cabeza y, luego de intentar pararse, se disculpó: —No sé por qué pero no puedo estar de pie. Todo comienza a dar vueltas.

—No, no tienes que esforzarte por ahora. Quédate ahí y trata de comer algo—, repuso Melquisedec mientras abría las hojas que envolvían las legumbres y la carne, y Katro acercaba un pan y agua en un cuenco de madera.

El hambriento viajero tomó enseguida un puñado de legumbres y un trozo de pan. Demoró un poco en tragarlas, tomó agua y tuvo que descansar. Sudaba copiosamente.

—Despacio, despacio—, le dijo el maestro. —Tienes que comer lentamente porque estuviste muy mal. Tu cuerpo se recupera, es cierto, pero no puedes exigirle demasiado de una vez. Ve tomando de a pocos lo que puedas comer. No hay ningún afán.

—¿En dónde estamos?— preguntó el convaleciente.

—Estás en Salem. Este es Katro, yo soy Melquisedec y esta tienda es la escuela del Dios Altísimo. Y ahora tú, solamente dinos tu nombre, para poderte llamar. No te esfuerces en hablar. Te diré lo que sabemos de ti mientras comes y descansas.

—Gracias. Yo soy Nordán, de la tribu quenita de la nación persa—. Los miró y tomó un respiro.

—Bueno, Nordán, no hables. Descansa mientras te hago un recuento de lo que pasó contigo: Ayer venías en una caravana a la cual te uniste en las tierras de Mari como dos semanas antes. Venías muy sediento y te adelantaste a todos para beber en un pozo que estaba seco. Cerca había un poco de agua en mal estado, pero con la desesperación de la sed bebiste y te enfermaste. Querías que te dejaran tirado en el desierto. Sin embargo Ahmed y su hermano, y otros que se les unieron, incluido un guía, se quedaron contigo . Te trajeron sobre unos palos y llegaron esta mañana. Una curandera te bañó con agua de hierbas para que te bajara la fiebre y Katro y yo te trajimos para acá.

Mientras Nordán escuchaba, sus ojos se movían expresando sorpresa, admiración y algo como un recuerdo. Terminó de tragar el bocado y dijo:
—Uf, me acuerdo hasta lo del agua y la sed... Y luego, cuando lo vi a usted como una visión del dios Auram, pensé que estaba muerto...

—Pero Nordán, por tu bien, creo que no es bueno que te des a conocer como el hombre que llegó enfermo. Es mejor que te presentes como un viajero y nada más. La gente habla mucho y tiene temor si alguien que ha visto como muerto de pronto se le aparece vivo. Yo creo que andan pensando en que moriste o que vino algún dios y te llevó—, dijo Melquisedec y, volviéndose a Katro, le preguntó: — ¿Le has contado a alguien que trajimos a Nordán para acá?

—Solo a mi abuela, para que mandara comida. Pero no le conté nada de la curandera.

—Bueno. En adelante no hablaremos más del asunto. Nordán llegó aquí porque quiere aprender sobre el Dios Altísimo y nada más, ¿de acuerdo?—, dijo Melquisedec y, mirando a Nordán, insinuó: — Espero que quieras aprender sobre el Dios que es Padre de todos—, a lo cual el joven contestó rápidamente:

—Claro que quiero saber del dios que tú honras. Tiene que ser bueno y grande...—. Y después de pensar un poco, dijo con tono y gesto de tristeza: — También quiero quedarme en esta tierra ya que, a pesar de haber estado tan mal, no me reuní con mis padres que murieron antes de llegar a Mari, en nuestra travesía desde el norte.

En medio de esta conversación, Katro se paró para ver quiénes se acercaban a la tienda: eran Ahmed con su hijito sentado en sus hombros, Safira, su esposa, y Jobán, su hermano. Seír les señalaba la tienda. Katro entró para avisar que llegaban y salió a saludar a su amigo y a intercambiar noticias. Recordaba que no debía hablar del enfermo.

—Y qué, ¿pudo tu maestro ver al enfermo? porque unos dicen que murió y que sus ancestros se llevaron el cuerpo; otros dicen que un dios lo despertó y lo sacó volando, y otros que la magia de Mitah es muy fuerte y lo hizo desaparecer. Lo cierto es que nadie lo ha vuelto a ver—, contó Seír a Katro con voz misteriosa y prudentemente baja.

—Pues nosotros nos vinimos porque había mucha gente por allá. Yo fui a casa de mi abuela a traer la comida del maestro y cuando llegué, él hablaba con gente que había venido a saludar.

— Bueno, yo me voy. Ellos ya consiguieron hospedaje en la ciudad. Supongo que aquí se van a demorar. Como ya no me necesitan, mejor voy a ver, porque dicen que hoy llega otra caravana que viene del valle del Nilo. Se sabe porque son los únicos que llegan por el sur —, dijo Seír y, despidiéndose de Katro con un golpe en el hombro, salió corriendo en dirección al campamento siempre activo. Katro volvió a la tienda.

Los recién llegados contaban a Melquisedec que eran medos de Ecbátana, que habían abandonado sus estériles tierras antes de la concepción de su hijo Sigud. Que el viaje había tardado tres años y que su intención inicial había sido llegar hasta el valle del Nilo, pero ahora pensaban seriamente en quedarse por los alrededores de Salem y volver a la vida de pastores que había sido su ocupación desde la infancia. Toda su vida, salvando el último año de travesía, habían sido pastores. Durante los dos primeros años de viaje arriaron sus rebaños y los fueron vendiendo en su mayor parte a otros viajeros, para su sustento. Ahorraron cuanto pudieron y esperaban comenzar de nuevo con suficientes animales para que la familia pudiera vivir y crecer con cierta solvencia.

Puesto que Melquisedec los había recibido muy a la entrada de la estancia, ninguno de ellos había visto a Nordán, y cuando manifestaron su desconcierto ante las habladurías sobre la suerte del compañero de viaje, Melquisedec les dijo que ese joven se había logrado escabullir de la magia de la curandera y había llegado hasta la tienda, pero que ahora, sin fiebre, dormía y era mejor no despertarlo. Y realmente Nordán había vuelto a caer en profundo sueño.

—Por favor, no publiquen que Nordán está aquí. Es mejor que la gente no lo identifique con el enfermo. Cuando hayan pasado unos días, una vez recupere su vigor y buen color, nadie lo reconocerá, entre otras cosas porque es apenas un niño, solo que muy alto. Por eso parecía un adulto cuando estaba todo lleno de tierra —, recomendó Melquisedec.

—No sabíamos su nombre. Creo que ni los guías lo supieron—, dijo Ahmed.

—Me alegra mucho que se haya salvado. Me alegra haber hecho el esfuerzo de traerlo—, dijo Jobán, y añadió en nombre de todos: —

Despreocúpese, maestro; si tan joven es, ni nosotros lo reconoceremos... Pero mañana volveremos para saludar.

—Muy bien. Los espero mañana como a esta hora. Vendrán también otros conocidos y amigos. Con ellos podrán acordar lo de los rebaños y demás cosas concernientes a su instalación en estas tierras. Venga usted también, Safira, para que conozca a otras mujeres.

Los visitantes se despidieron. Katro los llevó hasta el camino de la ciudad y regresó para recibir órdenes:

—Katro, vete ya para que busques a todos los hombres y las mujeres que han venido a las reuniones y les digas que los espero a todos, con los niños, mañana a esta hora. ¡Ah!, y dile a tu abuela que si puede venir temprano para que me ayude a preparar panes para compartir con todos. Ayúdale en lo que puedas y te vienes con ella, aunque no sea tan de mañana como es tu costumbre. Además es bueno que traigas el vino que las mujeres guardaron en tu casa para cuando se necesitara—. Por último, mirándolo sonriente, Melquisedec le dijo: —¡Anda, que mañana es el día!

Esa noche, antes de retirarse a descansar, Melquisedec despertó a Nordán para que comiera algo. Luego, como el joven seguía teniendo sueño, le indicó que se tendiera sobre una manta, muy cerca de la tela que dividía la tienda, y él salió y se alejó unos pasos para pensar y dirigir su corazón al Padre de Todos.

Muy temprano al día siguiente, Melquisedec oyó que alguien se acercaba y salió para evitar que Nordán despertara. Era Seír, que llegaba a la cabeza de dos o tres personas a quienes indicaba la tienda.

—Hola, Seír, buenos días. ¿Qué te trae a esta hora?—, dijo Melquisedec acercándose.

—Perdone, señor, pero estos viajeros llegaron ayer tarde y desean hablar con usted antes de decidir cuándo siguen su viaje. Por eso vinimos tan temprano—, contestó Seír e hizo seña a dos hombres y dos mujeres que esperaban un poco atrás.

—Gracias, Seír. Y dime, ¿tienes que volver ya al campamento o puedes quedarte aquí un rato?— preguntó Melquisedec.

—Señor, prefiero ir rápidamente a atender al comerciante de antier que volvió a contratarme para hoy, para que le ayude a empacar sus cosas porque sale para el Valle del Nilo dentro de un par de horas. Pero apenas salga esa caravana, entonces vengo a saludarlo y a oír sus enseñanzas, maestro—. Dicho esto, el muchacho se inclinó, dio media vuelta y salió corriendo.

Melquisedec pidió a los recién llegados que esperaran un momento y entró a llamar a Nordán para que se despejara y saliera un poco. Lo guió hasta la salida de atrás y señalando hacia un cántaro que reposaba fuera de la tienda, contra una de las columnas de madera, le dijo: —Nordán, allí encuentras agua para lavarte un poco y ahí al lado, debajo de esas piedras, hay algo de pan para que comas. Luego quiero que mires el lugar, estires las piernas y camines un trecho, pero no te vayas lejos. Cuando tus piernas ya te obedezcan bien, vuelve para que hablemos—. Y terminó advirtiéndole: —No menciones a nadie que estuviste enfermo. Ya te recordaré lo que sucedió por si lo has olvidado. A quien te pregunte, simplemente le dices que llegaste ayer.

—Gracias, maestro. Sí que necesito sacudirme un poco porque estoy entumecido... Entonces vuelvo en un rato; y no se preocupe que no recuerdo nada, solo sueños...—, contestó el joven mientras hacía movimientos de hombros para recobrar elasticiad.

Melquisedec volvió, dando la vuelta por fuera hasta el frente de la tienda, para hacer entrar a los visitantes.

Nordán no encontraba ningún orden posible para organizar las imágenes que venían a su mente. Dolor de vientre, figuras terribles y amenazantes de la fiebre, agua fría por todo su cuerpo, el dios que lo esperaba al borde de la vida, las piernas incapaces de sostenerlo, un jovencito con el maestro, una comida buena, más sueños, ... en fin, parecía que hubieran pasado muchos días en lugares desconocidos y demasiado desiguales. Pero lo cierto era que sabía que lo hospedó un maestro y que ahora podía caminar. Miró su túnica, que estaba terriblemente sucia y rasgada, y pensó que tendría que ver de conseguir otra... Bueno, tal vez el maestro supiera algo acerca de su pequeño equipaje... Decidió correr un poco y trepar la ladera de la colina, sin perder de vista la tienda. Luego bajaría a comer algo de pan y entraría a escuchar las enseñanzas... Sí, eso era seguro. Él sabía que había deseado mucho oír lo que el maestro iba a decir de su dios... pero el sueño y la pesadez de las piernas se lo impidieron antes de este último sueño.

Se reconoció completamente despierto, lleno de fuerzas y muy alegre por el bienestar recuperado, y por su juventud y por el sol que comenzaba a salir...

—Perdonen la demora. Antes de que ustedes llegaran había llegado un joven que esperaba atrás algunas indicaciones mías. Ya le di las instrucciones, así que sigan y hablemos—, dijo Melquisedec a sus visitantes y les indicó que entraran y se sentaran. Él mismo se sentó frente a ellos y se presentó:

—No sé qué saben ustedes respecto de mis funciones aquí. Mi nombre es Melquisedec. Soy sacerdote del Dios Altísimo que es el Padre de todos, y tengo como misión enseñar en esta escuela acerca de la inmensa bondad y de las grandes verdades relativas a Él, a todo hombre y mujer que lo desee—. Los miró y les pidió que dijeran de sí mismos quiénes eran y por qué lo buscaban.

Tomando la palabra el mayor de los hombres, dijo, mientras señalaba a las dos mujeres: —Nosotros venimos del valle del Nilo, de la región al sur de Menfis. Esta es Nefissa, mi esposa, y ésta, Tahía, nuestra única hija. Yo soy Faruk, comerciante. Generalmente viajo solo, pero en esta ocasión ellas quisieron venir para conocer la región y acordamos que llegaríamos hasta Harán. Allí descansaremos y unos días después nos regresaremos, porque el largo camino hasta Babilonia es muy pesado para ellas. Después pienso volver solo y llegar hasta allá o quizás hasta Uruk en Caldea—. Miró atentamente la tela y la extensión de la tienda... Después de un momento, continuó: —Ayer supimos de usted por el joven que nos ayudó con los fardos y los camellos, y todos quisimos saber de ese dios suyo. El chico tiene un gran entusiasmo por saber y dijo que nos traería temprano para tener tiempo de atender sus obligaciones y volver aquí a escuchar sus enseñanzas—. Y con cierta solemnidad, terminó pidiendo: —Esta familia le solicita se sirva aceptarnos en su escuela por el tiempo que sea necesario para que aprendamos todo sobre ese dios que usted honra.

—Con gusto lo haré. Lo importante es lo que cada hombre y mujer desea verdaderamente.

Haciendo con la mano un ademán de espera a los egipcios, Melquisedec, con la mirada, dio la palabra al visitante joven, apenas un adolescente:

—Yo soy Ovid. Soy fenicio, de la ciudad de Tiro. Me uní a la caravana en Menfis porque, aunque prefiero siempre el camino del agua, quería pasar por estas tierras para poder hablar de ellas después. Yo digo que soy maestro porque a todo el que me quiera oír le cuento de lo que he visto y aprendido en mis viajes. Cuando escuché al joven Seír hablar de un maestro que tiene una escuela para enseñar sobre un dios muy alto, enseguida pensé: eso tiene mucha importancia. A la gente le gusta saber de dioses distintos de los que tienen en sus casas. Por eso le pido que me acepte en su escuela. Puedo estar por aquí un buen tiempo. Quiero saber de su dios y después, si usted no se opone, quiero enseñar en otras tierras lo que aprenda en esta escuela.

El sacerdote sonrió al escuchar las últimas frases. Ellas resumían su proyecto de formación de misioneros, aunque el aspirante tuviera una idea un tanto pintoresca de las enseñanzas sobre los dioses... Le dijo:

—Ovid. No tengo ninguna objeción a que lleves los aprendizajes de esta escuela y los distribuyas por donde vayas. Eso te hará partícipe de mi misión. Te llamarás 'misionero de Salem' cuando enseñes en otros lugares lo que aprendas aquí.

En ese momento llegaron Katro y Ener. Pisándoles los talones apareció Nordán, quien le recibió a la anciana los paquetes que traía. Los tres entraron haciendo venias de saludo, y enseguida se retiraron con los fardos.

Entonces Melquisedec dijo a todo el grupo: —Preparamos una reunión muy especial para esta tarde. Todos ustedes están invitados. En ella podrán decidir si verdaderamente les interesa participar en la escuela de Salem. Ahora les aconsejo que aprovechen el día para terminar de instalarse y vengan antes del crepúsculo. Los espero.

Los viajeros se levantaron, hicieron inclinaciones de cabeza, dieron las gracias a Melquisedec y se retiraronprometiendo volver cumplidamente por la tarde. A Ovid, que salía detrás de Faruk y su familia, el maestro le dijo con una sonrisa: —Ven apenas puedas.

—Madre Ener, buenos días... y también para tí, Katro—, saludó Melquisedec. Luego, mirando a Nordán, los presentó: —Nordán, esta es la madre Ener, la abuela de Katro; y por si no lo recuerdas, este es Katro, mi ayudante. Madre Ener, este es el joven Nordán, que llegó ayer un poco cansado pero que hoy ya se encuentra muy bien. Te lo recomiendo. Perdió a sus padres en la travesía y vino a dar a nuestra escuela.

Ener miró al muchacho y, sin pensarlo dos veces, se apartó con su nieto y le dijo algo en voz baja.

Katro miró a su maestro mientras invitaba a Nordán: —Madre Ener quiere que te lleve a la casa para que puedas cambiarte de ropa. Allá hay túnicas que te van a servir. ¿Vamos?

Melquisedec hizo señal de asentimiento y, sin más, los dos muchachos salieron.

Ener traía todo lo necesario para amasar el pan, de manera que se dispuso a deshacer los paquetes para empezar la tarea.

—Gracias madre por venir a ayudar. Haz todo el pan que se pueda con lo que tenemos, pero sin cansarte mucho. Creo que se repartirá todo—, le dijo Melquisedec con un tono de amistad y confianza.

—No se preocupe por el cansancio, padre Melquisedec, que Nahama va a venir a ayudarme en cuanto tenga lista la comida de su familia—. Luego, como si fuera cosa de poca importancia, Ener añadió: —Ese joven, Nordán, puede vivir en mi casa. Se acompañarán con Katro... Claro, si usted quiere...

—Me agrada mucho la idea. El joven es inteligente y quiere aprender. Creo que será buena compañía para Katro. Es importante no hablar de su enfermedad ni de la curación de Mitah, ni de nada de eso. Solo es un amigo de Katro que vive en tu casa...

Ener asintió con un leve movimiento de cabeza y dio la vuelta para comenzar el trabajo. Para asar los panes, escogió un sitio por la parte de atrás y a buena distancia de la tienda, en un punto favorecido por la forma del terreno para que el viento no soplara demasiado el fuego; extendió las hojas con la harina, comenzó a humedecerla para que se dejara amasar, y dejó el oficio de buscar el combustible y encender el fuego a los jóvenes, que no tardarían en volver.

Melquisedec salió con ánimo de hacer su caminata diaria, demorada ese día por los visitantes y el cuidado de Nordán. Su rostro expresaba serenidad y satisfacción: Katro, Nordán, Seír, y ahora Ovid... Ah, y quizás también Jobán, el hermano de Ahmed: cinco jóvenes sin las responsabilidades de una familia sobre sus hombros...

Pensó que era ideal formarlos aprovechando el tiempo de su juventud, para que, dondequiera que vivieran cuando hicieran parte del mundo de los adultos establecidos, estuvieran preparados para sembrar la semilla del conocimiento y el amor del Padre. También pensó en la necesidad de una sección de mujeres aprendices de la verdad sobre el Dios Altísimo. A este respecto necesitaba la ayuda de Ener y de sus amigas. Lo planearía con ellas.

En cuanto a los adultos que vinieran a la escuela, hombres y mujeres, utilizando el tiempo que tuvieran disponible, les enseñaría sin presionarlos ni exigirles el abandono de sus quehaceres, para que en esas familias creciera la enseñanza que él tenía como misión transmitir, aunque el progreso fuera más lento que con los jóvenes. Repasó en su mente y le pareció que estaba bien el plan que presentaría por la tarde, después de invitar a todos a compartir el pan y el vino.

Su paseo duró como una hora. Al volver, encontró a Katro y a Nordán ayudando con el fuego. Entonces, sorpresivamente Ovid apareció en el lugar:

—Maestro: Los patrones me dieron toda la tarde libre, así que aquí estoy. ¿En qué puedo ayudar?

—Muy bien, Ovid. Empieza por colaborar con estos dos en lo que madre Ener necesite—, le contestó Melquisedec. Y dirigiéndose a los tres, les dijo: —Bueno, jóvenes, conózcanse y serán ustedes los encargados de recibir y ayudar a acomodar a los que lleguen. Cuando les indique, repartirán el pan y pasarán el cuenco del vino—. Ellos, puestos en pie, manifestaron su voluntad de hacer lo que él les ordenara.

Melquisedec concluyó: —Esta será la ceremonia que marcará el inicio solemne de la comunidad de Salem.

Ener y Nahama, con la ayuda de los jóvenes, terminaron la preparación del pan, lavaron el cuenco para el vino, apagaron completamente el fuego, apisonaron el suelo de la tienda y luego salieron a sus casas para atender la comida de sus familias. Katro y Nordán fueron con Ener y volvieron antes que todos con el alimento para Melquisedec.

—Maestro, mientras come, si le parece bien, nosotros nos sentaremos afuera para recibir a quienes vayan llegando—, dijo Nordán.

—Sí, está bien. Comeré algo—, contestó Melquisedec y comenzó a abrir su porción. Los jóvenes salieron, se alejaron un poco y se sentaron en un buen lugar para mirar el valle y la ladera.

Pronto se les unió Ovid y se pusieron a conversar:

Katro — ¿De dónde vienes tú, Ovid?

Ovid —Ahora vengo del valle del Nilo, pero vivo en Tiro. Soy fenicio.

Nordán — ¿Y te vas a quedar para asistir a las enseñanzas del maestro?

Ovid —Sí, porque quiero ser maestro y enseñar lo que él nos enseñe..

Esta presentación fue suficiente para que comenzara la amistad como si de años de conocimiento se tratara.

Nordán —Oye, Katro, el maestro me dijo que no hablara de que había estado enfermo. No sé qué tan enfermo estuve. ¿Qué sabes de eso?

Katro — Ovid, como tú no estabas aquí, no hay problema de que sepas lo que pasó, pero no debes contarlo a nadie—. En este punto, Katro continuó con su respuesta a Nordán, sin esperar ninguna promesa de su nuevo amigo: —Pues por la fiebre te veías muy mal, Nordán. Pero cuando Mitah te bañó, empezaste a reaccionar. Después el maestro y yo te ayudamos a salir de ahí, mientras la curandera estaba en sus ritos. Por eso él no quiere que la gente te identifique, porque la misma Mitah no sabe qué fue de ti, y la gente es muy supersticiosa y cree en brujerías... y ahí, en el lugar de las caravanas siempre hay gentes de muchas tribus, que pueden pensar que eres un fantasma y tratar de hacerte daño. Por eso no debemos nombrar el asunto a nadie... ni siquiera a los que vengan por aquí esta tarde, no sea que se les escape alguna palabra. Pero no tienes que preocuparte. Tienes una cara completamente distinta de como te veías cuando te trajeron sobre esos palos. Ni yo te hubiera reconocido, si no fuera porque te vi todo el tiempo. A tus amigos, los que te conocieron y te esperaron en el camino, diles que te despertaste y llegaste hasta aquí conmigo.

Nordán —Ah, bueno. Y quiero agradecerles porque me esperaron... Sí me acuerdo, en el camino... yo quería irme con mis padres y estaba en el piso esperando la muerte, y los guías gritaban algo... intentaban hacerme parar... me dolía mucho el vientre... Ya no recuerdo más, hasta que sentí el agua fresca en la cabeza y en todo el cuerpo...

Katro — ¿Pero Ahmed y su hermano se hicieron amigos tuyos en la travesía?

Nordán —No, ni siquiera sé quiénes son. Si me esperaron, fue porque tienen dentro de ellos una voz que les ordena hacer cosas buenas. Yo apenas me había unido a la caravana tres días antes y venía al final, detrás de los últimos camellos. Solo cuando vi el pozo, eché a correr y los adelanté a todos porque tenía mucha sed... y ahí fue donde tomé esa agua tan mala.

Katro —Ah... ¿y qué hacías solo por ahí, antes de unirte a la caravana?

Nordán —Vagaba. En ese lugar murió mi madre. Mi padre había muerto como seis meses antes, en un ataque de una tribu a nuestro grupo. Mi madre y yo nos escondimos en unos matorrales espinosos. Ahí pasamos muchas horas. Ella quedó muy mal. Salimos cuando oímos voces que nos llamaban en nuestra lengua y vimos a los pocos sobrevivientes. Entre ellos no estaba mi padre. Con dificultades y hambre recorrimos el largo trecho hasta la ciudad de Mari. Allí mi madre ya no pudo seguir; yo me quedé con ella y ayudaba a un pastor y a su familia. Ellos nos permitieron quedarnos en su tienda y nos alimentaron hasta que ella se fue... Como me volví casi loco y eché a andar solo, dizque buscando el camino para volver a mi tierra allá al norte, muy, muy lejos, los pastores me buscaron y me aconsejaron que me uniera a la primera caravana que pasara, y ellos hablaron con los guías para que me permitieran seguir a cambio de alguna ayuda. Me dijeron que caminara detrás, ayudando a arriar los camellos... Así fue como vine a dar aquí.

Katro —Bueno, en algo nos parecemos. Los dos perdimos a nuestros padres y ahora los dos vivimos con la abuela Ener. Como si fuéramos hermanos.

Ovid —Yo me uní a la caravana en Menfis porque soy muy aventurero, pero también estoy aquí sin mis padres. Ellos y mis hermanos viven en Tiro y tengo que mandarles alguna razón para que sepan que aquí me quedaré.

Nordán —Y los tres vamos a aprender las enseñanzas del maestro. ¿Cuántos años tienes tú, Katro?

Katro —Ya pronto tendré catorce. ¿Y tú?

Nordán —Cumplí quince unos días antes de que muriera mi padre. Recuerdo que me hizo bromas acerca de buscar mujer elamita cuando llegáramos a Susa.

Ovid —Yo también tengo quince. A esta edad en mi familia ya nos dejan viajar solos, pero trayectos cortos por el mar.

Katro —Y, ¿de dónde venías con tus padres, Nordán?, porque la caravana en que llegaste venía de Susa... ¿Cómo es eso de que ustedes iban para Susa?

Nordán —Nosotros veníamos de las tierras del norte. Muy frías. Muy lejos. Allá viven todavía tribus de la nación que llamamos persa. Nosotros somos... éramos de la tribu de los quenitas—. Aquí Nordán miró a Katro y en un tono infantil de cariño y ternura, le dijo: — Ahora que me quedé solo, yo quiero ser tu hermano, nieto de madre Ener, pertenecer a tu tribu.

Ovid —Si quieres ser fenicio, también en mi familia puedes aprender a viajar por el mar y sentirte como del lugar... Claro que tienes unos ojos distintos... Pero como el mar... Serías un gran navegante y un gran fenicio...

Todos se rieron con la ocurrencia.

Katro —¡Sí! ¡Ahora todos somos hermanos! Abuela Ener vino de Sumer, con mi padre muy pequeño... Pero acaba de contarnos de tu tribu y tu nación antes de que lleguen aquéllos—, y señaló a unos caminantes que se acercaban por el valle.

Nordán miró hacia donde apuntaba Katro, y resumió: —Muchos de nuestra nación se han venido hacia el sur buscando tierras mejores que estén deshabitadas con el propósito de reubicarnos todos cerca. Mis padres esperaron a que yo tuviera buen tamaño y energía para hacer ese viaje. La consigna era llegar hasta Susa, donde los que ya están instalados, ponen gente que espera a los que van llegando para conducirlos a la zona elegida para los asentamientos de las tribus persas. Llevábamos dos años largos caminando, arriando nuestros rebaños para alimentarnos y tener algo para vender o cambiar donde fuera necesario; éramos un grupo grande y nos defendíamos bien de los ataques de tribus enemigas que aparecían por el camino. Solo que los que nos atacaron al final eran muchos y muy bravos. Montaban caballos y tenían armas superiores. Así que quedamos muy pocos. Los demás siguieron, pero mi madre y yo... ya sabes el final.

Se levantaron para recibir a los que llegaban: Ahmed y su familia fueron los primeros. luego y casi sin interrupción, arribaron tanto a través del valle, por el frente de la tienda, como de la ladera, por detrás, todos los que habían sido avisados e invitados expresamente, y también algunos que lo habían sabido por terceros y venían por interés o por curiosidad de saber de ese dios que compartía vino, o simplemente por el vino. Melquisedec los recibía a todos con su sencillez y su amable sonrisa de siempre, mientras Katro, Ovid y Nordán los ayudaban a acomodarse. Una hora completa de movimiento y voces de amigos que se veían y se saludaban, y de niños inquietos que no acababan de encontrar acomodo con sus madres. Finalmente, Melquisedec se paró delante de todos y, haciendo un ademán para que se mantuvieran sentados, recorrió con la vista toda la concurrencia y saludó:

—Bienvenidos a la escuela de Melquisedec—. Y, señalándose a sí mismo, explicó para los niños: —Melquisedec soy yo—. Luego continuó hablando para todos: —Y bienvenidos a la Comunidad de Salem, que formaremos a partir de este día con el objetivo de conocer la verdad del Dios Altísimo y aprender a amarlo y honrarlo en nuestra vida.

Hubo un movimiento en la asamblea y todos los lugareños miraron a Amdón, a quien previamente habían comisionado para que saludara: Amdón se levantó y dijo con su habitual timidez:

—Maestro, todos los que estamos aquí te saludamos y te agradecemos la invitación. Nosotros y nuestras familias deseamos saber la verdad que tú nos quieres enseñar—. Recordando las últimas palabras de Melquisedec y dudando un poco, añadió: —y también queremos formar parte de la Comunidad de Salem.

—Gracias Amdón por tus palabras.. Esta primera reunión no será muy larga. Les diré algo sobre nuestro Dios y Padre de todos, y después compartiremos en su nombre unos panes que madre Ener y Nahama han preparado, y vino que algunos trajeron como ofrenda. Esta será siempre la forma de honrar en comunidad al Dios Altísimo. Finalmente trataremos de conocernos todos, de saber algo unos de otros, para formar una verdadera comunidad.

Todos se dispusieron a escuchar.

—El Dios Altísimo es el creador de todo lo que vemos en el cielo y en la tierra. El hizo las estrellas y las conoce todas. El creó esta tierra con los mares por donde Ovid y sus antepasados fenicios han viajado tanto tiempo. El creó el desierto que bordean las caravanas que vienen de Elam, de Caldea y otras ciudades, y también las montañas donde ustedes pueden pastorear sus rebaños, y los valles y los ríos, como el Nilo que riega la tierra y permite que los que habitan en sus márgenes puedan vivir. También creó todos los árboles y las plantas y los animales, y a todos estos seres les dio la posibilidad de tener hijos...—. Se detuvo un momento y los miró tratando de llamar su atención sobre lo que iba a decir enseguida: —Finalmente, el Altísimo creó a los hombres y, además de la tierra y todo lo que en ella hay y de la capacidad para tener hijos e hijas y continuar con la humanidad, les dio una inteligencia para pensar y una voluntad para decidir qué van a hacer, dónde van a vivir, con quién se van a casar y todas las cosas que cada día escogemos hacer. Pero sobre todo, El reconoció y amó a cada hombre y a cada mujer con el amor con que un padre bueno ama a sus hijos. Por eso lo llamamos el Padre de todos—. Calló brevemente y luego concluyó: —Esto es lo más importante que tenemos que saber del Dios Altísimo.

Hubo un silencio total; entonces el maestro animó a la gente a expresar sus pensamientos: —Bueno. Ustedes pueden hablar y preguntar... así que ¿quién quiere decir algo?

— ¿Y el Altísimo también creó los camellos?—, preguntó un niño.

—Claro que sí. El los creó y los hizo así de resistentes, para que nos sirvan a nosotros cuando tenemos que viajar muy lejos—, le contestó sonriente Melquisedec.

Amdón, animado por el recuerdo de esa primera noche en la cual Melquisedec estuvo comiendo en su tienda, preguntó: — ¿Y cómo tenemos que honrar a ese Dios que es Padre? ¿Qué tenemos que darle?

Todos los adultos se enderezaron, pendientes de la respuesta que iba a dar el maestro a esa pregunta, que para ellos resumía la esencia de los dioses que conocían y honraban las diferentes tribus.

—Lo primero que les contesto es: el Altísimo no quiere sacrificios de carne y sangre. Él quiere que tengamos fe en su amor. Eso es lo que tenemos que darle. Nuestra fe.

Viendo Melquisedec que las mujeres lo miraban muy inquietas, las animó: —Si alguna de las señoras quiere preguntar algo, puede hacerlo. No olviden que el Altísimo las ama como un padre a sus hijas.

Nahama se atrevió: —Pero maestro, eso es difícil de entender, porque la fe consiste en ofrecer sacrificios a los dioses. ¿Cómo podemos tener fe sin ofrecer sacrificios?

—Más adelante lo entenderán tú y todos los que hasta ahora no hayan conocido cómo puede existir la fe sin los sacrificios. Ahora solamente les digo: Un niño cree en su padre y no le está ofreciendo sacrificios. Piensen en eso. Imagínense que ustedes son hijos de Dios y por eso creen en El.

Jobán habló así: —Siempre hemos sabido, por nuestros padres, que no debemos olvidar a los dioses de nuestros antepasados y que para tenerlos satisfechos hemos de sacrificarles parte de nuestros bienes, sobre todo animales; esto hemos de hacerlo aunque estemos en tierras lejanas. Entonces, si aceptamos creer en tu dios, puesto que El no exige sacrificios, podemos continuar ofreciendo los de siempre a nuestros dioses familiares y así todos estarán contentos... Me parece que es bueno este Dios Altísimo, que no se disgusta por los sacrificios que les demos a otros.

Melquisedec se quedó pensativo. Ya había imaginado que habría conflictos largos de resolver en relación con los dioses tribales, pero quería evitar que afloraran en esta primera e importante reunión. Al fin habló:

—Jobán, tus palabras tienen sentido, pero es necesario estudiarlas poco a poco para llegar a una verdad clara acerca de los dioses y los sacrificios. Como este conocimiento necesita de tiempos más largos de reflexión, ¿qué te parece si dejamos este tema para las siguientes ocasiones y hoy pasamos a honrar al Dios Altísimo ofreciéndole nuestra fe y el gusto de compartir unos con otros en una sencilla merienda?

Jobán asintió sonriendo y los ayudantes previamente recomendados, junto con Seír que se les unió, se pararon a traer las hojas que Ener tenía listas; lasordenaron en el piso, frente a Melquisedec, y en ellas depositaron los panes. A un lado pusieron un odre de vino sin abrir y el cuenco vacío disponible para su distribución.

Melquisedec se sentó y, mirando a todos los presentes, dijo: —Pidamos al Altísimo que nos mire con amor y nos permita vivir como Él desea —. Y dirigiéndose al niño que había preguntado lo de los camellos, le dijo: — ¿Cómo te llamas?

—Jamar.

—Bueno, Jamar, ¿por qué no le dices algo al Dios Altísimo, de modo que todos podamos oír?

El chico, como de ocho años, dijo simplemente: —Dios Altísimo, el maestro dice que eres también padre. Entonces ayúdanos a creer que de verdad eres un padre bueno para nosotros.

—Muy buena petición. Todos debemos comenzar pidiendo al Dios Altísimo que nos ayude a creer en El.

Luego, mientras esperaba a ver si alguien más quería hablar, Melquisedec se sorprendió al ver que Jobán llamaba con señas la atención de sus vecinos, para que repitieran en voz alta a medida que él pronunciaba las palabras: "Dios Altísimo, ayúdanos a creer en Ti." Y así lo hicieron. Entonces el sacerdote dijo sencillamente: — Bueno, ahora que hemos pedido al Altísimo el don de la fe, comamos un trozo de pan y bebamos un sorbo de vino para celebrar este encuentro.

Inmediatamente comenzó a partir en trozos cada pan, calculando que alcanzaran para todos, y los jóvenes se distribuyeron por sectores para que ninguno de los presentes se quedara sin su parte.

Cuando todos tuvieron el pan en sus manos, Melquisedec abrió el odre y se lo dio a los ayudantes para que sirvieran el vino en el cuenco y lo pasaran a los adultos, hombres y mujeres, de uno en uno hasta que todos hubieran probado. A los niños se les ofreció agua del cántaro, servida en un cuenco más pequeño.

Una vez compartido el alimento, se pusieron todos de pie y dieron rienda suelta a sus impresiones. Buscaron a los conocidos, entraron en comunicación con los recién llegados, se acercaron por grupos a Melquisedec para presentarse... Los niños salieron a jugar y pronto gritaban y corrían, persiguiéndose alrededor de la tienda. En medio de todo ese jolgorio entró Seír, que vigilaba a los más pequeños, y le dijo algo a Katro, al oído. Un poco asustado, Katro se acercó a Melquisedec y le informó: —Maestro: vienen el anciano Nob y la curandera Mitah.

—Hazlos seguir, Katro. Y tú, Seír, busca a Ener a ver si todavía hay algo de pan y vino—. Hizo un guiño de tranquilidad a Nordán, quien estaba dudoso de si debía marcharse o no. Con el gesto de Melquisedec, se quedó donde estaba.

—Buenas tardes tengan ustedes en nombre del Altísimo—, saludó Melquisedec a los recién llegados. Con un gesto los invitó a seguir y se acercó con ellos a Safira y Ahmed, que conocían a Nob.

La curandera miraba la tienda con cierta desconfianza y Nob estaba muy serio observando a todos que hablaban y se reían.

—Padre Nob, usted conoce a la señora Safira, quien se hospedó en su casa, y a su familia. Me alegra que haya venido y voy a ver si hay algo de lo que le prometí que compartiríamos—. Dicho esto, Melquisedec se retiró en busca de Seír, que ya venía con dos pedazos de pan sobre una hoja, y detrás de él Ovid con un poco de vino en el cuenco. Les hizo seña de que le ofrecieran primero a la mujer.

—Madre, sírvase compartir nuestro pan y un sorbo de vino—, dijo a la vieja mientras Seír le ofrecía el pan. Ella aceptó el pan, pero no el vino:

—No tomo vino. En mi profesión el vino daña la mente. Gracias por el pan—. Enseguida mordió el trozo y dio la espalda a Melquisedec. Aunque miró hacia todos lados y a todos los presentes incluido Nordán, no hizo ningún gesto que indicara que lo reconocía. Según su costumbre, no habló con nadie y, acabado su pan, salió y regresó sola a la ciudad.

Nob estuvo encantado con el pan y sobre todo con el vino, del que bebió todo el que había en el cuenco, beneficiándose de la limitación que su oficio imponía a Mitah. Cuando se dio cuenta de que el ágape no era más, se acercó a Melquisedec y le agradeció:

—Tu dios es bueno. Comparte las ofrendas. Yo no tengo nada que darle pero te agradezco que me hayas invitado.

—Vuelve cuando quieras. Serás bienvenido. Si hay algo de comer, lo compartiremos—, le respondió Melquisedec. Entonces Nob se despidió de los amigos del campamento y regresó a su tienda.

Poco a poco todos fueron saliendo. Quedaron al final Ener, Amdón y Nahama, y los cinco jóvenes: Katro, Nordán Seír, Jobán y Ovid. Estos recogieron todos los restos y volvieron a aplanar la arena del piso, dejando así lista la tienda para volver a recibir a los alumnos. Melquisedec, después de despedirse de Ener, y de Nahama y su marido, volvió a entrar con los muchachos y les pidió se acercaran para hablar un poco:

—Bueno, esta reunión estuvo muy bien. Ahora es importante sostener la voluntad de los que vinieron, o al menos intentarlo, porque es muy posible que muchos de ellos no lleguen a tomar la decisión de honrar al Dios que es Padre de todos. Por eso, les pido a ustedes cinco que piensen esta noche y mañana me digan si quieren y pueden venir todos los días, al menos por una hora, para que sean mis alumnos permanentes, que después se puedan convertir en maestros aquí mismo, o en misioneros, llevando la verdad que van aprendiendo a otros pueblos de tierras lejanas.

—Yo no tengo que pensarlo mucho, maestro —, contestó Nordán, el primero, y continuó: —Si usted me recibe, puedo estar aquí todos los días, dejando algún rato para ayudarle un poco a madre Ener con el agua y otros quehaceres que ella pueda necesitar. Pero cuente conmigo, no tengo ninguna duda de mis deseos de conocer al Padre que tú quieres mostrarnos.

—Yo tampoco tengo que pensar. Con Nordán nos podemos turnar para ayudar a mi abuela y así siempre estará aquí al menos uno de nosotros—, aseguró Katro, que no pensaba ni remotamente en renunciar a su cargo de ayudante del maestro.

—Maestro, yo tengo que buscar algún trabajito, al menos cuando llegan las caravanas, pero sí puedo venir todos los días por dos horas, porque nunca se va el día entero ayudando a un viajero, aunque sea un comerciante exigente. Los días que no llegan caravanas puedo venir casi todo el tiempo—, dijo Seír. Pensó un momento y aclaró: —Desde que lo vi a usted el día de la llegada de Nordán, supe que era un maestro de la verdad y deseé mucho venir a aprender en su escuela.

Ovid habló entonces: —Usted sabe que me gusta enseñar y que, aunque soy fenicio y hombre de mar, deseo aprender por las tierras por donde paso para enseñar después en otras tierras a donde me llevan mis viajes. Ahora siento que he llegado al lugar donde podré saber las verdades más importantes, y le aseguro que no me iré hasta que usted vea que ya estoy listo para llevar estas enseñanzas a otros lugares. Siempre hago algunos trabajos mientras estoy en tierra firme, sobre todo ayudando a viajeros que hablan otras lenguas; mi oficio y mi curiosidad me han hecho aprender las lenguas de todos los pueblos de las costas por donde viajo, y esta habilidad me produce suficiente para sostenerme.

Jobán, fue el último en hablar: —Maestro, yo tengo confusiones en mi mente. Me parece muy difícil adorar a un nuevo dios y tan alto, porque temo a los dioses de mi familia y de mi tribu. Son dioses celosos y muy fuertes, que pueden castigarme. Pero cuando usted habla de que su Dios es Padre y yo veo que así lo siente, crece en mí un gran deseo de tenerlo también como mi dios. Lo malo es que después vuelve el temor y me hace temblar.

Melquisedec y todos los demás atendieron con respeto y comprensión las grandes dudas de Jobán. Él, entonces, con voz menos ansiosa, expresó: —Yo podría venir todos los días después de ayudar a mi hermano con su rebaño; pero no quiero incomodar con mis temores ni a su dios, ni a usted ni a mis amigos.

Ante eso, el maestro bondadosamente repuso: —Ven simplemente cada tarde, Jobán. Imagina que vienes a compartir con tus amigos que estaremos aquí esperándote. Escucha nuestras conversaciones y si quieres hablar, cualquier cosa que sea, puedes hacerlo seguro de que no incomodarás a ninguno de nosotros, mucho menos al Padre que comprende exactamente lo que hay dentro de ti—. Luego, dirigiéndose a todos, dijo: —Entonces, no se diga más. Mañana les tendré el plan de trabajo que llevaremos adelante. Son suficientes dos horas diarias, pero si tienen más tiempo, aquí pueden venir, que siempre habrá nuevas cosas por hacer y aprender. Pero antes de irse dime, Ovid, ¿tú dónde vivirás?

—Pues mientras Faruk y su familia me necesiten, viviré con ellos. Después..., pensaba pedirle a

Seír que me ayudara a encontrar un lugar—, contestó el joven.

—Seguro que puede vivir en mi casa. Mis padres no se opondrán—, aseguró Seír.

—Entonces me quedo tranquilo. Los espero mañana.

Los jóvenes se levantaron y Katro se cercioró de que hubiera quedado agua y algo de comida para el maestro. Después se alejaron juntos y alegres por la amistad, aunque preocupados por las dudas y temores que Jobán expresó. Naturalmente desearon ayudarle a superarlas.

## IV. Los discípulos

El trabajo de enseñanza y aprendizaje comenzó. En las mañanas, en cuanto se presentaban Nordán, Katro y Ovid, Melquisedec les dedicaba el tiempo que fuera necesario para el tema elegido. Ellos a su vez debían repetirlo para Seír y Jobán, que llegaban siempre juntos por la tarde. Al final el maestro contestaba todas las preguntas y dudas de sus aprendices.

Los adultos continuaban con la rutina establecida con anterioridad: las mujeres en la mañana, después de preparar el alimento para sus familias, hasta el mediodía, cuando volvían a sus casas; y los hombres poco antes del crepúsculo, una vez terminado el día de trabajo.

Cada persona podía asistir los días que escogiera; en promedio lo hacían dos veces por semana. En estas reuniones, los jóvenes ayudaban cuando llegaban nuevos asistentes y era necesario introducirlos, comenzando por lo más sencillo y fácil de entender.

De esta forma se diferenciaban los grupos, pero siempre había entre todos un sentimiento de amistad e interés común hacia el conocimiento de la verdad sobre ese Único Dios.

Por la tienda pasaban con cierta frecuencia viajeros ocasionales que por un día o dos escuchaban al maestro y se iban comentando y comparando con sus tradiciones y prácticas. En estas comparaciones no siempre salía ganando el Dios Altísimo, pero la semilla de la verdad se transportaba así, aún sin la plena colaboración de los portadores, hasta pueblos distantes y gentes muy diversas. Ovid desempeñaba la función muy importante de traducir a gentes de idiomas poco conocidos en Salem, las verdades principales de la enseñanza de Melquisedec.

Nahama era la más interesada y más puntual, entre las mujeres casadas jóvenes. Asistía casi todos los días a la escuela y en su casa recibía visitas de amigas que querían que sus hijas solteras recibieran la enseñanza. Así que un día preguntó: —Maestro, necesitamos que las jovencitas sean instruidas en la verdad del Dios Único y Padre de todos, pero las familias no aceptan que ellas estén aquí libremente, sin la vigilancia de las madres, pues saben que generalmente hay hombres y eso no es bien visto en la mayoría de las tribus—. Entonces miró a sus compañeras y luego propuso: —¿Podríamos invitarlas para que se reúnan en otra parte, por ejemplo en casa de madre Ener y que ella, con ayuda de alguna de nosotras, les transmita lo que vamos aprendiendo, o tiene que ser en este lugar?

Melquisedec, que había escuchado atentamente, enseguida respondió: —Tu propuesta es muy buena, Nahama. La verdad no está restringida a esta tienda ni a ningún lugar; puede distribuirse dondequiera que haya quien desee escucharla. Y si madre Ener puede dar cobijo en su casa a la sección de esta escuela que se encargue de la enseñanza de las jóvenes, puede hacerlo con ayuda de las otras madres que puedan colaborarle...

El maestro se mostró pensativo por un momento y luego añadió: —Claro que sería conveniente que las jóvenes vinieran aquí a ser posible una vez por semana, cuando venga alguna de las madres, para que escuchen también las opiniones y palabras de los jóvenes, porque esto de compartir las verdades aprendidas agrada mucho al Padre y hace crecer el sentimiento de fraternidad.

A todas les pareció bien. Ellas también estaban interesadas en que sus hijas conocieran hombres jóvenes estudiosos y serios, y qué mejor lugar que la escuela del maestro Melquisedec. Pero así: no todos los días, y siempre acompañadas por una de las madres, como era el uso en las familias más apreciadas de la región.

Ese mismo día, cuando las mujeres se fueron, Katro dijo a Melquisedec: —Maestro, estoy pensando en que yo podría hablar y enseñar a los niños que ya pueden entender, pero que son muy pequeños para venir solos todos los días. Si las madres los traen, podemos acomodarnos afuera, a la sombra de algún árbol y yo les enseño lo que usted me ordene, mientras aquí las mujeres lo escuchan.

Con el asentimiento y la dirección de Melquisedec, en pocas semanas se había regularizado el trabajo en la escuela, de manera que era posible atender a personas de todas las edades, en forma ordenada y apropiadamente adaptada a las características de cada quien. El paso de viajeros y mercaderes producía nuevos visitantes para quienes escuchar las enseñanzas del maestro era, en muchos casos, el único motivo que los decidía a integrarse a las caravanas que viajaban en un sentido u otro y que en algún momento paraban en Salem.

Todos los que oían a Melquisedec, aunque en su mente conservaran fuertes objeciones personales y en la práctica distaran mucho de seguir las indicaciones sobre la forma de honrar al Dios Altísimo, solían decir de sí mismos que eran discípulos de la escuela de Salem. Así creció y se difundió por todo el mundo conocido la noticia de que un maestro enseñaba en Salem sobre un dios nuevo, más alto que todos los otros dioses de todas las tribus y de todas las familias.

Durante los primeros años de la escuela, Melquisedec centró toda su enseñanza a los grupos grandes, en dos verdades esenciales:

I. El Altísimo es Único y está por encima de todos los otros dioses.

II. El Altísimo es un Padre para todo hombre o mujer que de corazón y en verdad crea en Él.

Durante muchos años se abstuvo de predicar o de ordenar que abandonaran a sus dioses tradicionales. Solamente los inducía a creer en el Altísimo y a supeditar a Él todo lo demás. Nunca arremetió contra las costumbres ni las prácticas equivocadas. No era su misión reformar la manera de vivir de las gentes. Su misión consistía en sembrar la semilla de la verdad sobre el Dios Único y Padre de todos.

Katro se iba convirtiendo en un joven instruido y esforzado en su función de transmitir a los niños la verdad fundamental sobre Dios Padre, a la vez que continuaba con su cargo de ayudante tanto de Melquisedec como de Ener, su abuela. En su ir y venir, observaba a la gente que entraba y salía de la tienda y escuchaba los comentarios de muchos. Le entristecía ver que para gran parte de los asistentes la concurrencia a la escuela no era realmente expresión de un verdadero deseo de aprender; más bien era algo así como un programa novedoso que les permitía encontrarse los unos con los otros y ocupar parte de su tiempo libre, añadiendo cierto motivo de presunción por el carácter de seriedad y espiritualidad que estas reuniones tenían.

Un día se sintió realmente alarmado porque se dio cuenta de que algunos pastores que asistían a las clases de Melquisedec sacrificaban un corderito frente a un ídolo de barro, en un sector un poco escondido, a un lado del camino menos frecuentado por quienes iban a la tienda por ser el más largo y lleno de zarzales.

—Maestro, hay gente que sigue ofreciendo sacrificios a sus dioses familiares, aunque vienen y oyen sus enseñanzas sobre el Dios Único. ¿Le parece si les impido que entren la próxima vez que vengan?—, preguntó esa tarde.

—No, Katro. El Padre comprende muy bien que la gente confía demasiado en la eficacia de esos sacrificios y que es muy difícil que acepten y confíen en un Dios que da su amor a cambio de nada... porque ellos piensan que la sola fe no es nada, que tienen que dar algo de valor a cambio de lo que esperan que sus dioses les den...

El sacerdote miró al muchacho y, despacio, añadió: —La verdad sobre el Dios Único se abrirá paso muy lentamente. Por el comienzo debe reposar en las mentes como una semilla dormida. Esperamos que en un futuro esa semilla despierte y entonces hombres y mujeres se den cuenta de que sus dioses de barro o de metal no son más que muñecos fabricados por ellos mismos; que realmente cuando imploran ayuda a los espíritus o lo que sea que imaginan que vive en esos muñecos, el Altísimo sabe de esas peticiones y conoce el corazón y los verdaderos deseos y, si son honestos y buenos, se compadece de ellos, porque Él verdaderamente está por encima de todo y no sufre de celos ni se llena de ira porque alguien ofrezca un sacrificio a ... algo que no existe. Solo que Él no quiere sacrificios. Solamente quiere que tengamos confianza en su amor y tratemos de corresponderle con amor.

— ¿Sabe, maestro? con esto que me dice veo ahora que lo que yo enseño a los niños es la semilla que se despertará cuando sean adultos y no tengan que obedecer a sus padres... en eso de sacrificar a dioses—, concluyó el joven.

—Claro que sí, Katro. Fíjate en ti mismo y piensa cómo el ejemplo de tu abuela y su fe en el UNO, guardada y transmitida por generaciones y generaciones en su familia, te ayuda para que no sientas ninguna necesidad de ofrecer sacrificios de carne y sangre a ningún dios. Solo te pide guardar los mandamientos del UNO y vivir con esfuerzo y honradez. Así tus enseñanzas y lo que ven aquí en la escuela, será para los niños una semilla guardada que, sin que tengan que hacer mucho esfuerzo, los impulsará a honrar solamente al Padre Dios. Por ahora, no te desesperes por lo que ves, porque para la gente no es fácil abandonar de una vez lo que toda la vida ha hecho y, sobre todo, aquello en lo que ha creído siempre.

—Entonces el Altísimo no se pone celoso de esos dioses...—, comentó Katro completamente consciente de la inmensa diferencia entre lo que acababa de decir Melquisedec y lo que él siempre oía decir a las gentes de las distintas tribus, que no honraban a ningún otro dios porque los suyos eran muy celosos.

—Sí, Katro. Puesto que el Altísimo no pide sacrificios, podemos decirle a la gente, por el comienzo, que no hay nada que haga poner celosos a sus dioses y que pueden honrar al Padre-Dios en su corazón, sin decir palabras en voz alta ni hacer aspavientos ni matar animales en los altares. Como sus dioses quieren sacrificios sin importarles lo que piensen los hombres, pues esos dioses no podrán saber que alguien honra en su corazón y en su vida, sin sacrificar ni un pequeño animal, al Dios que está por encima de todos, y nadie tendrá que temer por sus celos.

El maestro se interrumpió un momento y al final dijo: —Por eso, de momento no voy a decirles que abandonen sus creencias. Solamente que dediquen al Dios Altísimo y Padre de Todos el lugar de preferencia en su pensamiento y que traten de sentir amor por Él, como un niño siente amor por su padre sin que tenga que decir ni hacer nada especial. Si esto hacen, los sacrificios a sus dioses no impedirán que crezca la fe en el Único Dios, y esta misma fe poco a poco los irá desprendiendo de sus prácticas anteriores, sin necesidad de prohibirlas.

—Maestro, tengo que pensar en esto. Usted habla como el que sabe de verdad cómo es el

Padre Dios. Ahora sí que deseo creer en Él y amarlo.

Katro habló de esta charla con Seír y también con Jobán, ambos muy sometidos al culto a los dioses de sus familias y tribus. Los dos entendieron que sí podían honrar al Dios de Melquisedec sin hacer gestos exteriores ni elevarle altares ni crear estatuillas para representarlo, y también que eso les evitaría los celos y castigos de sus tradicionales y celosos ídolos. Con esto Jobán, que era el más afectado, comenzó a estar sereno y tranquilo mientras pensaba en todo lo bueno y noble de ese Padre Dios, y se proponía amarlo y creer de verdad en Él, sin oponerse al culto establecido en su familia. Compartía todas las nuevas ideas con su hermano y su cuñada, y se esforzaba por transmitirles esa tranquilidad que él iba ganando con su trabajo personal de usar sus pensamientos para tratar de comprender y comunicarse con el Dios Altísimo.

Ovid, por su disposición un tanto ecléctica en torno a todos los dioses de todos los lugares, estaba lejos de tener ningún temor ante las iras de los otros si alguien dedicaba su fidelidad al Dios de Melquisedec. Pero también, por este mismo eclecticismo, inicialmente su posición era de curiosidad puramente intelectual por el conocimiento, la cual le impedía poner su voluntad en adoptar como suya la verdad sobre el Único Dios y Padre de todos y convertirla en parte de su vida misma.

Nordán no tenía inquietudes al respecto, porque sus dioses estaban todos supeditados a uno solo, Auramazda, a quien nadie en la tribu se atrevía a nombrar. Fácilmente identificó este dios soberano de sus padres con el Dios Altísimo de Melquisedec, y se sintió emocionado de poder llamarlo Padre y cubrirlo con todas las características que Melquisedec le asignaba.

Esta fue siempre la metodología del maestro: A sus cinco discípulos regulares les hablaba durante una hora diaria, y a cada uno en particular, de acuerdo con sus raíces y condiciones, le dedicaba el tiempo que fuera necesario, aún a consta del sueño nocturno, para aclarar sus dudas y orientar sus acciones. Y a los grupos numerosos que llegaban con más o menos regularidad una o dos veces por semana, los instaba a adherirse a las dos verdades fundamentales y les contestaba sus preguntas sobre cómo en la práctica esas verdades se convertían en más gusto y alegría de vivir. Más adelante, porque algunos se lo pidieron, les dio un listado de siete mandamientos que no debían olvidar; les advirtió que debían proponerse pensar en ellos todos los días y pedir al Altísimo su ayuda, en caso de incumplirlos al comienzo debido a sus tradiciones, para llegar a practicarlos en su totalidad.

Estos son los mandamientos que Melquisedec dio a sus estudiantes y seguidores de esa época, para que les sirvieran de guía en la vida y para que los enseñaran a sus hijos y éstos a los suyos, por todo tiempo futuro: I. Servirás al Dios Altísimo del cielo y de la tierra y no tendrás otros dioses. II. Creerás firmemente en que tu fe es el único requisito para tu salvación. III. Dirás siempre la verdad cuando des testimonio de algo. IV. Respetarás la vida de todos los seres humanos y no matarás a ninguno. V. No robarás los bienes de tus semejantes. VI. No cometerás adulterio. VII. Respetarás a tus padres y a los ancianos.

Las mujeres, madres e hijas, constituían un grupo sólido en formación bajo las directivas de Ener y Nahama, y con el apoyo de Melquisedec en las reuniones conjuntas.

Los niños iniciados por Katro, en cuanto tenían edad, pasaban a los grupos de jóvenes y escuchaban directamente al maestro.

A sus discípulos constantes, vinculados a la escuela desde el principio o posteriormente pero de forma comprometida y por períodos largos, les expuso mucho más ampliamente la gran verdad, sencilla y profunda, del Único Dios verdadero que gobierna con sabiduría el universo, tanto en su aspecto material, físico y visible, como en el espiritual. A quienes demostraban comprensión y adhesión sincera, les fue descubriendo la existencia de seres espirituales como los Espíritus Rectores del universo y los ángeles, que ayudan para que en todos los niveles se cumpla el maravilloso plan de elevación de los humanos; y les habló de ese plan, que va desde la vida terrestre llena de dificultades y defectos, hasta la misma perfección divina, a la cual los humanos llegarán después de morir, con la única condición de que crean en el amor paternal de ese Dios, el Altísimo, y deseen realmente llegar hasta Él.

Faruk y su familia, después de asistir por algunos meses a la escuela, volvieron a Egipto y entre sus amistades —muchas de ellas vinculadas con la corte del faraón— difundieron las novedades sobre el dios que Melquisedec honraba. Muchos estudiosos desearon viajar para escuchar directamente las enseñanzas del maestro y así lo fueron haciendo, de modo que siempre había al menos un egipcio entre los discípulos, no solamente escuchando al sacerdote del Altísimo, sino indagando entre los más antiguos y adelantados alumnos todos los aspectos y detalles que pudieran mejorar su comprensión, antes de regresar al valle del Nilo.

El flujo de las caravanas que se hacía más constante por la llegada de viajeros motivados únicamente por el deseo de escuchar las enseñanzas de Melquisedec, fue produciendo cambios en la vida diaria de Salem y contribuyó a su crecimiento económico y a mejorar las condiciones de vida de todos los habitantes: Cualquiera fuera su tribu o familia, los adultos sembraban más y aumentaban sus rebaños, porque sabían que todos sus productos se venderían y que sus hijos podían conseguir mejores trabajos como guías o ayudantes de personajes que pagaban bien. A su vez, entre esos jóvenes surgió el impulso de aprender las lenguas de los pueblos de procedencia de los grupos más constantes. Entonces Ovid ejerció como maestro de idiomas en el mercado de las caravanas y sus alrededores, sin descuidar su asistencia a la escuela.

La amistad entre los jóvenes se hacía más honda a medida que el tiempo pasaba. Nordán y Katro se comportaban como hermanos en todo. Ambos cuidaban de madre Ener con cariño y se turnaban en los quehaceres de la casa y de la tienda.

Katro y Seír no perdieron nunca la amistad de su infancia, cimentada sobre la vecindad en la que crecieron, los juegos, la curiosidad en torno cada suceso del pueblo, las miradas a las jóvenes y los comentarios al respecto.

Jobán tenía especial relación con Nordán en cuanto a la fe y a sus dudas. Ambos tomaban muy en serio lo que aprendían y podían conversar y discutir al respecto por largas horas en la noche. Nordán le ayudó mucho a superar sus miedos.

Pero la amistad más fructífera, a partir de los dos o tres primeros años de la escuela, fue la de Nordán y Ovid, los discípulos que mayor tiempo dedicaban a escuchar a Melquisedec. Aunque motivados por diferentes razones, en su vida exterior a la escuela ambos estudiaban las lenguas de los viajeros, e incluso Nordán, presionado por su amigo, le enseñó a éste la de su pueblo, aunque dudaba mucho de que pudiera servirle pues las gentes de su nación casi nunca pasaban por Salem en su viaje a las tierras que iban poblando. Asimismo, primero Nordán pero luego también Ovid, aprendieron algo de la escritura en tablillas de arcilla y Ovid comenzó a pensar en usarlas cuando ejerciera como maestro.

Al cabo de los primeros diez años con el Melquisedec, Ovid estaba listo para convertirse en misionero activo de Salem. Había superado su variopinta curiosidad acerca de todos los dioses y era un creyente ilustrado, sincero y profundo, en Dios Padre, Único verdadero, a quien se llama el Altísimo. Dejaba en su reemplazo varios nuevos y jóvenes intérpretes, algunos de los cuales decidieron unirse a la escuela. Durante tres semanas dedicó sus conversaciones diarias con el maestro a establecer el plan de su primera gira de enseñanza y finalmente partió. Todos los amigos lo despidieron en una reunión en la cual compartieron el pan y el vino, y desearon que volviera con noticias buenas sobre los frutos de su misión.

Melquisedec le había dado a conocer su máxima preocupación y deseo: —Ovid, si no te incomoda, te pediré algunos cambios en tu proyecto de viaje...

—Lo que tú digas, eso haré. ¿Cómo quieres que distribuya mi tiempo? — le interrumpió Ovid.

—Pues me parecería muy bueno que, después de visitar a tu familia en Tiro, viajaras a Babilonia y luego de algún tiempo allí, llegaras hasta Sumeria y Caldea. Esa es la región en donde hubo sacerdotes setitas que predicaron con mayor profundidad y por más largo tiempo la verdad sobre el Padre de Todos, Único Dios; por tanto, pienso que allá encontrarás familias parecidas a la de Ener, en las cuales se hayan conservado algunas de las tradiciones de esa época, aunque seguramente mezcladas con todas las creencias de tribus y clanes que por tantos años fueron guerreando a veces y conviviendo después con los noditas, los sumerios y los anditas; es decir, con descendientes de los pobladores del segundo jardín de Adán y Eva, en el que la fe llegó a ser común y a producir frutos de paz y progreso.

—¿Y debo buscar a alguien en especial?

—Quiero que enseñes allá lo que has aprendido aquí y que, a medida que vayas conociendo gente, cuando veas alguna familia semita que ejerza liderazgo..., de esas que casi naturalmente influyen en los demás y los atraen a ponerse bajo su mando -ojalá un padre con varios hijos, varones y mujeres, que goce de buen nombre y que sea animoso y valiente- le dediques especial atención y tiempo de enseñanza. Si ves que recibe y trata de practicar la fe en el Único Dios y Padre a quien llamamos el Altísimo, aunque no lo haga con mucha perfección, entonces, cuando no te quepa duda de su buena voluntad, pídele que venga a la tierra de Canaán, que aquí conocerá la verdad completa y recibirá las bendiciones especiales del Altísimo para él y su familia. —Melquisedec calló un momento y luego, mirando al discípulo, le preguntó: —Dime si has comprendido bien o si tienes dudas.

—Maestro, he comprendido pero no entiendo por qué ha de ser a una familia con hombres fuertes. ¿Y los demás?—, contestó Ovid.

—Mientras más hombres y mujeres abracen estas enseñanzas, mejor futuro tendrán sus comunidades y la tierra entera. Pero solamente un hombre que tenga gran capacidad de liderazgo puede conducir a un pueblo y a todos los habitantes de una región, a abrazar la verdadera fe que enseñarán los maestros como tú. Ha de ser aquí, porque ésta es una región poblada por tribus semitas y situada de tal manera que, como ves, es paso de hombres de toda la tierra conocida; y si los habitantes aquí están unidos por una sola fe, esa fe perdurará y será llevada a todos los demás pueblos por los viajeros que tengan la oportunidad de vivir por días o semanas o meses aquí, en contacto con una nación unida que cree y honra al Único Dios.

—Me parece entender que lo que quieres es que alguien comience a hacer que nazca y crezca un pueblo entero que tenga por dios solamente al Altísimo, y que lo honre y lo ame como tú nos enseñaste—, resumió el joven.

—Sí, Ovid. Si existe aquí ese pueblo, la verdad perdurará. Si solamente las personas que se convencen por nuestra enseñanza directa, tratan de transmitirla a sus descendientes, en pocas generaciones solo quedarán vagas leyendas y tradiciones antiguas, pero la fe en el Dios Altísimo, único y verdadero, desaparecerá de los pueblos, como sucedió con las enseñanzas de los sacerdotes setitas de las épocas que siguieron a la muerte de Adán.

—¿Y cuando pase por otros lugares, solamente enseñaré, o también debo buscar familias así como me dices?

—Dondequiera que vayas, si encuentras una familia con potencial de liderazgo, lo cual significa que tiene que estar arraigada en la tierra de sus antepasados, donde gozará de respeto por su linaje y denotará autoridad sobre personas individuales y grupos, tratarás de convencerla de que se traslade a vivir a esta tierra de Canaán... Ojalá encuentres al menos una que se decida realmente a seguir tus indicaciones y comience su travesía en busca de la verdad del Altísimo. Si la encuentras, por favor, avísame a través de algún guía, en cuanto esa familia emprenda el viaje, para estar atento a su llegada.

—¿Pero crees que es en Sumeria o Caldea donde es más seguro que tales familias existan?—, preguntó el asombrado Ovid.

—Sí, porque en esas tierras fue donde primero vivieron los sacerdotes setitas y donde por más tiempo se practicaron sus enseñanzas y se honró al UNO, como era llamado el Altísimo desde tiempos muy remotos...

—Gracias, padre y maestro, por lo que me has enseñado y porque me dejas conocer tus planes para la difusión de la fe en el Dios Altísimo, y sobre todo porque me incluyes en ellos. Te prometo que trataré de cumplir. Te avisaré, pero no antes de estar seguro de que las personas que encuentre cumplan tus requerimientos.

—Que el Altísimo te ilumine y te premie.— Melquisedec se inclinó y puso su mano sobre la frente de Ovid. El joven se levantó y salió.

Esa tarde Ovid le contó a Nordán cómo era el acuerdo con su maestro. Ambos fueron al día siguiente a hacer averiguaciones sobre la próxima caravana hacia el norte, y a convenir las condiciones de viaje de Ovid hasta el punto más conveniente para desviarse hacia Tiro.

—Cuando salgas para las tierras nuevas de tu pueblo, ve antes a Tiro, visita a mis padres y pasa un tiempo con ellos. Yo les hablaré de ti y estarán esperándote. Sobre todo mi madre, Safeya—, dijo Ovid a su amigo Nordán la noche antes de su partida.

—Sí, Ovid. Te prometo que visitaré a los tuyos y sabré por ellos algo de la vida en el mar, cuando emprenda mi viaje en busca de mis familiares que ya estarán establecidos al sur de Susa—, aseguró Nordán.

—Yo te esperaré en Babilonia. Es un punto obligado para los que viajan a Susa. Creo que enseñaré allá hasta que nos veamos. Luego iré a Caldea...—. Después de una pausa, Ovid continuó: —Avísame con algún guía cuando tengas claro el tiempo de tu viaje. Yo le mandaré aviso a mi madre. Ellos después me harán saber cuándo podré esperar tu llegada.

Ovid partió hacia Tiro, su ciudad natal, para saludar a su familia por un corto tiempo. De allí seguiría hacia Babilonia, lo cual coincidía con el objetivo del plan que traía diez años antes, cuando apareció en Salem acompañado por Faruk y su familia. En Babilonia sólo se demoraría mientras esperaba a Nordán, haciendo contactos para trabajar con ellos a su regreso. Seguiría luego a Caldea: Larsa, Ur, Uruk... de acuerdo con su compromiso con Melquisedec.

Jobán y Seír habían formado sendas familias con jóvenes hijas de discípulos de la escuela, que asistían a las enseñanzas con Nahama y las mujeres. Como hombres de familia continuaban asistiendo, no ya con la dedicación de los primeros tiempos, pero siempre con fe y alegría, a las reuniones de la Comunidad de Salem.

Katro seguía en su puesto de ayudante, enseñando a los niños, y rondaba a una jovencita, hija de una vecina de su abuela. Lo detenía el pensamiento de la soledad de Melquisedec y no concebía su vida sin velar por él. La abuela estaba vieja y achacosa pero continuaba viendo por los tres hombres que constituían su familia: Katro, Melquisedec y Nordán.

En cuanto a Nordán, fue siempre el más interesado en aumentar sus conocimientos acerca del Dios Altísimo y de su reinado en el universo. Además se interesó por aprender los idiomas de las gentes y dos formas de escritura: la sumeria y la del valle del Nilo. Quería dejar a su pueblo constancia de las enseñanzas del maestro, de manera que en el futuro, si no había cerca alguien que las conociera, los estudiosos pudieran aprenderlas de las tablillas que él se proponía escribir. Durante los doce años que vivió cerca de Melquisedec no se casó. Quería dejar la constitución de una familia para cuando se reuniera con sus gentes que se iban asentando poco a poco al sur de Susa.

..............................

—Maestro, mira, ésa es la casa de Mitah, la curandera. Algo sucede porque hay mucha gente—, dijo Katro a Melquisedec una mañana, mientras caminaban por un sector alejado de la ciudad, cerca de la pendiente sur.

— Si quieres vé, Katro. Yo prefiero esperar por aquí. Ya no es como el día de la llegada de Nordán. Ahora la gente me conoce y, si me acerco, interrumpo la atención y no deseo causar un desconcierto ni enemistarme con Mitah.

—Sí, maestro, voy porque siempre me causa curiosidad lo que ella hace y lo que la gente espera; al volver te contaré.

—Cuida de no aspirar mucho humo. Acuérdate que ese humo atonta a la gente—, recomendó el maestro y Katro se apresuró hacia el lugar mientras asentía con la cabeza.

Melquisedec se alejó lo suficiente para no ser visto desde el sitio del tumulto y se concentró en la observación de la vida en esa ladera, que bajaba suavemente desde el punto en el cual se encontraba él y que veía surcada de caminos hechos por el paso diario de rebaños y pastores. Vio que algunas mujeres con cántaros en el hombro caminaban de prisa en dirección oeste, pero en un punto del sendero que ellas seguían, varios árboles y una ondulación del terreno hicieron que las perdiera de vista. Entonces se propuso esperar su regreso, cuando un grito y un alboroto grande a su espalda lo obligó a volverse: los asistentes a la sesión de Mitah corrían alejándose del lugar. Alcanzó a ver a Katro que miraba a uno y otro lado, y con el brazo levantado le hizo señas que el joven inmediatamente reconoció.

—Maestro, lo mejor es que nos vayamos de aquí. Por ahora no quiero decir nada—, dijo el agitado Katro.

—¿Por qué no bajamos hasta el pozo que está por allá?—, insinuó el sacerdote y ambos comenzaron a descender.

Cuando Melquisedec calculó que estaban llegando al camino que las mujeres habían seguido, invitó a Katro a descansar y se sentaron sobre unas piedras.

—Es que vi pasar unas mujeres con cántaros. Mejor esperemos que regresen antes de acercarnos al pozo. Una vez tranquilizado, Katro habló:

—Pues sucedió algo muy terrible. Estaba Mitah como loca, estirándose y encogiéndose, creo que haciendo ofrendas con ramas o algo así delante de unos dioses, y se volvía y golpeaba con esas ramas a un muchacho que estaba en el piso, echando espuma por la boca... La gente miraba como si no viera... todos alelados... No sé cuánto tiempo llevaban en esas, pero cuando usted oyó el griterío fue porque en ese momento el muchacho del piso se paró de un salto y se fue encima de Mitah con los dientes listos como para morderla y dio un grito aterrador. Todos se despertaron de su tontera y empezaron a gritar y algunos salieron corriendo. El hombre parecía un demonio y creo que alcanzó a morder a Mitah en un hombro. Pero ella es muy ágil, dio un salto, tomó un palo y le asestó un tremendo golpe. El hombre cayó. Creo que debió morir. Ahí todos salimos corriendo por miedo a Mitah y a la familia del muchacho.— Katro respiró hondo y añadió: —Qué suerte que tú no estabas ahí, maestro.

En ese momento escucharon las voces. Las mujeres no los vieron porque iban por un camino algunos metros más abajo, pero Katro reconoció una de esas voces y, dejando a su maestro con un gesto de que esperara un momento, franqueó el trecho entre los dos caminos y les interceptó el paso.

—Madre Amira, buenos días.

—Katro, me asustaste. ¿De dónde sales?—, dijo la interpelada.

—Bajábamos con mi maestro y las escuché hablar—, dijo Katro y con una venia saludó a otras que lo miraban; luego continuó: —¿Siempre vienes a este pozo?

—No. Estábamos de este lado de la ciudad porque supimos que traían un muchacho al que se le metió un espíritu malo y que Mitah lo iba a curar. Nos demoramos un poco pero el pobre estaba como muerto y la casa se empezó a llenar de curiosos, así que resolvimos venir hasta aquí por el agua. Ahora veremos qué pasó.

Katro se despidió sin decir lo que sabía, porque las otras mujeres demostraban prisa por continuar su camino: —Bueno, madre Amira, espero verte a ti y a Yasmina esta tarde. Que todo sea bueno para ti—. Hizo una venia a todas y volvió a subir al lado de Melquisedec.

—Era Amira, la madre de Yasmina...—, explicó.

—Bueno, Katro, y cuándo vas a casarte con Yasmina?—, preguntó el maestro.

—Pues... mi abuela quiere que sea pronto. Ella dice que le queda poco tiempo y desea verme casado antes de morir.

—Yo creo que tu abuela tiene razón. Sé que piensas en mí y te agradezco, pero nada me va a pasar. Nahama me dijo el otro día que Amós quiere ayudarme y que si tú te casas, ella se encarga de la comida y Amós de traerla. Que ya habló eso con la madre Ener.

Katro suspiró y finalmene dijo: —Me parece imposible dejar de estar contigo a diario. Pero creo que hay que hacerlo....— Luego de pensar un momento, propuso en tono y forma de gran confianza: —Maestro, ¿por qué no te vienes a vivir en mi casa?

—Gracias Katro, pero no es posible. Al menos no por ahora. Tal vez cuando tengas unos años de vida familiar y te hayas estabilizado en algún trabajo, podemos pensar en esta propuesta. Pero de momento no.

—Sí. Creo que por el comienzo no es bueno...—, aceptó Katro. Luego continuó: —En cuanto a trabajo, la verdad es que no quiero ser pastor ni agricultor. Me gustaría mucho aprender a escribir en tablillas y enseñar a los niños. Tal vez los padres quisieran pagar algo por eso...

—Bueno. Yo creo que puedes hacer oficios de traductor, porque me parece que Ovid te enseñó lo más importante de algunas lenguas, y completarlo con escritura en tablillas; sin duda habrá gente que quiere que algo quede escrito—, fue el comentario de Melquisedec, quien enseguida añadió: —Y claro que puedes enseñar las lenguas y la escritura a los niños, pero no creo que a nadie le parezca que haya que pagar por eso..., aunque es importante y ayudará mucho a mejorar la vida de esos niños y de sus familias futuras, sobre todo si continúas enseñándoles las verdades del Padre Dios.

Katro se quedó pensativo y al fin reaccionó para aceptar: —Tienes razón. Nadie me pagará porque enseñe a los niños. Si fueran adultos, tal vez ellos mismos me pagarían. Pero sí que puedo ofrecer mis servicios de traductor y de escritura de tablillas a los adultos, para ganarme la vida con esos trabajos, y enseñar a los niños para continuar con el empeño de la escuela y ser yo también un "misionero de Salem"... en el mismo Salem...

Melquisedec rió y golpeó amistosamente la espalda de Katro, mientras decía: —Bueno, asunto resuelto; ahora vamos a tomar un poco de agua en ese pozo y después subiremos para saber qué pasó con el enfermo...

Cuando estuvieron de vuelta frente a la casa de la curandera, el joven que Katro vio tan mal y que creyó muerto, estaba tranquilo, sentado en una piedra al lado de la entrada. Melquisedec sonrió y el muchacho hizo un ligero movimiento de saludo con la mano y la cabeza. Ellos continuaron. Katro, sin darse cuenta, había ido cambiando su trato de respeto y distancia hacia Melquisedec por un trato de confianza, casi familiar, así que preguntó.

—¿Crees tú que de veras ese muchacho tenía un demonio?, ¿y cómo es que Mitah con un golpe lo hizo salir?

—No creo que se trate de un demonio sino de algún mal que el joven tiene en su cabeza y que le produce esos ataques. Tal vez las esencias que Mitah quema en sus curaciones produjeron una reacción violenta que lo hizo atacarla... por fortuna el golpe no le hizo mayor daño.

—Ojalá que no vuelva a ponerse tan mal—, deseó sinceramente Katro.

—Sí, esperemos que así sea—, confirmó Melquisedec y, cambiando de tema, comentó: —No vi ninguna casa ni tienda en la pendiente que bajamos. El pozo es bueno, ¿sabes tú acaso por qué los pastores no gustan de vivir en ella?

—Antes algunos vivían por ahí, pero como está cerca del camino que llega del Sur, suelen esconderse ladrones entre los matorrales para asaltar a algún viajero rezagado y estos hechos han dado mala fama a esa ladera. Ahora la gente viene al pozo, pero siempre acompañada, y nadie quiere vivir por ahí por temor a que saqueen su casa mientras está afuera—, explicó el discípulo.

—Eso tendrá que cambiar cuando la gente de Salem no tenga espacio suficiente para tener sus casas dentro de la ciudad... Esperemos que los jefes sepan cómo evitar esas acciones.

Melquisedec terminó de hablar  y apuró el paso.

## V. El rey de Salem

El sol estaba alto y calentaba la piedra de las calles. Llevaban mucho rato fuera; tal vez algunas mujeres estuvieran esperándolo.

—¡Señor!, ¡señor!—, gritó alguien que corría hacia ellos desde algún lugar a su espalda.

Katro se volvió con rapidez para ver de qué se trataba y dijo a su maestro: —Es un cananeo. Parece que te trae algún mensaje.

—Señor: mi jefe, Nur, el rey cananeo de esta ciudad, quiere hablarte. Dice que cuando tú digas, él irá a tu tienda—, habló el recién llegado.

—Dile que puede ir después del mediodía—, le contestó Melquisedec.

—Lo que pasa es que no es solamente él. También quieren ir los otros jefes...—, añadió titubeando el hombre.

—Pues si quieren ir todos juntos, o uno a uno, dile que después de mediodía lo espero solo o acompañado—, dijo el maestro y sonrió amablemente al nervioso emisario, quien hizo un intento de inclinación y salió a la carrera.

Melquisedec y Katro continuaron su camino a paso vivo y en algo más de media hora llegaban a la tienda, en donde efectivamente los esperaban Ener y Nahama con sus dos hijos.

—Madre Ener, Nahama, ¿cómo están?; me temo haberlas hecho esperar mucho tiempo—, expresó Melquisedec. Luego miró a Amós y a Obed, que estaban un poco atrás, y les sonrió.

—No, maestro. Vinimos hace poco. Sabíamos que temprano irías con Katro al otro lado de la ciudad—, dijo Ener. Enseguida Nahama tomó la palabra: —Lo que pasa es que queremos hablar contigo aprovechando que hoy no vienen otras mujeres, porque están todas muy interesadas en visitar la tienda de un comerciante hindú que llegó ayer.

—Y ¿qué es lo que quieren decirme?

—Que yo puedo ser tu ayudante si Katro se casa con Yasmina—, interrumpió Amós.

—¿Y tú quieres hacerlo?—, preguntó el bondadoso maestro.

—Sí, si tú me permites. Mi padre Amdón ya dijo que sí. Que Obed ya puede ayudar con las ovejas y que... lo que tú digas.

Katro oía y miraba con nostalgia al niño que le parecía ser él mismo doce años antes, cuando esperaba en la loma, al otro lado del camino, a que Melquisedec volviera de sus primeros paseos en solitario. Cuando levantó la vista, el maestro, que lo miraba con un gesto de afecto e inmensa ternura, le dijo:

—Katro, estos años he tenido tu compañía y tu afectuosa sumisión. Me has ayudado mucho y también has progresado mucho. Pero eres un adulto y debes asumir tu vida y formar una familia. ¿Qué te parece si mañana comienza a venir Amós y por algunas semanas tú le enseñas las rutinas diarias? Mientras tanto madre Ener y madre Amira preparan la casa para que vivas en ella con Yasmina. En estas semanas, las tardes en compañía de Seír te pueden servir también para que organices la forma en la cual distribuirás tu tiempo y aprenderás prácticamente ese trabajo que quieres hacer.

—Maestro, ¿qué puedo decir sino que todo te lo debo a ti? Me siento triste porque veo que termina el período más importante de toda mi vida, en el cual he aprendido tantas cosas... pero es razonable lo que tú y madre Ener piensan. Ya soy un hombre y debo responder como tal...—. Volviéndose a Amós, le dijo: —Bueno, joven, entonces nos encontramos aquí mañana, cuando el sol esté empezando a asomar—, y estiró el brazo en dirección al este.

Las mujeres y los niños se despidieron con un brillo de emoción y afecto en sus ojos. Katro de veras había madurado.

—Bueno, maestro, descansa un poco. Come algo antes de que lleguen esos jefes que quieren verte...

—Sí, Katro; revisa que esté ordenado todo y no te vayas lejos—, contestó Melquisedec. Y el discípulo, mientras se agachaba a recoger un tazón que Nahama había dejado olvidado, afirmó: —Me sentaré afuera y los esperaré. En cuanto lleguen, iré a recibirlos y te avisaré que están aquí. Para ellos sin duda es importante el estilo de recibimiento que tengan.

—Sí. Pero aún no compartiremos el pan y el vino. Se hará en próxima ocasión, si ellos muestran deseos de aprender acerca del Dios Altísimo.

Pasó algún tiempo que el maestro empleó en descansar un poco después del alimento, antes de que Katro entrara brevemente para avisar que ya se veía venir el grupo por el lado del valle.

—Saludo a ustedes en nombre del Dios Altísimo y los invito a pasar a esta tienda, que es el lugar donde funciona la Escuela de Salem, para todos los que deseen aprender acerca del Dios Creador que es también nuestro Padre—. Así saludó Melquisedec a los cinco hombres que se inclinaban ante él frente a la tienda.

—En nombre de todos los reyes y jefes de las tribus confederadas que habitan la región de Salem, saludo a usted, maestro Melquisedec—, respondió Nur, uno de los recién llegados y jefe de los cananeos.

Atendiendo al gesto de bienvenida, acompañado de una ligera inclinación de cabeza por parte de Melquisedec, los hombres fueron entrando y se acomodaron de acuerdo con las indicaciones de Katro, frente al lugar que usualmente ocupaba el maestro.

—Estoy deseoso de conocer el motivo de esta visita—, les dijo Melquisedec una vez que todos estuvieron sentados.

—Sabemos que eres un gran maestro y que tu nombre es conocido en muchos lugares. Has escogido vivir en Salem y queremos agradecerte por esta elección—, dijo Nur, el portavoz del grupo.

—Muchas gracias por lo que acabas de expresar—, contestó Melquisedec gratamente sorprendido. Luego añadió: —Deseo que mi vida aquí sea de utilidad a todos los que habitan en estas tierras, en particular a los hombres y mujeres que forman los pueblos gobernados por ustedes.

—Si me disculpas, maestro, quiero comunicarte una solicitud que hemos acordado todos y que estamos seguros servirá para el progreso de Salem y de todos sus habitantes, si tú aceptas.

Melquisedec no contestó, solamente miró atentamente al hombre y esperó a que él hiciera la solicitud.

—Nosotros queremos que tú seas nuestro rey. El Rey de Salem.

Melquisedec no había ni remotamente pensado en algo como lo que acababa de oír. Parpadeó varias veces como quien sale de una profunda distracción, los miró a todos y finalmente dijo: —Ustedes me honran con esta petición, pero no creo que yo sirva para desempeñar un cargo como ése. No tengo idea de cómo gobernar un pueblo, pero sobre todo, mi misión me exige dedicar todo mi tiempo a enseñar sobre el Dios Altísimo y sobre cómo debemos honrarlo y amarlo.

—Maestro, solamente te pedimos que nos permitas llamarte nuestro rey. Los pueblos seguirán siendo gobernados por nosotros y nuestros herederos, como vienen siéndolo hasta hoy. Pero es muy importante para todos, que los que vienen de tierras lejanas sepan que aquí tenemos un rey sabio y que vengan y te escuchen hablar de tu dios y aprendan las verdades que tú enseñas—, explicó otro de los jefes.

—¿Y por qué han decidido ustedes esto? Al fin, nada va a cambiar si me llaman rey—, les dijo Melquisedec.

—Maestro, algunos de nosotros nos llamamos "rey" para los de nuestro pueblo y otros no; sucede que los habitantes de los pueblos que tienen rey se sienten más importantes que los que solo tienen jefe. Entonces, hemos decidido que en adelante todos seremos solamente jefes y tendremos un solo rey, más alto e importante, que sepa hablar con los extranjeros. Así nuestros pueblos se sentirán todos iguales y será más fácil evitar las peleas y lograr el progreso.

Melquisedec estaba desconcertado. Necesitaba tiempo para medir el alcance que podría tener la decisión que le pedían. Por eso les dijo: —Permítanme, antes de contestar a su solicitud, que manifieste algunas inquietudes, la principal de las cuales es la referente al caso de una guerra. Porque la primera de mis condiciones es que si los habitantes de Salem deciden entrar en guerra entre ellos o con otros pueblos, en ese mismo momento dejaré de ser rey.

Los jefes se miraron. El primero que habló en nombre de todos, dijo prudentemente:

—Maestro, nosotros queremos saber todas tus condiciones para discutir en grupo y traerte un acuerdo. Por eso, dinos todo aquello que pueda estorbar tu aceptación.

Melquisedec dijo: —La segunda condición es que la asistencia a esta escuela siga siendo libre y voluntaria como hasta ahora. Que a nadie se le prohíba ni tampoco se le obligue a venir aquí. Porque el Dios Altísimo ama a todos los hombres y respeta la decisión de cada uno y nosotros, sus sacerdotes, únicamente podemos enseñar sobre Él a quienes lo buscan, no a quienes no desean saber de Él y vienen obligados por sus jefes—. Luego de una pausa, añadió a modo de resumen: —Entonces, sepan que podré aceptar ser llamado rey de Salem siempre que se cumpla:

Uno: Que yo no tenga funciones de gobierno sobre los pueblos. Solamente atenderé a quienes vienen buscando la verdad sobre el Dios Altísimo, sean o no habitantes de la región.

Dos: Que en Salem no haya guerra con ningún pueblo o nación, propio o extranjero.

Tres: Que inguna persona sea ni impedida ni obligada a asistir a la escuela de Salem contra su voluntad.

Cuatro: Que podamos mantener un acuerdo de apoyo por parte de los jefes de los pueblos que habitan la región de Salem, en caso de que alguna circunstancia especial lo amerite.

—Maestro, dentro de dos días volveremos y te hablaremos de nuestros pensamientos respecto de tus condiciones. Por ahora te dejamos y te agradecemos que nos hayas escuchado—. Así contestó el portavoz del grupo. Se levantaron y después de inclinarse ante Melquisedec, salieron.

—Maestro, ahora eres rey. Nunca he llamado rey a nadie. Somos pocos los sumerios que vivimos en Salem y no tenemos ni siquiera jefe—, dijo Katro.

—No tienes que llamarme rey. Es solo un título que no significa nada. Así que en esta escuela me ayudarás para que todos me digan solamente maestro. Dejemos lo de rey para casos muy raros de extranjeros que tengan esas ideas. Pero no aquí; nosotros seguimos siendo los mismos y nos trataremos como siempre—, contestó Melquisedec con su bondadosa sonrisa.

La decisión y acuerdo de Melquisedec con los jefes había sido rápida y simple. Ellos reunirían a sus pueblos y les explicarían que el rey de Salem no resolvería peleas ni conflictos. Que para ellos todo continuaba de la misma forma en que venían. Por el comienzo, solamente a los extranjeros se les anunciaría la existencia del Rey de Salem y se les guiaría hasta su tienda, si lo pedían.

Melquisedec aceptó ser llamado rey pensando en que este hecho facilitaría la difusión de la verdad, que poco a poco iba entrando en la vida de los discípulos de la escuela. Sabía que sin duda llegarían dificultades con el ejercicio del título, aunque de momento pareciera que solo era cuestión de palabras; se proponía reducir al mínimo las consecuencias que pudieran apartarlo a él o a su escuela de la única misión que guiaba sus actos: sentar las bases para el crecimiento del monoteísmo en los pueblos del mundo, a través de las enseñanzas de sus misioneros formados en la escuela de Salem; su mayor anhelo era llegar a constituir una alianza con una familia líder que se comprometiera a vivir y transmitir a todos sus descendientes la adoración del Dios Altísimo como Único Dios del pueblo que formarían con el tiempo. Así, llegado el momento, cuando viniera el Hijo Mayor, encontraría una comunidad humana capaz de comprender sus enseñanzas, integrarlas en su propia vida y llevarlas al resto del mundo.

Llegaron los días inmediatamente anteriores al casamiento de Katro con Yasmina. Ya Amós estaba oficiando de ayudante del maestro, mientras su predecesor ocupaba la mayor parte del tiempo en hacer ajustes y reparaciones a la casa para que Yasmina se sintiera cómoda en ella. Vivirían con Ener.

A Nordán lo habían invitado tanto Amdón y Nahama, que ahora ya tenían una buena vivienda de piedra, como sus amigos iniciales, Ahmed y Safira, para que viviera con ellos. Se decidió por la casa de Amdón, para continuar con Amós las rutinas que por todos los años anteriores habían establecido con Katro en los pequeños detalles relativos al cuidado del maestro y de la tienda en donde funcionaba la escuela. Él, por su parte, progresaba en el conocimiento de las lenguas de los pueblos que estaban representados en los viajeros de las incesantes caravanas, y en la práctica de la lectura y la escritura egipcia y sumeria. Se proponía poner en tablillas de arcilla los elementos fundamentales de la fe en el Dios y Padre de todos, que en su mente era la única fe, apoyado en la cual el hombre se hacía capaz de derrotar los temores, superar las dificultades y continuar esforzándose cada día.

Jobán ya tenía su propia familia y vivía en una tienda cercana pero separada de la de su hermano. Seguían siendo pastores y honraban al Dios Único, aunque Ahmed no acababa de renunciar a algunos dioses de metal que lo habían acompañado desde su infancia.

Seír tenía una familia con dos hijos, era fiel a las enseñanzas de Melquisedec y enseñaba a sus hijos lo que ellos podían entender del Dios Padre. Seguía siendo amigo de Katro y ayudaba a su padre en el comercio y en los tratos con los comerciantes extranjeros para la importación del jade, de la seda y de la canela.

Ovid había completado un año de viaje después de haber salido de Salem. De él habían recibido noticias una vez, hacía unos seis meses. Se dirigía a Babilonia para empezar a buscar allí hombres deseosos de conocer la verdad sobre el Dios Altísimo. De allí seguiría hasta Caldea, en donde pensaba que viviría por un largo tiempo.

Así, doce años después de su llegada, Melquisedec había formado cinco excelentes discípulos y misioneros, junto a gran cantidad de creyentes en el Dios Altísimo, aunque en muchos esta fe se combinaba con antiguas creencias y dioses materiales.

Katro celebró su boda con Yasmina. No existía ninguna ceremonia establecida. Solamente se convocaba a parientes y amigos para compartir una comida y hacer pública la decisión de la pareja. Melquisedec y todos los discípulos de la escuela que vivían en Salem estuvieron presentes. También fueron invitados unos viajeros elamitas que por esos días asistían a la escuela y que trajeron un obsequio de perfumes para los novios. Y se compartió el pan y el vino con todos.

Las visitas de extranjeros continuaron llegando. Algunos se demoraban lo suficiente para captar las diferencias esenciales entre el Dios Altísimo que enseñaba Melquisedec y los dioses, aún los más poderosos, de los pueblos conocidos por ellos. Otros simplemente lo memorizaban como uno más con el cual debían ser cuidadosos, pues parecía muy poderoso y atemorizante, en su invisibilidad y su calidad de Creador de las estrellas del cielo.

Sucedía a veces que de reinos extranjeros llegaban comisiones con regalos. Esto no era totalmente del agrado de Melquisedec, porque complicaba la vida de la escuela. Cuando el regalo eran ovejas, las enviaba a alguno de los pastores para que las tuviera mientras llegaba una oportunidad que ameritara convertirlas en alimento; pero cuando se trataba de objetos costosos, como porciones de jade, perfumes, sedas finas, que debían ser guardados con alguna seguridad, realmente se sentía incómodo. Resolvió reunir a toda la comunidad para hablar del asunto. Así, Amós recorrió la ciudad y sus alrededores para invitar a todos los amigos de la escuela y también a los jefes tribales a una reunión en la tienda, la última tarde del mes que corría.

—Los saludo a todos y les agradezco su presencia—, dijo Melquisedec a los asistentes una vez se acomodaron. Luego pasó directamente al asunto: —Los he reunido para pedirles que me ayuden a resolver cómo emplear los obsequios que traen algunos grupos de extranjeros—. Volviéndose a Amós, le pidió: —Amós, trae el paquete que dejamos en la entrada, por favor—. El niño estuvo de regreso en pocos minutos con un lienzo que contenía variados objetos.

Una exclamación general de admiración recorrió la sala, cuando Melquisedec desató el nudo de la tela y dejó a la vista las riquezas que venía guardando mientras pensaba qué hacer con ellas. Luego, viendo que las miradas no eran solo de admiración sino que mostraban codicia en muchos, en vez de preguntar sobre su destino, como lo había pensado, resolvió descargar directamente la responsabilidad en los jefes:

—Además de esto, han traído en total seis ovejas que están en manos de los pastores de la comunidad de Salem. He pensado que aquí en la escuela podemos usar las ovejas y otros alimentos que lleguen. Pero estas piezas de valor deben ser vendidas y el dinero que se obtenga deberá utilizarse para ayuda de los más pobres, en especial de las viudas y de las esposas de hombres enfermos que no puedan trabajar, y sus familias. Esta es la voluntad del Dios Altísimo y la misión de realizarla les corresponde a los jefes de las tribus, que saben quién es el más necesitado en sus pueblos y clanes. Así que las entrego a Nur, para que él los reúna y entre todos decidan cómo lo harán. No olviden que son objetos traídos como ofrenda para el Dios Altísimo, Creador y Padre de todos y que Él desea que se utilicen como lo he dicho—. Así terminó la propuesta de Melquisedec.

—Maestro, dinos por favor si las personas a las que ayudemos con el dinero de estas riquezas tienen que ser creyentes en el Dios Altísimo—, preguntó Nur.

—No. Tienen que ser los más necesitados y pobres, sea cual sea el dios en el que crean. Eso sí, que sepan que es voluntad del Dios Padre que los ama a todos, pero sin exigir a ninguno que se haga creyente del Altísimo como condición para que pueda recibirlas—, contestó Melquisedec y acto seguido hizo seña a Nur para que se acercara y recogiera los objetos, que él volvió a envolver y anudar antes de entregarlos.

Esta práctica se repitió cada vez que se reunían varios objetos de valor, siempre en presencia de todos los jefes y de los discípulos que pudieran asistir.

Mientras tanto la escuela iba teniendo un rebaño propio, aunque distribuido entre los de los pastores, del cual se obtenía carne para las necesidades de algunos y para las celebraciones de la comunidad de Salem. Melquisedec nunca permitió que creciera demasiado ese rebaño. No quería administrar bienes porque ese oficio tomaría mucho de su tiempo y su energía, que orientaba totalmente a la predicación y la enseñanza. Decidió dejar en manos de Nahama la cuenta de las cabezas y la distribución dentro de los rebaños. Ella determinaba cuál animal se sacrificaría para cada necesidad o circunstancia. A veces Melquisedec le pedía que enviara un cordero vivo a alguien de quien conocía una especial necesidad...

Ya sin la preocupación de las riquezas ni de la pobreza de la comunidad, Melquisedec se dedicó a pensar en ese pueblo que deseaba con toda su alma dejar establecido y amarrado mediante una alianza celebrada entre aquél que llegaría a ser el patriarca del mismo en esta tierra y el Dios Altísimo que habita en los Cielos... ¿Qué podía ofrecer en esa alianza de parte de Dios? Sin duda las bendiciones, la prosperidad, la multiplicación de sus descendientes y también la vida eterna, para quienes fueran fieles... ¿Y qué pediría Dios a cambio? Solamente la fe en Él como el único Dios y Padre de todos que da su amor a quien le entrega su confianza y su corazón.

Pero conociendo a esos pueblos, Melquisedec sabía que para que perdurara el cumplimiento del compromiso de fe, era importantísimo que todos aquéllos que en todas las edades hasta la llegada del Hijo pertenecieran al pueblo de la Alianza, pudieran mostrar una marca que los identificara como tales. Tenía que ser una señal tangible, que implicara un sacrificio, ojalá con algo de sangre, porque no se cambia repentinamente la idea fija de que dios no da nada gratis o a cambio de solo cosas invisibles como fe y confianza. Estaba muy arraigada la creencia en que los dioses se movían a favorecer a sus creyentes cuando ellos ofrecían sacrificios... ¿Cómo satisfacer esta exigencia de la condición humana de la época?

Esos eran los pensamientos de Melquisedec mientras caminaba por la ciudad y sus alrededores y observaba la vida de la gente, dura, silenciosa, solitaria y temerosa aún en medio de sus reuniones rituales exacerbantes y de sus prácticas de celebración en las que el vino suplía todas las frustraciones cotidianas. Soñaba con esas mismas gentes diariamente alegres, fraternales, solidarias, compartiendo la fe y el amor en el Padre de todos...

Un día, por accidente, descubrió cuál iba a ser esa marca que corroboraría en todos la pertenencia al pueblo de la alianza con el Dios Altísimo:

Amós no había salido de su casa pues esperaba a que Nordán terminara un trabajo en una tablilla que quería llevarle a Melquisedec para obtener su opinión. Amdón y Nahama habían salido y Obed estaba en el corral sacando los corderitos. Ya estaba Nordán en la puerta, cuando el niño dio un grito de dolor desde el corral. Ambos, Amós y Nordán, corrieron a verlo y solamente vieron que una bola de espino de esas que el viento lleva de un lado a otro cuando están secos y él sopla con fuerza suficiente para arrancarlos y arrastrarlos, se pegaba al cuerpo de Obed y lo lastimaba mucho a juzgar por los lamentos. Al acercarse, él les dijo llorando: —Me duele mucho, mucho...

—¿Dónde te duele?—, preguntó Nordán que estaba muy cerca.

—Abajo, en mi punta de orinar—, gimió el chiquito.

Fue largo y lento el proceso de zafar todas las espinas que estaban adheridas a la túnica de Obed y rasguñaban su piel, e ir quebrando las ramas para evitar que se volvieran a pegar. Cuando al final Nordán vio claramente la piel del miembro del niño rasgada en su parte inferior y con una espina atravesada que a cada movimiento de la rama hacía crecer la herida, le dijo al chiquito: —Bueno, Obed, estate quieto y sé muy valiente para que yo te pueda quitar esta espina—; y mirando de lado a Amós, lo urgió: —Mejor vé y trae al maestro.

Con cuidado, Nordán sacó la espina. Al hacerlo, la piel desgarrada quedó colgando pendiente de una pequeña porción que la espina no había cortado. El joven vio que era necesario acabar de cortar para poder restañar la herida y evitar que continuara sangrando. Cargó al niño en brazos, lo llevó hasta la puerta de la casa y lo dejó en el piso mientras entraba en busca de un cuchillo. En cuanto lo encontró, lo afiló bien estregándolo con arena, lo lavó, tomó un par de dátiles maduros que Nahama tenía en la mesa y volvió sin dejar ver el cuchillo del niño.

—¿Qué le sucede a este pastor?—, preguntó Melquisedec que entraba en ese momento. Obed lo miró con algunas lágrimas en los ojos pero ya tranquilo.

Nordán se acercó, le dio al niño uno de los dátiles y dijo a Melquisedec: —Que este jovencito se enterró una espina en su punta y vamos a curarlo—. Y señaló al maestro la situación, al tiempo que le mostraba el cuchillo y con un gesto indicaba lo que pensaba hacer. Melquisedec asintió y entretuvo a Obed, quien solo dijo "¡Ay!" cuando Nordán cortó el trocito de piel.

—Esto estuvo muy bien. Ahora solo debes tener cuidado para que no caiga tierra en donde te cortó la espina. Creo que por hoy Amós va a reemplazarte con los corderos y tú te quedas aquí con Nordán mientras vuelve tu mamá—, le dijo Melquisedec al tiempo que recogía la piel que había quedado en el piso y que era casi nada. Acarició al niño y se alejó, recomendando a Nordán que esperara a Nahama y que lavara con agua limpia la herida antes de envolverla con un paño suave.

Mientras Melquisedec miraba el trozo de piel, vio con claridad que era la exigencia apropiada, la marca que distinguiría a los varones del pueblo de la Alianza y que impediría que ellos olvidaran su compromiso al pasar de los años. "Bueno, este problema está resuelto, y bien resuelto", se dijo, y continuó su camino con una sonrisa en los labios.

Unos meses después del incidente, Nordán se encontró de pronto con un hombre de su tribu. No lo recordaba completamente pero era inconfundible el tipo de las gentes. El hombre le habló en su idioma:

—¿Qué haces aquí?, eres persa, ¿o no?

—Sí. Soy Nordán. De la tribu quenita. ¿Y, tú?

—Yo soy Pemor, también quenita. Voy para Susa pero me quedé de la caravana de los nuestros en un lugar en donde me herí gravemente una pierna. Allá me quedé dos meses hasta curar. Los habitantes de la región me dijeron que lo mejor era venir a Salem. Que aquí encontraría una caravana más segura a Susa por el otro camino.

—Sí que la puedes encontrar. Si quieres, yo le pido a un amigo que trabaja en eso para que haga los arreglos y puedas seguir pronto—, contestó Nordán.

Luego hablaron largamente. El viajero le habló de su gente, de las dificultades que hacían imperioso buscar las nuevas tierras, de las noticias de los nuevos asentamientos en donde se necesitaban brazos... —Lo malo es que hay pocas mujeres—, terminó diciendo. Nordán, por su parte, le contó a grandes rasgos su historia y le dijo que él también esperaba viajar pero no tan pronto, pero que sin duda se encontrarían.

Pemor salió en la caravana dos semanas después y Nordán se quedó pensando en las necesidades de su pueblo.

Después de despedir a su amigo, el joven persa llegó una mañana temprano a hablar con Melquisedec. Quería enseñarle lo que tenía escrito en las tablillas acerca del Altísimo: los mandamientos, la naturaleza de su amor, y también esas verdades avanzadas sobre el Paraíso eterno en donde mora Dios, que se manifiesta en tres personas, cada una de ellas actuando en favor de los hombres que creen. El maestro aprobó el trabajo hecho y, después de despachar a Amós con algún recado para Katro, le preguntó: —¿Qué es lo que te trae triste y pensativo en los últimos días, hijo?

Nordán le contó del encuentro con Pemor y del deseo de ir con su pueblo y ayudar, a la vez que le manifestaba el dolor inmenso que sentía al pensar en dejar la comunidad de Salem y su cercano consejo y enseñanza.

—Creo que estás listo. Ve con tu gente. Enséñales lo que puedan aprender. Escribe para el futuro las verdades. Ayuda a construir allá otra comunidad. Puedes con tranquilidad llamar Auramazda al Dios Altísimo; enséñales lo que sabes de su naturaleza. A Dios no le incomoda si los hombres lo llaman con otros nombres, con tal de que crean y confíen en su amor.

Después de esta entrevista, Nordán envió a Ovid el mensaje de su próxima partida y dedicó los últimos días de su vida en Salem a estrechar los lazos de amistad con quienes fueron grandes amigos de su juventud.

Melquisedec lo bendijo y todos lo despidieron, como a Ovid, después de compartir el pan y el vino y de invocar al Dios Altísimo.

Quedó Melquisedec, rey de Salem, en compañía diaria de los nuevos discípulos -los que fueron niños y crecieron al tiempo con Amós-, siendo querido y apoyado por todos los adultos de la comunidad que acrecentaban su afecto y gratitud hacia él y su fe en el Dios que es Padre de todos.

## VI. El viaje de Ovid

Después de diez años de vida en Salem, Ovid salió con el deseo de comunicar a otros la verdad que a él lo hacía inmensamente feliz.

Se dirigió a Tiro en busca de su familia. Por noticias recibidas de viajeros que conocían a alguien de su casa, sabía que todos vivían y que estaban bien. Quería pasar un tiempo con ellos antes de seguir con el proyecto de llegar hasta Babilonia y las ciudades del sur de Caldea, como Melquisedec le había pedido.

Convencido en su corazón de la existencia del Dios de Melquisedec, de ese Dios único que es Padre de todos y actúa como tal, exigiendo solamente la fe en Él como condición para derramar su amor, deseaba vivamente compartir su riqueza interior con los suyos, antes de dejarlos nuevamente.

En cuanto apareció ante él la inmensidad del mar, el sonido de las olas, el aire y el viento lo devolvieron al país de su infancia, a lo más profundo de sí mismo y de su identidad; se estremeció de emoción y corrió en círculos con los brazos abiertos, como un niño que pretende abrazar el infinito. Cuando estuvo muy cansado, se dejó caer de espaldas y cerró los ojos para acabar de sentir todas las palpitaciones de su corazón y las vibraciones de su piel al contacto con la tierra sonora que repetía una y otra vez, "ya estás aquí",..."ya estás aquí"...

No bien se hubo tranquilizado, retomó sus pertenencias y continuó sin parar, hasta que la vista de la ciudad lo desconcertó: no recordaba tantas casas... no sabía ahora por dónde llegar a la suya, ni siquiera sabía cómo iba a reconocerla.

—Dígame, por favor, ¿conoce usted a Jamal, hijo de Joram?—, preguntó a un hombre mayor que estaba sentado sobre un tronco a la orilla del camino.

El hombre levantó lentamente la vista, indagando con la dificultad de quien ve poco, por los rasgos del que lo interrogaba. Entonces Ovid lo reconoció:

—Padre Haquim, ¿no me recuerda? Soy Ovid, el tercero de los hijos de Joram.

—¡Ah!, claro que te recuerdo. Es que no veo casi nada y no reconocí tu voz—, contestó el hombre.

—Lamento lo de su vista, padre... ¿Y su familia..., cómo están todos?

—Los hijos en el mar. Me acompaña mi hija menor, Tali. La pobrecita está siempre atada a mí. Un ciego en el mar es un estorbo...— Haquim suspiró.

—Padre, pero usted no es un anciano. Tiene que haber algo que pueda hacer, algo que no necesite tanto de la vista—, expresó Ovid.

—Pues lo pienso una y otra vez y no sé qué oficio sería bueno para mí...— Luego, mirando hacia el joven, le dijo: —Pero tú vienes a ver a tu familia. Ellos están en una casa diferente de la que tú conociste... espera un poco...— Y entonces llamó: —¡Tali!... ¡Tali!...

—¿Sí, padre?—, contestó una joven que salió a la puerta. Cuando vio a Ovid, lo saludó: —Buenas tardes, viajero.— Y luego a su padre: —¿Qué necesitas, padre?

—Que acompañes a este joven que es Ovid, hijo de Joram, hasta su casa... ¡Qué emoción va a tener madre Safeya cuando te vea!...—, terminó diciendo Haquim y apretó la mano del joven. Ovid, que miraba a Tali, se volvió hacia él para decirle: —Gracias, padre. Le prometo que vendré a hablarles a los dos de cosas muy importantes que aprendí. Ahora abrazaré a mi madre...— Y puso la mano en el hombro del ciego al tiempo que afirmaba: —Volveré mañana.

Con un movimiento de cabeza, Tali indicó a Ovid que la siguiera y rápidamente lo llevó por calles que él no recordaba, a través de la ciudad. Cuando llegaron a un punto en el que ya no había más calle, ella dijo, señalando hacia una casa nueva un poco retirada: —Allá es. Ahora me voy porque tengo que avivar el fuego para calentar la comida de mi padre.

—Gracias Tali. Espero verte mañana. Siento muchos deseos de contarles a ti y a tu padre algo de lo que vi y aprendí—, le dijo Ovid y por un momento la miró a los ojos.

—Bueno. Que sea más tarde, como después de la comida... Por la noche mi padre está más animado—, dijo ella y se devolvió.

Ovid la siguió con la vista hasta que las construcciones se interpusieron. Entonces recorrió con rapidez el camino hasta la casa...

Ciertamente las madres fenicias estaban acostumbradas a quedarse solas, siempre esperando el retorno de los hombres de la familia... Pero éstos nunca tardaban diez años en un viaje y Ovid había tardado más que eso. Lo que había mitigado la preocupación de Safeya durante tan largo tiempo había sido el saber que su hijo estaba en Salem, aprendiendo con un gran maestro sobre un nuevo Dios. Cuando oyó su voz, su corazón se ensanchó de alegría y pronta salió a recibirlo.

Después de un abrazo largo y lleno de ternura y emoción, la madre se preocupó por el alimento y el descanso de ese hijo, a quien despidió siendo apenas un muchacho de quince años que quería ser maestro y que ahora volvía convertido en un hombre. Miró hacia afuera por si alguien que viniera con él estuviese retrasado; "ya es hora de que tenga una familia", se dijo, pero la vista del camino vacío la regresó a su momento y se dedicó a atenderlo.

—¿Y dónde están tu marido, tus otros hijos y tu hija menor, madre?, porque supongo que la mayor sigue en Biblos...

—Espero que tu padre y tus hermanos regresen en estos días. Se fueron hace dos semanas a llevar madera al Nilo. Cuentan cosas muy increíbles de las gentes y las edificaciones de esos lugares.

—Yo también estuve en Egipto. ¿Recuerdas que salí de aquí con el viejo Naor, que no sabía hasta dónde iba a llegar? Pues nos fuimos hasta Acre y ahí un hombre rico contrató el barco para que le trajera un poco de esclavos egipcios. Le indicó a Naor en dónde y con quién los encontraría y le dio dinero de adelanto y unas prendas por las cuales le entregarían esos esclavos. Así que viajamos hasta encontrar las bocas del Nilo. Yo me puse a pasear por ahí, cuando escuché que unos mercaderes estaban preparando una caravana para la siguiente semana, con la intención de recorrer todas las ciudades del interior, hasta Babilonia. Entonces, ¿te imaginas qué se le ocurrió a este hijo tuyo?—, y Ovid miró a su madre con esa sonrisa de niño inteligente y lleno de proyectos locos que ella recordaba de siempre.

—Pues me imagino que pensarías en aprender muchas cosas para enseñarlas después, como hacías aquí cada vez que tu padre te llevaba a cualquier lugar. Cuando regresabas, nos reunías a todos y nos decías, muy serio: "Soy el maestro Ovid. Sé lo que ustedes no se imaginan y se los voy a enseñar, así que pongan atención..."— Y la madre repetía con entonación partes de los discursitos de su hijo sobre cada animal o cosa medio diferente que hubiera visto, y sobre lo que la gente hacía y contaba en los lugares donde atracaban, así fueran simples cabañas de pescadores.

—Claro, madre; y entonces, preguntando, preguntando, llegué a donde el organizador de la caravana y jefe de los guías y le pregunté si había algo que yo pudiera hacer para ganarme la comida mientras estuviera con ellos.

—¿Y qué trabajo encontraste?—, preguntó la madre, sorprendida de no haber pensado en eso antes...

—Pues el que siempre le dan al inexperto: ir detrás del último camello y recoger lo que pudiera caerse. También buscar y recoger estiércol seco para encender fuego cuando era necesario preparar comida... Esas cosas..., pero no por mucho tiempo, porque comencé a contarles de mi vida y les dije que yo era maestro—. Aquí Ovid se rió al recordar—.Y claro que todos se reían de lo que yo decía, pero eso sirvió para que un comerciante rico que viajaba con su mujer y su hija, me contratara para que les ayudara a ellos y les sirviera de intérprete en los pueblos semitas por donde pasáramos.

—¿Y no le avisaste al viejo Naor?—, preguntó la madre.

—Claro que le dije y también vi que eran muchos los esclavos para ese barco y que estaría mejor sin mí, porque tendría más espacio para ellos... Él no estaba muy contento con esa carga, pero ya se había comprometido, así que tenía que cumplir. Y a propósito, madre, ¿sabes si llegaron bien a Acre?

—Creo que sí, porque cuando vi al ayudante de Naor y le pregunté por ti, me dijo que te habías quedado en el valle del Nilo. Nada mencionó de su viaje de regreso. Tu padre fue hasta Acre a ver al viejo para saber de ti. Él le contó de tu proyecto de ir a Babilonia. Calculaba que tardarías un año en regresar y le entregó esas piedras negras que mandaste.

—Se llama "basalto"... esa piedra. Los artesanos del valle del Nilo hacen cosas muy bonitas con ella. Uno me regaló esos trozos que ya no le servían y me enseñó cómo podría hacer yo pequeñas figuras con ellos—, explicó Ovid. Safeya sonrió, diciéndose para sus adentros, "de veras es un maestro..."

—Pero sigue contándome cómo fue que te quedaste en Salem—, instó ella.

—Pues supimos de un maestro que hablaba de un dios nuevo y todos quisimos ir a su tienda. Él nos invitó a una reunión importante en la que nos obsequió a todos con pan y vino y empezó a hablarnos del Dios Altísimo. Yo ya no quise seguir a ninguna parte hasta haber aprendido todas las verdades de ese dios. Y eso es lo que hice durante todos estos años. Por eso les mandé varias veces noticias y también supe que ustedes estaban bien.

Llegó la noche. La madre, complacida, preparó la cama de su hijo y ambos durmieron profundamente. El amanecer del día siguiente encontró a Ovid sentado en la playa, mirando al mar y reviviendo toda la emoción de los viajes por el agua de su infancia... "Tal vez podría hacer un corto viaje antes de seguir a

Babilonia...", pensó. Su madre llegó con unas frutas y algo de pan.

—Bueno, madre, y dónde está Timna? Era muy pequeña cuando me fui, así que no creo que esté ya casada.

—No, tu hermana pronto cumplirá diecisiete. No se ha casado aún. En estos días se encuentra en casa de tu hermana mayor, que sigue en Biblos. Ella necesitaba algo de ayuda porque dio a luz gemelos hace apenas un mes.

—Tal vez sea posible ir hasta allá cuando vuelva mi padre...—. Y Ovid se quedó pensativo. Sintió inmensos deseos de quedarse en el mar, de continuar con la vida y oficio de sus antepasados, con mayor razón en esos días en los que los barcos se alejaban mucho más y llegaban a nuevas tierras, y se incrementaba día a día el comercio de maderas, añadido al transporte y distribución por mar de las mercancías que desde tiempo atrás llegaban por tierra hasta los puertos.

—Claro que se puede—, dijo Safeya, —pero algo tienes en tu mente que te turba... ¿podrías contárselo a tu madre?

—Madre, tengo un compromiso y un deseo muy grande de cumplirlo y cumplirlo bien. Pero ese compromiso me alejará de aquí por varios años... —, se interrumpió para sonreír a su madre y continuó: —claro que no tantos como once. Por ahí tres o cuatro. Te contaré luego... Por ahora no hables de esto con mi padre. Yo mismo le explicaré todo—. Luego, animándose y mirando a Safeya a los ojos, le dijo: —Hablemos de otra cosa, madre. ¿Qué te parece Tali, la hija de padre Haquim?

—¿La viste?, ¿y eso cuándo fue?—, preguntó la madre asombrada.

—Sí, la vi ayer cuando llegaba. Su padre estaba sentado afuera; yo no lo conocí inmediatamente y le pregunté por Jamal. Luego me di cuenta de que no veía y lo reconocí. Hablamos un momento y mandó a Tali para que me enseñara el camino hasta la casa.

—Pobrecita. Muchos querrían desposarla, pero ella no puede dejar a su padre y él no está ni viejo ni enfermo como para decir que pronto morirá... Es triste.

—Pero yo me los podría llevar a ambos, madre. Ella me agradó mucho, aunque no hablamos prácticamente nada.

—¿Crees que puedes hacer eso, hijo?— Y Safeya suspiró antes de agregar, —Para un hombre de mar, un ciego es una carga pesada.

—Pero para un maestro, un misionero de la escuela de Salem, que soy yo, es bueno tener consigo una familia, incluido el suegro. Así siempre tendré con quien hablar cuando regrese del trabajo..., porque yo no creo llegar a ser un hombre de mar como mi padre. Sí viajaré por el mar, pero siempre buscando cumplir mi oficio de maestro y también de intérprete...—. Ovid se interrumpió para mirarla y luego aclaró: —No quiero que hables de esto con nadie hasta que sepamos qué piensan Tali y su padre.

—Claro, hijo—, contestó la madre sin titubeos. —Creo que es muy posible y además justo. Haquim y Tali son excelentes personas y hasta ahora parecen condenados a una vida de soledad...—. Luego sonrió y, acariciando la cabeza de su hijo, terminó: —Eres un hombre juicioso y formado, y Tali es una joven que merece lo mejor. Pienso que esto es bueno.

—Les dije que esta tarde iría a verlos y a contarles acerca de lo que he conocido y aprendido en todos estos años. Creo que si todo se muestra propicio, los visitaré a diario y muy pronto les plantearé la idea.

La velada en la casa de Haquim comenzó con el recuento de los días anteriores a la partida de Ovid, la amistad entre los hermanos de una y otra familia, las noticias que de él tuvieron, y también los negocios de la madera que se venían desarrollando y creciendo desde entonces. Luego hablaron sobre la muerte de la madre de Tali, dos años antes, y la pérdida de la visión del padre, que había comenzado desde antes de su viudez y que para el momento solo le dejaba ver sombras de las cosas y las personas.

Entonces Ovid habló de su encuentro con Melquisedec, de la sabiduría del maestro, de la tienda tan extensa y, finalmente, de las enseñanzas fundamentales sobre el Dios Altísimo y de la comunidad de Salem.

Padre e hija estuvieron pendientes de sus palabras y cuando él se interrumpió, pensando en que había pasado demasiado tiempo y ellos deberían descansar, Haquim le dijo: —Ovid, espero que vuelvas muy pronto. Ese dios del que nos has hablado... No sé, pero me parece entrever una luz de esperanza que me alegra el corazón... Quisiera saber más acerca de él.

—Padre Haquim, a eso he venido. Si quieres, podemos conversar todas las tardes un rato.

El rostro de Tali se iluminó con una amplia sonrisa, en tanto que su padre exclamaba ilusionado: —¡Todos los días...! ¡Claro que sí! ¡Gracias, muchas gracias, Ovid!

Haquim y Tali, cada uno a su manera, empezaron a reflexionar acerca de la visita y de la enseñanza que Ovid les transmitía en las tardes, y sus días comenzaron a tornarse más amables y también más cortos. Y no alcanzó a pasar un mes antes de que una tarde, para enorme sorpresa de Tali, Haquim dijera vivamente entusiasmado:

—Ahora sé qué puedo hacer, aunque sea ciego: aprenderé la verdad sobre el Dios Altísimo y la enseñaré a otros, así como tú, Ovid, has venido a enseñarnos a nosotros todo lo que aprendiste con el maestro de Salem.

—Padre Haquim, esas palabras tuyas son muy sabias. Estoy seguro de que serás un maestro muy respetado, que ayudarás a muchos a comprender lo que es para todos el principio del bien. Y tú, Tali, has oído a tu padre. Yo he venido pensando en proponerles a los dos que vengan ambos conmigo en el viaje que debo hacer hasta Caldea...—. Ovid calló por un momento y, mirando a la joven a los ojos, añadió: —Si quieres ser mi esposa, sería maravilloso y los tres nos ayudaríamos en todo, principalmente en el esfuerzo por transmitir a otros el conocimiento del Dios que es Padre y nos ama.

Haquim suspiró hondamente al escucharlo, pero no habló en espera de que su hija respondiera a la proposición del joven. Ella, bajando los ojos, les dijo:

—Desde que llegó, cuando lo vi y lo llamé "viajero", sentí que me agradaba mucho. Entonces supuse que solo estaba de paso y no quise pensar nada más... Ahora, padre, necesito que tú me hables acerca de lo que es bueno que yo diga en este momento.

—Hijita, si crees que Ovid puede ser un buen marido y compañero para ti, yo creo de verdad que es el mismo Dios Altísimo el que nos lo ha traído, porque sin duda Él conoce tu bondad y también toda la aflicción que día a día me produce saber que por mí sigues sola, sin hogar propio y sin hijos.

—Pues entonces, digo que sí. Sí quiero ser tu esposa, Ovid—, contestó ella mirando al joven.

Entonces Ovid se levantó para abrazar a su suegro, luego tomó las manos de Tali y las puso contra su mejilla, y al final les dijo: —Creo que mañana mismo empezaremos a preparar la boda. Le diré a mi madre que venga para que entre todos lo planeemos. Mientras tanto llegarán los que andan en el mar y avisaremos a todos los parientes y amigos.

Varios días después de la boda, Ovid encontró a su madre sola en la casa y quiso hablarle de Nordán.

—Madre, soy muy feliz. Me siento triste por dejarte, pero confío plenamente en que el Dios y Padre de todos nos permitirá volver a reunirnos a mi regreso de Babilonia—. Hizo una pausa y, mirándola con ternura, añadió: —Un amigo mío vendrá dentro de algún tiempo. Me lo prometió. Se llama Nordán y es muy diferente de nuestra raza: muy alto, de piel clara y los ojos del color del mar... Perdió a sus padres hace doce años, cuando viajaban al sur, hacia donde sus tribus se están estableciendo. Llegó casi muerto a Salem pero ahora es misionero, como yo, y piensa ir a esas tierras nuevas de su pueblo para llevarles las enseñanzas de Salem...

—¿Y va a venir a visitarnos?— preguntó la madre.

—Sí. Yo quiero que él los conozca y que ustedes lo conozcan a él. Hemos sido muy amigos todo este tiempo. Tenemos la misma edad y ambos sentimos el mismo deseo de cumplir nuestra misión.

—Claro hijo que lo recibiremos con mucho gusto y afecto; solo me gustaría saber cuando esté próximo a llegar.

—Si todo sale como lo pensamos, él me avisará con tiempo y yo les mandaré algún recado a ustedes. De todos modos, no lo vas a confundir. No te olvides, se llama Nordán. Él dice que es quenita, de la nación persa que proviene de muy, muy al norte...

..............................

Seis meses después de su llegada a Tiro, habiendo acompañado a su padre en dos viajes cortos a las otras ciudades fenicias y después de que Haquim ordenara sus bienes y los distribuyera entre sus hijos, Ovid salió con su esposa y su suegro a cumplir el encargo de Melquisedec, prometiendo enviar noticias en cuanto ello fuera posible.

Los viajeros llevaron pocas cosas. Apenas turbantes para defenderse del sol y del polvo del camino, y alimento calculado para los días que tardarían en llegar a Damasco, la ciudad más próxima por la cual pasaban las caravanas que provenían de Salem. Así que salieron muy temprano en dirección noreste. Haquim caminaba al lado de Ovid y éste le indicaba los pasos difíciles para que no tropezara. Por las noches buscaban cobijo en poblados pequeños o en formaciones arcillosas que dejaban espacios protegidos de los vientos y las lluvias. En diez días estuvieron en Damasco, donde debieron esperar una semana completa a la siguiente caravana.

Haquim estaba animado. Parecía revivir con el esfuerzo y con el sentimiento de que compartía la misma actividad que sus jóvenes hijos, y no por condescendencia de ellos sino porque eso era lo que todos tenían que hacer. Este sentimiento iba eliminando ese otro que lo agobiaba en su casa de Tiro: el de estar condenado a vivir una vida inútil y ser una carga pesada para quienes lo querían.

Cuando llegó la caravana, todos los guías, habiendo conocido a Ovid en Salem, alegremente lo acogieron con su familia de la mejor forma que les fue posible. Entonces, después de un día de descanso de los animales y de aprovisionamiento de todos, el grupo siguió su camino hacia el Éufrates.

La ruta estaba totalmente marcada por el paso incesante de hombres y de bestias. Los guías, que sabían exactamente cuáles eran los mejores pasos en las zonas difíciles o inundadas, las cuales se hacían más frecuentes a medida que avanzaban hacia el norte, ayudaban a los viajeros más impedidos o temerosos a superar los obstáculos.

Así recorrieron el largo camino hasta Hamá, donde descansaron un día y una noche y fueron informados de las precauciones que debían tomar para que todos vadearan el río sin percances. Lo hicieron lentamente, de modo que una semana después llegaban a Halab, al otro lado del Éufrates. De allí siguieron a Jarán, la ciudad más importante del norte de Mesopotamia. En ella descansaron por tres días y se reabastecieron antes de comenzar el viaje hacia el sur. Mientras Tali y su padre reposaban un poco, Ovid paseó la ciudad y se dio cuenta de que era una tierra muy buena para los rebaños y de que estaba poblada por gentes prósperas y trabajadoras.

De Jarán salieron al amanecer. Desde allí, poco a poco el paisaje montañoso fue cambiando a llanuras y pastos, y así entraron en la región de Mari. En un mes habían recorrido las dos terceras partes del camino a Babilonia. Ovid recordó que su amigo Nordán había perdido a su madre por esos lados y que ahí, en Mari, se había unido a la caravana que iba en sentido opuesto y lo llevó a Salem.

Comentando con Tali, se le ocurrió decirle: —Pienso que si la primera caravana que encontró Nordán después de la muerte de su madre hubiera ido en la dirección en que vamos nosotros, él habría llegado a la tierra donde se está estableciendo su pueblo y nunca nos habríamos conocido...

Tali pensó un poco y al fin le dijo: —¿No crees que también eso sucedió por la voluntad del Altísimo? Como me dices que Nordán es uno de los mejores discípulos de tu maestro, yo creo que Dios mismo ayudó a que él llegara a la escuela de Salem... y que se encontrara contigo y los dos se hicieran misioneros y amigos...

Ovid la estrechó contra sí y le contestó con un timbre de emoción en la voz: —Veo que comprendes al Altísimo en cuanto Padre de todos. Sí que tienes razón; pudo ser coincidencia o casualidad, pero Él quiso que fuera para bien de Nordán y mío, y para alegría de Melquisedec y el desarrollo de la fe en esas tierras donde él va a vivir.

—Dices que lo esperaremos en Babilonia. Deseo mucho que tengas el gusto de verlo nuevamente. Ojalá se pueda venir pronto.

Mientras tanto, Haquim había hecho amistades con personas mayores que viajaban y cada tarde se reunían un rato para contar historias de sus tierras y de sus familias. Él era escuchado con atención y sus relatos de viajes por el mar cautivaban a todos, incluidos jóvenes muy fuertes y activos. El que se consideraba viejo, se sentía renacer al verse a sí mismo útil y tenido en cuenta por gentes a quienes apenas conocía de los días del viaje.

Así llegaron a los pueblos que precedían a Babilonia, en los que muchos de los viajeros fueron quedándose. Finalmente los guías encontraron el modo de penetrar con sus camellos y sus viajeros en el inmenso patio de las caravanas de la gran ciudad, abarrotado de tiendas y de gentes. Gracias al buen tiempo y a la experiencia de los guías, habían llegado a Babilonia en algo menos de seis meses de viaje.

Ovid, ayudado por uno de los guías, encontró un buen lugar para alojarse inicialmente con su familia, cerca al patio de las caravanas pero no demasiado, en una casa de un mercader caldeo que tenía espacio suficiente y solía hospedar familias.

Después de dejar a Tali con su padre para que descansaran, salió con la intención de enviar un mensaje a su madre, quien lo transmitiría a los hermanos y cuñados. Además quería comenzar a hacer contactos tanto para la enseñanza, que era su misión, como para obtener algunas ganancias con trabajos de intérprete que pudieran presentarse. Regresó un par de horas después con provisiones para la cena y buenas noticias. Había ganado un primer dinero ayudando a unos sumerios a regatear por el traslado de sus bienes hasta Ecbátana con unos guías salemitas. Sin duda, en ese lugar donde se movía tanta gente de procedencias tan diversas, no faltarían clientes para su oficio.

Esa noche descansaron bien. El día les traería nuevas cosas y ya se vería poco a poco cómo iniciar el trabajo de la enseñanza.

El día siguiente lo dedicaron a pasear un poco. Babilonia en esa época no era una única ciudad claramente delimitada. Era el nombre asignado a un conglomerado de asentamientos muy distintos cuyo centro social era el patio de las caravanas, con su incesante movimiento comercial y humano, y cuyo centro político-religioso estaba formado por unas calles que apuntaban hacia los altares de los dioses babilónicos principales: Marduk, el dios sol y principio del bien, bajo cuyo poder estaban todos los demás: Ea, el dios organizador del mundo, Tiamat el dios del mar, Lilith, la diosa de la muerte que tenía garras de arpía, ... y otros muchos. La edificación más alta era la torre inconclusa y en parte derrumbada de Babel, que había sido erigida más de mil años atrás por un acuerdo de los pueblos semitas, con el propósito de sentar una memoria de sí mismos. Este objetivo resultó insuficiente para mantener el trabajo y la cooperación necesarios y derivó en disputas incesantes y abandono de la construcción. Algunos de los obreros se establecieron en esa vecindad y aprovecharon los restos de los materiales para sus viviendas, dando inicio al conglomerado que muchos años después, multiplicado y extendido, Ovid y su familia iban descubriendo.

Haquim, después del viaje desde Tiro, lejos de verse como un viejo achacoso y cansado, se mostraba activo, interesado en lo que Tali y Ovid hablaban, lo que oía en las calles, los olores tan diversos... En su mente iba formando un proyecto que le permitiría ser verdaderamente útil, a pesar de su ceguera. El repaso de su experiencia del viaje, de haberse sentido tenido en cuenta y escuchado por grupos de viajeros, quizás mayores o viejos, pero al fin personas vivas de las cuales había muchas en el mundo, le hacía pensar que él también podría ayudar a su yerno en el trabajo de enseñanza, dedicándose a los viejos que quisieran aprender... Quería saber más del Dios Altísimo. Y Tali, por su parte, se sentía feliz por el afecto y cuidado que recibía de su marido, por sí misma, por el rumbo tan interesante que su vida tomaba y, sobre todo, por la actitud y el ánimo de su padre.

Cuando estuvieron de vuelta de su primer recorrido por la ciudad, en cuanto Ovid salió en dirección al patio de las caravanas, siguiendo casi la misma rutina de Salem, padre e hija estuvieron conversando. Ella, después de escuchar atentamente el proyecto de Haquim, le contestó muy animada: —Padre, esa es una muy buena idea—. Y luego de abrazarlo, continuó: —Esta noche lo hablamos con Ovid. Que empiece por enseñarnos a nosotros dos, para que seamos sus ayudantes. Yo puedo hablar con las mujeres y los niños que se acerquen y tú con los hombres mayores, mientras él enseña a los hombres de su edad y busca entre ellos esa familia que su maestro le pidió que buscara...

Ovid llegó un poco tarde. Traía para su suegro un bastón más largo y de madera más liviana que el que tenía; un comerciante se lo había dado a cambio de información sobre el transporte marítimo desde la costa fenicia hasta el valle del Nilo. Pero no había sido ese el motivo de su tardanza. Se había demorado hablando con algunos guías salemitas, quienes le ofrecieron ayuda en lo tocante a enviarle viajeros de los que a diario aparecían con necesidad de un intérprete para realizar negocios. Le aconsejaron escoger un lugar fijo en donde sus clientes lo pudieran localizar.

—De modo que mañana iremos los tres, pero sin separarnos. En esos sitios no es bueno que una mujer joven se quede sola en ningún momento. Solo es para que entre todos elijamos el lugar y porque creo que tú, padre Haquim, me podrás ayudar cuando tengamos todos los asuntos de nuestra vida organizados.

—Yo creo que es bueno para mí conocer otras mujeres casadas. Vayan ustedes dos al patio de las caravanas, mientras yo voy con alguna vecina a traer agua. Seguro en el pozo aprenderé acerca de la vida aquí—, intervino Tali.

Ovid se sentía indeciso. Quería saber más de las personas que vivían en las cercanías, antes de que su esposa se mezclara tan de lleno en la vida de la gente. Por eso le dijo: —Entonces empezaremos por buscar a esa vecina y conocer algo de su familia, antes de concertar con ella lo de la ida al pozo.

—Sí. Eso creo que debe hacerse—, expresó Haquim, a quien había alarmado un poco la propuesta de su hija apenas un día después de haber llegado.

Tali aceptó sin reparos. Ella, cuando regresaban de su paseo, en una casa cercana había visto a una mujer joven que llamaba a dos niños que jugaban en la calle con otros.

Concertada esa parte, hablaron de su propuesta en relación con la enseñanza y Ovid estuvo de acuerdo: —Claro que ustedes serán ayudantes perfectos. Entonces mañana ubicaremos el lugar de nuestro trabajo en el patio de las caravanas y avisaremos de él a jóvenes que, como Seír en Salem, anden entre las caravanas buscando gente que necesite algún trabajito para ganarse unas monedas. Y enseguida volvemos aquí para determinar qué tiempo vamos a dedicar en la casa para conversar los tres acerca de las verdades del Dios Altísimo. Así, en corto tiempo podremos empezar una pequeña escuela, tal vez un poco disimulada, no tan pública como la de mi maestro en Salem, porque aquí hay sacerdotes de Marduk que, según me dijeron los guías, se ponen muy celosos cuando alguien enseña de otros dioses que puedan hacer contrapeso al gran dios de Babilonia. De manera que es necesario trabajar con prudencia, como el maestro siempre nos recomendó.

Del modo acordado, Tali conoció a tres mujeres vecinas, dos de Caldea y una de Babilonia, que iban diariamente al pozo por agua. Todas estaban casadas con hombres de trabajo: las de Caldea con pastores y la de Babilonia con un empleado de la casa de gobierno, encargado de recibir y transmitir los recados que llegaban para las personas de los altos puestos de la administración, así como las respuestas a los mismos. Era un puesto que significaba gran prudencia y que estaba siempre amenazado de trampas y falsedades. Pero Tameh, que así se llamaba el hombre, era muy listo y sabía desconfiar a tiempo, antes de que el falso pusiera por obra la triquiñuela que se traía.

Así las cosas, Ovid salió con Haquim, que pulsaba y hacía girar su nuevo bastón, mucho más práctico que el viejo. En el patio de las caravanas se estaba iniciando el día y ellos dos se dirigieron a un pequeño bosque lateral, que a esa hora estaba libre de grupos que buscaran sombra, desde donde se podía ver el paso de viajeros y camellos sin recibir el polvo que levantaban. Ovid esperaba ver a algunos chicos que anduvieran buscando oficio, para interrogarlos y proponerles ya vería qué tipo de negocio que los pusiera de su lado a la hora de orientar a viajeros necesitados de sus servicios. No tuvo que esperar mucho.

—¡Sí señor! Este sitio no es bueno porque aquí siempre se paran los que venden líquido para beber, y a veces traen niños y también animales que hacen ruido. Si quiere, yo lo llevo a un lugar donde usted puede acomodarse con su padre, y le cuido el sitio para que nadie se lo quite, hasta que la gente se acostumbre a que es suyo...— El que hablaba era Kalim, un muchacho de unos trece años que fue el primero a quien Ovid observó mirando a un lado y otro, hasta que los vio. Luego había desaparecido de su vista para reaparecer un minuto después frente a ellos, sin necesidad de hacerle seña alguna. Ovid le había preguntado si el lugar en donde se encontraban era usado regularmente por algún habitante de la ciudad.

—Bueno, llévanos a ese sitio—, le dijo Ovid, muy complacido con el aire de inteligencia y total ausencia de pereza del jovencito.

Kalim echó a andar, mirando de reojo a Haquim para cerciorarse de que no se quedara atrás y ayudando cuando había algún obstáculo o alguien podía chocar contra el hombre ciego. Del otro lado del camino de las caravanas, hacia el sur, había tres árboles no muy frondosos, con algo de vegetación y piedras bajo ellos.

—Aquí caben muy bien cuatro o cinco personas a la sombra. Como es tan pequeño y un poco lejos del centro del patio, los vendedores lo dejan libre. Pero si su oficio no es vender, sino hablar, pues está mejor porque hay menos ruido y se puede oír con más claridad lo que le digan a usted y lo que usted les diga a los otros.

Ovid ayudó a su suegro a sentarse en una de las piedras, y después de caminar por el lugar, le dijo al chico: —Me gusta. Entonces, nosotros vendremos a diario como a esta hora. Tú debes guardarnos el lugar y después contarle a todos tus amigos que trabajan en el patio, que "Ovid, el maestro fenicio", o sea yo—, aclaró indicando a su propio pecho, —"es un hombre que sabe todos los lenguajes", para que si alguien les dice o les hace señas de que necesita un intérprete, lo traigan aquí.

—Sí, claro que lo hago—. Y Kalim lo miró esperando que hablara de pagarle.

—No te preocupes que te pagaré: Trabaja esta semana para mí. Al final te pagaré lo que se acostumbra y, si es bueno tu trabajo, pues podemos hacer mejores negocios en los días siguientes—, fue la respuesta de Ovid.

—¿Puedo empezar ya? Esta tarde llegará una caravana que va para Susa. Seguro que vienen viajeros de esos de la lengua tan distinta. Si quiere voy ya a buscar a mis amigos para contarles de "Ovid, el maestro fenicio"—, propuso el muchacho.

—Sí, anda, Kalim. Luego vienes para indicarte en dónde vivo, para que si alguno me necesita cuando esté en la casa, vayas a llamarme—, le contestó Ovid dándole una palmada en el hombro.

Así quedó cerrado el trato y elegido el sitio. Cuando el chico salió, Ovid acercó otra piedra, se sentó al lado de Haquim y le preguntó: —Bueno, padre. ¿Qué piensas de todo esto?

—Que eres bueno para organizar las cosas de manera fácil pero que sirvan bien a lo que te propones. Me gusta el lugar y me gusta el joven que contrataste.

—Sin duda tú también conoces algunas lenguas, así que puedes ayudar con los clientes de las que recuerdes…—, sugirió Ovid.

—Sí, yo hablaba un poco el idioma de los egipcios y el de los hititas. Pero me imagino que los debo haber olvidado con tantos años de ni oírlos, ni tener que decir ninguna palabra de esas lenguas—, dijo Haquim.

—Eso lo veremos poco a poco. Por el comienzo, solamente me acompañas; luego tú mismo irás viendo qué puedes hacer. Ahora, ahí viene Kalim, así que mejor levantémonos para ir hasta la casa y comer antes de volver para la llegada de la caravana...

Caminaron hasta la casa con el chico, para que conociera el camino y a Tali. Después del saludo, Ovid le recomendó que en cuanto fuera avistada la caravana volviera rápidamente a avisarles. Eso tal vez les daría un tiempo extra para que Haquim descansara un poco después de la comida del mediodía. Tali le ofreció a Kalim un poco de agua y le dio un paquete con algo de comida. El niño agradeció y regresó a la carrera hasta su lugar en el patio de las caravanas.

La caravana llegó tarde. Casi a la hora del crepúsculo. Para sentar el orden de cada día, aunque muy probablemente no habría ningún cliente a esas horas, Ovid y Haquim caminaron hasta el lugar, dejando libre a Kalim para que fuera a reconocer a los viajeros, a ver si alguno daba muestras de necesitar un intérprete.

Los guias tardaban en entregar a cada viajero sus pertenencias y la llegada de la noche obligaba a todos a buscar acomodo, dejando los negocios para la mañana siguiente. Sin embargo, un hombre joven, que había llegado solo y muy pobremente vestido, parecía buscar a alguien que debía estar esperándolo. Kalim se le acercó y le preguntó qué quería. El hombre le hizo seña de comida y el chico, también con señas, le preguntó con qué iba a pagar. Entonces el viajero, temeroso, mirando hacia los lados, sacó de una bolsa que traía colgada debajo de la túnica un trozo grande de obsidiana cristalina que destelló a la luz de las lejanas lámparas.

—Guarde eso—, le dijo Kalim y con su mano lo movió a que volviera a poner la piedra en la bolsa. Luego, tomándolo por el brazo, resolvió llevárselo a Ovid: —Señor, este hombre no habla una sola palabra que yo entienda pero trae una riqueza en la bolsa. Lo traje para que usted vea si lo puede ayudar.

—Gracias, Kalim. Ya veremos qué es lo que él necesita—, y viendo que el muchacho tenía gran curiosidad de ver si él, Ovid, entendería al recién llegado, le dijo al viajero en el idioma de Nordán: —¿Tienes hambre? Yo soy Ovid, fenicio. Aprendí tu idioma con un amigo quenita. ¿Cómo es tu nombre?

El hombre sonrió al escucharlo y contestó: —Yo también soy quenita. Esperaba encontrar aquí a un amigo para seguir juntos hasta las tierras en donde se están asentando los de mi nación. Pero tal vez ya se fue....

Ovid lo interrumpió para preguntarle al chico: —Kalim, ¿acaso viste a algún hombre que estuviera esperando la caravana, que fuera de la misma lengua que este viajero?

—No. Pero si quiere voy a buscar a ver si encuentro a alguien así y lo traigo—. Dudó un poco antes de añadir: —Puedo traer a un comerciante que le compre la piedra, para que tenga con qué pagar comida.

—Por ahora no lo del comerciante, pero sí lo de buscar a alguien que lo esperara...—, y mirando al quenita, le preguntó otra vez: —¿Cuál es tu nombre?

—Yo me llamo Jertes y el amigo que debía esperarme se llama Pemor.

—Bien, Kalim, el hombre que debía esperar a este viajero se llama Pemor. Si ves a alguien parecido a él, le preguntas si es Pemor y si está buscando a Jertes, que es éste que acaba de llegar—. Kalim lo miró y asintió con la cabeza. Entonces Ovid le dijo: —Anda; si lo encuentras, lo llevas a la casa porque para allá vamos. Si no lo encuentras, vete a descansar y mañana temprano nos vemos aquí.

—Sí, señor. Así lo haré.

—Padre Haquim, yo tengo un amigo muy querido que es de la misma tribu que este Jertes. Por eso pienso que por esta noche le podemos dar hospedaje. ¿Te parece bien?—, preguntó Ovid a su suegro.

—Sí, hijo. Tú sabes más del mundo que yo. Si tú lo sientes así, no tengo ningún inconveniente. Vamos—, contestó el viejo y se levantó para regresar a la casa.

—Jertes, ven con nosotros a la casa. Por ahora tienes que descansar y comer algo. Si Pemor te viene a buscar, seguro que Kalim lo encuentra y lo lleva. Por eso no te preocupes—. Y Ovid le indicó al recién llegado que caminara a su lado. Él ofreció su otro brazo a Haquim y los tres comenzaron a andar.

Hubo comida suficiente porque Tali, acompañada y asesorada por una de sus amigas caldeas, había conseguido verduras y cordero ahumado a cambio de unas pocas monedas sacadas del dinero que había logrado ahorrar desde que su madre murió, dinero que su marido nunca quiso aceptar. Ovid llevó a Jertes a donde podía asearse. Allí el viajero le entregó la bolsa con la obsidiana, la cual le fue encomendada a Tali, con el encargo de guardarla y no hablar con nadie acerca de su existencia. No habría sido necesaria ninguna recomendación al respecto, pero con el objetivo de acentuar la importancia del asunto, la advertencia le fue hecha suavemente por su esposo.

Sobre una lona de vela marinera, el huésped se durmió antes de acabar de desear las buenas noches a sus anfitriones.

Muy temprano al día siguiente estuvieron listos Ovid y Haquim. Jertes parecía estar recuperándose de una semana entera sin dormir, porque continuaba absolutamente inmóvil en un estado de profundo sueño. Decidieron salir y dejarlo. Al fin de cuentas, si aparecía el tal Pemor, pues no habría ninguna dificultad en mandar a Kalim para que le avisara.

Kalim no tenía ninguna noticia de que alguien esperara a Jertes. En cambio, en la primera hora encontró tres clientes para Ovid. Compradores que le pedían su ayuda para regatear, uno de ellos con dos comerciantes de especias y los otros dos en el sector de las sedas. Ovid hacía estos oficios con gran pericia, pues al fin era algo que había visto hacer desde niño y que había practicado todos los años anteriores en Salem. En menos de dos horas todos habían quedado satisfechos y pagaron lo acordado al intérprete sin demora.

A mitad de la mañana, llegó Jertes. No recordaba bien el lugar en el cual había encontrado a Ovid, pero Kalim lo vio y corriendo fue a orientarlo.

—¿Cómo dormiste?—, le preguntó Ovid.

—Mmm, toda la noche y casi medio día más—. Luego explicó el motivo de su largo sueño: —Es que los últimos días en la caravana estaba preocupado porque algunos sabían que yo traía esa piedra y me parecía que me miraban con intenciones de robarme. Es algo que no me pertenece a mí sino en mínima parte. Somos diez hombres y tres mujeres los que tenemos iguales derechos en esa riqueza. Pero anoche estaba tan cansado que se la dejé ver a tu ayudante. Si no hubiera ido a tu casa, tal vez hoy ya no la tendría, porque la habría usado para pagar comida y abrigo. Estaba como atontado por la falta de sueño y la situación de andar a todas horas mirando quién se acerca... y eso... le hace perder a uno el contacto con la realidad.

—Bueno, por eso no debes preocuparte. Ahora lo importante es buscar noticias de tu amigo

Pemor. Imagino que debió seguir a Susa creyendo que no vendrías... Podrías ir a averiguar cuándo llega la próxima caravana del sur para ver si te envían algún mensaje. De pronto el mismo Pemor llega en ella—, le contestó Ovid.

Jertes se fue hacia el centro del patio. Era de estatura más alta de lo común, "igual que Nordán", se dijo Ovid mientras seguía con la vista la cabeza del persa, hasta que lo vio conversar a señas con Kalim. Luego volvió a sus quehaceres. Quería comprar unos retazos de tapete para suavizar el mobiliario de su escueta oficina, sobre todo por su suegro, que debía cansarse mucho de estar sentado largo rato en esas piedras.

—Padre Haquim, ¿qué te parece si voy unos minutos a la tienda del vendedor de esta mañana, a ver si me da baratos unos trozos de tapetes que vi allá; son para poner en el suelo y sentarnos ahí, en lugar de estas piedras tan duras...?.

—Pues creo que es buena idea. Yo me quedo aquí. Si llega alguien, le digo que espere un momento y mientras tanto le hago conversación..., contestó Haquim.

En veinte minutos no llegó nadie. Luego apareció Kalim un poco alarmado porque había perdido de vista a Jertes. Temía que alguien que supiera lo de la piedra lo estuviera esperando y lo hubiera atacado. Haquim le dijo que no pensara esas cosas. Luego le explicó a dónde había ido Ovid y el chico salió apresuradamente.

Ovid ya iba llegando con los tapetes, de modo que en cuanto los puso en el suelo y ayudó a Haquim a sentarse más cómodo, salió hacia la casa. Si Jertes había ido por la piedra bajo alguna presión, allá lo sabría. Esperaba que no. A Kalim le recomendó que escuchara todo lo que pudiera por ahí y que pusiera a todos sus amigos a seguir las pistas hasta dar con Jertes.

Cuando llegaba a la casa, escuchó unas voces de mujeres que discutían. Apuró el paso y, sin dejarse ver de los que se encontraban en la entrada, observó que Jertes no estaba con ellos pero que golpeaban con fuerza en la puerta. Parecía que Tali no estaba. Entonces puso atención a lo que las mujeres hablaban:

—¡Eh!, si yo te conozco. Eres un vago. Esa señora no debe estar ahí. ¿Qué quieres de ella? —, gritaba una de las de Caldea.

—Que me pague porque su huésped me debe por un trabajo—, contestó el hombre.

—¿Sí?, ¿qué trabajo vas a hacer tú, a ver, dime, qué trabajo hiciste?—, volvió a preguntar la mujer.

—Si lleva rato queriendo que esa señora le abra la puerta. Yo creo que ella no está adentro. Me parece que dijo que iba a donde el intendente del gobernador, el que está encargado del orden en este sector... —, dijo otra mujer que se había retirado de la ventana y volvía a asomarse.

Mientras el hombre seguía golpeando, Ovid, que había visto el movimiento de la mano de Tali que colgaba alguna ropa detrás de la pared del patio, se acercó por detrás del reclamante y le dijo en tono duro y autoritario:

—¿Qué se le ha perdido en mi casa, amigo?, porque si no se le ha perdido nada le aconsejo que se vaya inmediatamente.

—Es que usted hospedó a uno que me debe dinero y vengo por él.

—¿Y por qué le debe dinero, si apenas llegó anoche. O es que usted venía en la caravana?

—No, pero unos que venían me dijeron que ese hombre les debía y que yo le cobrara para pagarme lo que ellos gastaron de comida anoche, en mi negocio.

—Ninguno de esos es mi problema. Que venga el que le debe el dinero y aquí resolvemos el asunto. ¿Por qué viene usted a golpear sin traer al que le debe?— Ovid estaba realmente molesto por la carga de mentiras que adivinaba en todo ese falso reclamo.

El hombre dijo tres o cuatro cosas incoherentes y se marchó malhumorado. Ovid llamó a Tali en voz suficientemente alta para que ella la reconociera.

—¿Te dijo algo ofensivo el hombre que estaba golpeando?—, preguntó Ovid a su mujer cuando estuvieron juntos dentro, con la puerta cerrada.

—No, porque no abrí. Antes puse todo lo que pude contra la puerta no fuera a ser que la abriera de un empujón.

—¿Y por qué no abriste? ¿Cómo sabías que no era cosa buena?

—Porque oí a Jertes que decía, "No, no, puerta no", y entendí que no debía abrir. Me imaginé que lo perseguían por la piedra.

—¿Y él en dónde está?— Ovid estaba desconcertado por el rumbo de los acontecimientos.

—Yo creo que él se les escapó. Con esas piernas tan largas, debió correr y meterse en algún lado en donde los otros ni supieron. No sé...— Y mirando a su marido, Tali le dijo: —No tienes que preocuparte. Ya verás que pronto vuelve.

—¿Pero lo de la bolsa nadie lo ha tocado, verdad?— preguntó Ovid, en voz baja y evitando mencionar la piedra.

—Ese encargo está muy bien... No te preocupes que todo está en su sitio—, contestó ella, también en voz baja, mientras señalaba con un dedo hacia un cesto que contenía legumbres y algunos cacharros de cocina.

—Bueno, esperemos entonces. Tal vez Kalim venga pronto para pedirle que se quede por aquí mientras voy por tu padre—, dijo Ovid pensando que había sido tonto de su parte no haber dado a Kalim ese encargo antes.

—Se me ocurre que te quedes. Yo puedo pedirle a mi amiga Mai que me acompañe hasta el puesto donde está mi padre en el patio de las caravanas. Ella no tiene problema porque sus hijos ya están grandes y trabajan con el padre en el campo, y a ella le gusta mucho tener con quien salir—, propuso Tali.

—Bueno, Ve y háblale a ver—. Cuando su marido dijo esto, Tali salió rápidamente y subió la escalera para llamar a su amiga. En menos de cinco minutos estuvieron las dos frente a Ovid, diciéndole que pronto estarían de regreso con Haquim.

Ovid cerró la puerta y revisó la casa. Pensó que mientras Tali estaba en el patio, alguno pudo entrar a revisar en busca de la valiosa piedra. Pero no vio nada extraño. Todo estaba en su puesto. En el fondo de la cesta de verduras vio la tela rústica bien atada, como si fuera otro elemento para la comida. Se sintió más tranquilo. Poco después oyó a Kalim que lo llamaba y rápidamente abrió la puerta.

—Que Jertes está escondido en el monte porque lo persiguen. Pero mis amigos saben en dónde está y lo cuidan de lejos—, dijo el niño.

—Está bien que colaboremos todos. Ayúdales tú también. Que siempre haya por lo menos dos vigilando para que, si algo pasa, uno pueda venir a avisar. Apenas lleguen Tali y su padre, yo iré a buscar apoyo. Vuelve en un rato a ver qué hemos decidido hacer o al menos para que le lleves algo de comer.

Tali regresó con Haquim y su amiga. Ovid los hizo entrar a todos tres y les contó lo que pasaba, desde su llegada y encuentro con el hombre que golpeaba la puerta, sin hablar nada de la piedra de Jertes.

—A mí me dio mala espina ver a ese al que le dicen Gato golpeando la puerta. Ese es un hombre medio tonto que se presta a cuanto negocio sucio se hace en estos lados. No es suficientemente listo para darse cuenta de que lo utilizan y cuando las autoridades le echan mano, tienen que soltarlo porque ya los verdaderos malandrines andan lejos—, dijo la mujer caldea.

—Yo creo que Tameh, el esposo de Neba, que trabaja en la administración, podría ayudarnos—, dijo Tali. —¿Quieres que suba a llamarla?—, le preguntó a Ovid.

—¡Ay!, pues claro, ¿por qué no se me ocurrió?—, volvió a hablar Mai, la mujer caldea. —Esta mañana Neba no estaba en su casa; o si no, hace tiempo que su esposo habría tomado medidas en el asunto. Él es muy celoso de que se mantenga la paz para que los negocios puedan prosperar.

—Pues creo que es buena idea. ¿Por qué no suben las dos a ver si la señora Neba ya volvió y le dicen que si puede venir un momento? Pero no se pongan a hablar allá del asunto. Aquí lo discutimos y así no perdemos tiempo—, les recomendó Ovid.

Las mujeres se fueron y Ovid se sentó a descansar un rato al lado de Haquim. El viejo dijo: —No temas por el joven. Me doy cuenta de que es muy listo y por lo menos hoy no tiene tantos sueños atrasados ni carga con su tesoro encima. Pareciera que los ladrones creen que sí lo tiene con él.

—¿Y para qué mandarían al Gato ese?

—¿Sabes?, yo creo que lo que el tal Gato decía de que esos hombres le debían es cierto, y también que le dijeron que viniera a cobrar aquí. Por lo que dijo la mujer, se deja meter en líos... — Y pensativamente Haquim concluyó: —¿Cómo podría ser que un ladrón pensara que el dueño de algo muy valioso lo iba a dejar en manos de extraños?... No. Esos hombres están seguros de que Jertes tiene la piedra con él. O a lo mejor él quiere que crean que la escondió en el campo.

—Sí, padre. Muy inteligente Jertes al gritar lo de "¡la puerta no!" y también Tali de comprenderlo—, comentó Ovid creyendo que su suegro sabía la historia desde el principio. Cuando el viejo preguntó: —¿Cómo fue eso?—, Ovid le contó de la advertencia que Jertes hizo cuando pasó corriendo a distancia de la casa, sin duda huyendo de los que lo perseguían.

Llegaron las mujeres. Neba escuchó la historia de Ovid, desde cuando él se presentó. Este le dijo de su preocupación por el viajero que hablaba una lengua diferente y le explicó que en la mañana estaba bien, pero que había desaparecido en el patio de las caravanas. También le dijo de los niños que lo buscaban porque creían que estaba escondido en algún lugar del campo cercano.

Resultó ser Tameh un hombre de decisiones rápidas y sin pereza para cumplir lo que comprendía que era su deber. Ovid fue con Neba a buscarlo. En cuanto el funcionario supo del asunto, reunió a los gendarmes disponibles y los mandó a enterarse del lugar en donde Kalim sabía que sus amigos vigilaban y a llegar allá lo más rápidamente que pudieran. Les advirtió que hablaran en voz alta de que buscaban a uno o a varios ladrones... La idea que tenía era que los propios ladrones denunciaran al fugitivo. Suponía que ese muchacho debía tener dinero y que esos compañeros de caravana se lo querían quitar, por la razón que fuera.

Los gendarmes encontraron a los niños, conversaron con ellos y después, mientras los demás observaban atentamente los alrededores, dos de ellos montaron un pequeño teatro, tratando de sacar la verdad al mayor de los chicos como si él fuera el ladrón. Esta supuesta equivocación tranquilizó a los perseguidores de Jertes, quienes se adentraron en el monte en la dirección que creían había tomado su objetivo. Cuando acababan de sobrepasarlo, el propio Jertes, sin mirarlos, salió a la carrera de detrás de un montículo de piedras, dejó caer su túnica como si se le hubiera enredado en una zarza y siguió desnudo unos pasos. Luego se devolvió, recogió la túnica, la sacudió, se la puso y salió como desalmado hacia el patio de las caravanas.

Cuando iba cerca de la casa de Ovid, dobló rápidamente hacia el lado opuesto, pero en lugar de seguir hacia el patio, se metió por una callejuela estrecha y esperó un momento. Luego caminó hasta la casa de Ovid.

Llamó en voz baja, a la vez que golpeaba: —Señora Tali, soy yo, por favor, ábrame—. Tali, que acababa de servir la comida a su padre, abrió la puerta apresuradamente, dejó pasar a Jertes y enseguida cerró.

Los perseguidores del quenita, que eran tres, lo vieron desnudo recoger su túnica y sacudirla, y supusieron que había escondido el tesoro. Se fueron todos a buscarlo, removiendo cuantas piedras pudieron hasta que los gendarmes los llamaron:

—Señores, ¿se les ha perdido algo?—, dijo uno de ellos.

—¿O es que piensan construir aquí su casa?—, añadió otro.

—Mejor, vengan con nosotros y nos explican esta rara actuación—, dijo otro más, mientras iban acercándose a los sospechosos.

—Es que el hombre que estaba aquí escondido nos debe mucho dinero. Creemos que lo pudo meter entre estas piedras—, explicó uno de ellos.

—¿Cuál hombre?... No he visto ninguno...—, dijo uno de los gendarmes que realmente no había visto a Jertes, pues todo sucedió muy rápidamente y ellos estuvieron atentos a los tres que andaban como siguiendo un rastro por el monte.

—Pues ese que huyó desnudo—, dijo otro.

—¿Desnudo?, no creo que pueda llegar muy lejos—, aseguró el gendarme que había hablado antes.

Finalmente los tres perseguidores de Jertes explicaron que venían en la caravana con ese hombre que hablaba muy mal, y que les pidió dinero prestado y no se lo devolvió. Que ellos venían a comprar algunas piedras finas por encargo de un comerciante rico del Indo y se habían quedado sin dinero. Por eso no se podían ir hasta recuperarlo. Ese hombre no había podido gastarlo, de modo que les pedían a ellos, los vigilantes de la ciudad, que les ayudaran.

Los gendarmes con toda seriedad les prometieron su ayuda, pero les advirtieron que, para que todo se hiciera conforme a los mandatos de la administración, ellos debían ir a ver al señor Tameh en su despacho, esa misma tarde. Si no lo hacían, serían ellos mismos sospechosos de tramar algo indebido y podrían ser encarcelados. Mientras tanto uno de los gendarmes vigilaría que ninguno se acercara al lugar donde ellos suponían escondido su dinero.

Ovid volvió a su casa cuando Tameh tomó en sus manos el asunto de buscar a Jertes y, al verlo sano y salvo, sonrió aliviado. Tali les sirivó comida y mientras la tomaron decidieron qué harían hasta la llegada de alguna razón para el viajero.

—Pues la piedra se puede quedar aquí hasta que pase alguno de mis primos o que alguien de toda confianza vaya para las tierras que nuestros pueblos van ocupando. Yo espero que el viaje desde aquí hasta Susa no sea muy largo y poder ganar mi sustento ayudando de alguna manera a los guías. Así, ninguno más sabrá de esa piedra... que el abuelo nos dio para ayudar a todos sus trece nietos a establecerse en las nuevas ciudades persas—, dijo Jertes.

—Pero no es bueno entonces que tú te sigas quedando aquí. Creo que Kalim puede conseguir un sitio bueno, tal vez en su propia casa, para que así se despisten los que de seguro no se rendirán fácilmente a perder la oportunidad de quedarse con algo tan valioso—, dijo Ovid. Luego, riéndose, volvió sobre la historia que acababa de contar Jertes y que él tradujo para Tali y Haquim. —¿Entonces te devolviste desnudo?, bueno, pues sirvió porque ahora creerán que la escondiste en algún lugar... —, le dijo a Jertes.

—No sé por qué razón, pero los persas aprendemos desde niños a hacer juegos para despistar... No sé si eso sea tan bueno, pero lo cierto es que sirve... en casos como éste... Pero bueno, yo ya me voy al patio de las caravanas a ver cómo me puede ayudar Kalim—, dijo Jertes, quien se volvió a mirarlos a todos y luego a Ovid: —Te agradezco y también a tu padre y a tu esposa... pero no me quedo aquí. Es importante alejar toda duda sobre ustedes. Nos seguimos viendo en el patio de las caravanas. Si algo sucede, a través de Kalim nos enteramos unos y otros.

—Antes de irte, lo mejor es que te cambies de túnica—, le dijo Tali mientras le entregaba una limpia. Ella había comentado al respecto con Ovid y estaban de acuerdo en este detalle.

Con una inclinación, Jertes les agradeció a ambos y recibió la túnica. Pronto estuvo de nuevo en la puerta. Salió después de hacer para todos un gesto de agradecimiento y afecto, poniéndose la mano en el pecho.

Tali recogió la túnica vieja del amigo, que él mismo había enrollado como un fardo, y la ubicó entre ropa en desorden y otros corotos. Nada quedaba que pudiera atribuirse a la presencia de Jertes, salvo su diáfana amistad y su piedra envuelta en un trapo sucio.

Los gendarmes volvieron al despacho de Tameh y lo previnieron de la visita que le harían tres forasteros que ellos encontraron en el monte donde supuestamente buscaban cierto dinero. Él decidió dejar por el momento la cosa en ese punto, incluido el hombre que vigilaba el sitio del supuesto entierro. Ya sabría por su mujer qué había pasado con el perseguido y si se trataba o no de un ladrón.

Poco después Ovid salió solo para el patio de las caravanas. Todos estuvieron de acuerdo en que no era bueno dejar a Tali sin compañía mientras esos hombres estuvieran en la ciudad. Así que Haquim se quedó con ella.

Kalim encontró acomodo para Jertes en casa de un vecino suyo. Los tres forasteros fueron advertidos de que si se sabía que estuvieran de nuevo siguiendo a otra persona y reclamando dinero que por todos los indicios no habían tenido nunca, serían puestos tras las rejas. Deberían salir de la ciudad dentro de los siguientes diez días. Al regresar de su trabajo, Tameh pasó por la casa de Ovid para saber algo del joven que se había hospedado allí. Ovid le contestó:

—Fue solamente anoche, cuando acababa de llegar, porque era muy tarde, él estaba muy agotado y, como no habla sino su propio idioma que casi nadie entiende, no le iba a ser fácil encontrar posada. Por eso lo invitamos a dormir aquí. Esta mañana se levantó y se fue. Poco después sucedió lo del hombre que vino a importunar a mi esposa y lo que contaron los niños de los tres hombres que perseguían al mismo joven...

—Cosas que suceden. Por alguna razón esos tipos que me parecen ladrones, pensaban que el viajero tenía dinero y querían conseguirlo fácilmente—, comentó Tameh. —Claro que si algo sospechoso sucede en el futuro, sea con el mismo o con otro extranjero, no deje de avisarme—. El funcionario y Ovid se despidieron como vecinos y amigos.

Dos días después, Kalim avisó a Ovid que esa tarde llegaría una caravana de Susa. De pronto en ella llegaba Pemor y entonces Jertes podría seguir su camino.

Jertes llegó temprano al lugar de Ovid para ponerse de acuerdo en qué harían.

—Si Pemor llega, habla con él, cuéntale de los problemas y esperemos a ver qué decide respecto del asunto—, le dijo Ovid a su amigo persa.

—Claro que lo haré. Lo malo es que no sé cómo pagar en la casa donde paso estos días. Si alguien me pudiera prestar con base en mi parte del obsequio de mi abuelo...—, dijo Jertes con duda y temor.

—No te preocupes. Yo puedo prestarte para que pagues y algo más. Cuando llegues a tu tierra y recuperes tu parte, esperas el momento adecuado para enviarme con alguien de confianza la suma correspondiente—, le dijo Ovid sin dudar.

—Gracias, amigo. Cuando yo esté ubicado, te mandaré todos los detalles para que al término de tu trabajo aquí, antes de volverte a tu tierra, vayas a visitarme con tu familia—. Y Jertes estaba realmente emocionado mientras lo decía.

Llegó la caravana con un recado para Jertes: "Que espere a Pemor que se retrasó". Pero como no decía nada de cuánto tiempo, entonces para él no había otro camino que buscar algo que hacer mientras aparecía una nueva caravana del norte. Así se lo comentó a Ovid, quien estuvo de acuerdo. Kalim consiguió que se le permitiera a

Jertes ayudar en la atención de los camellos que los camelleros recién llegados dejaban en las pesebreras, mientras iban a comer y a acomodar sus cosas. Lo poco que pagaban al menos le alcanzaría para alimentarse y, lo más importante, no estaría ocioso, expuesto a que nuevos o los mismos hombres anteriores volvieran con el tema de "su dinero".

Jertes estuvo en el oficio doce semanas. Aprendió mucho acerca de los animales, sus ritmos de alimentación, su capacidad para beber agua, su mansedumbre o animosidad, según el nivel de empatía con quien los atendiera. También aprendió muchas nuevas palabras y frases del idioma que se hablaba más en Babilonia, de forma que llegó a poder dirigirse personalmente a quien quería preguntar o pedir alguna cosa. El último día de esa duodécima semana acababa de acomodarse en el "despacho" de Ovid, cuando fue avistada una caravana que venía de Salem:

—En esa no debe venir Pemor, porque los de mi pueblo no tienen que entrar a Salem para llegar hasta aquí. Ellos vienen directamente por la margen oriental del Tigris—, comentó Jertes a Ovid cuando oyeron a Kalim que anunciaba la caravana en la cual, según él, debía llegar el amigo de Jertes.

Los amigos esperaron un poco a que se aplacaran tanto el polvo que levantaban los animales como los incesantes gritos y ruidos de toda clase, que les impedían ver y oír cosa alguna. Kalim esperaba atento en el centro del patio y fue el primero en ver "al hombre que es del mismo pueblo que Jertes, y a los otros...", palabras éstas que dijo a Ovid entrecortadamente, por la rapidez con la que había venido a avisarles.

—¿Por qué no lo trajiste?—, le preguntó Ovid.

—Porque también vienen los otros, los que lo persiguieron aquí, y si lo traigo, seguro que ellos lo siguen.

Ovid miró al persa, pero él no había entendido y seguía mirando a Kalim interrogativamente.

—Kalim, si esos hombres no te reconocen como amigo mío, ve y pregúntales si necesitan un guía. No le digas nada al de la tribu de Jertes. Dejémoslo que espere un poco. Si ellos no quieren nada, busca a otro y a otro, y al final al amigo de Jertes. Que parezca que él no te contrata pero que sepa que debe quedarse ahí, como esperando a alguien. Yo voy con Jertes para aquel lado; cuando no haya peligro, búscanos ahí—. Y alejándose un poco, urgió a su amigo: —Vamos, Jertes, caminomos rápidamente hacia aquellas casas.

—¿Por qué el afán de venir aquí?—, preguntó éste.

—Para que podamos pensar. Parece que Pemor u otro de tu pueblo sí llegó, pero también llegaron los mismos que te perseguían. Entonces debemos ser muy prudentes, porque de seguro esperan que él y tú lleven la piedra a Susa—, le explicó Ovid.

—Mmm, se me ocurre una forma de hacerlo...—. Aquí Jertes se concentró y comenzó a hablar lentamente, pensando cada palabra antes de decirla: —Mañana por la mañana vienes a tu lugar... Un poco después, llegará tu padre con Kalim... Cuando haya suficientes curiosos por ahí, yo llego solo, después de que termine mi trabajo con los camellos... y tú me presentas a tu padre, no como tal sino como un juez del comercio, o algo así..., que se encargó de enviar el objeto al comerciante del Indo y que recibió confirmación con un mensajero que llegó hace tres días.

—Sigue, sigue..., ustedes van a dominar el mundo a punta de astucia...—, le dijo Ovid, que estaba intrigadísimo con la trama que proponía Jertes.

—Luego... yo te digo en mi lengua que le pidas al juez la prenda que debió traer el mensajero, de parte del destinatario del objeto; tú le traduces lo que te he dicho y el juez debe sacar...—. En ese momento Jertes se agachó a buscar una piedra que le fuera útil. Al fin encontró una y, con una habilidad que Ovid no conocía, la fue palpando y mirando desde diferentes ángulos, hasta que finalmente la apoyó sobre otra y, con un golpe seco, la abrió limpiamente en dos partes que se acoplaban a la perfección. Le dio una de las partes a Ovid y completó: —esta parte... Entonces yo saco la otra, y al ver que coinciden, le digo al juez: "Muy bien, señor. Le agradezco mucho. Realmente creí que no podría cumplir la misión que mi abuelo me encomendó". Entonces tú sacarás algo de dinero y se lo darás diciéndole que por el momento reciba eso a modo de avance, pero que tú quedas como mi fiador; que a ti te mandaré el resto del pago de esa comisión en cuanto me reúna con mi familia. Finalmente el juez debe decir algo así como que "ojalá eso no se demore demasiado, porque encima de tanto regateo que me hizo bajar la comisión a menos de la mitad de lo usual, ahora resulta que ni ese pago recibo".

Ovid estaba encantado y se reía mucho. En esas llegó Kalim. —Los tres hombres no quisieron ayuda. El otro sí es Pemor y allá está esperándome—, les dijo.

—¿Sabes tú de algún lugar en donde se pueda quedar por esta noche y que no esté demasiado cerca ni de donde se hospeda Jertes ni de mi casa? ¿Tal vez por aquí, por estos lados?—, le preguntó Ovid.

—Sí, claro. Una señora vieja que vende comida y hospeda gente. Me conoce, de modo que si yo lo llevo, ella lo recibe.

—Bueno. Llévalo y está pendiente a ver si te siguen; ojalá que así sea, con eso quedan seguros de que no se encontró con Jertes. Mientras tanto, Jertes se va para su casa y yo para la mía. Cuando dejes a Pemor, ve a mi casa y te cuento el plan.

Salió primero Jertes, después Kalim y finalmente Ovid.

En la casa y siempre en voz baja, Ovid les explicó el plan a Haquim y a Tali. Ambos estuvieron muy excitados con la idea de representar semejante obra de teatro. Lo repitieron varias veces, haciendo Tali el papel de Jertes.

Al final apareció Kalim y contó que dos de sus amigos estuvieron pendientes de los tres hombres. Que dos de ellos se fueron a esperar cerca de la casa de Jertes y el tercero se quedó escondido vigilando a Pemor. De modo que ese debió ver en donde se hospedó. Luego Ovid repitió para él el plan completo y estuvieron acordes. Kalim llamaría a Pemor para decirle en voz alta que fuera al patio de las caravanas a media mañana, que allá él le ayudaría a encontrar a su amigo cuando saliera del trabajo con los camellos. Enseguida vendría a la casa por Haquim para llevarlo al puesto de trabajo de Ovid. Tali se encerraría y no abriría la puerta a nadie.

El plan funcionó de maravilla. Hasta Kalim quedó convencido de que la piedra había llegado a manos de un comerciante del Indo. Los niños siguieron a los tres sospechosos y los escucharon hablar muy enojados por "todo el tiempo y el dinero gastados en nada...", y buscando un guía que los llevara a alcanzar alguna caravana que fuera al Valle del Nilo.

Kalim, después de que se hubieron ido los hombres que andaban espiando, fue detrás de ellos al centro del patio. Allí estaba Pemor. Sin ceremonia lo tomó por un codo y lo llevó hasta dar con Jertes. Luego, para terminar, ayudó a Haquim a volver a la casa.

Pemor y Jertes, sabido ya que los perseguidores habían salido efectivamente hacia Egipto, esperaron una semana a que los guías de la caravana descansaran y se reabastecieran con los pertrechos necesarios para el viaje, y a que llegaran los viajeros, algunos antiguos, otros nuevos, que querían ir a Susa o a Caldea.

En su equipaje llevaban la vieja túnica de Jertes, lavada y arreglada, que envolvía cuidadosamente aquello que había sido objeto de tantas preocupaciones y locas peripecias.

Ese día todos se despidieron efusivamente. Por el exceso de otros asuntos y cuidados, Ovid no llegó a enterarse de que Pemor y Nordán se habían reconocido como compatriotas en Salem y que su amigo del alma con quien compartió once años de escuela, pensaba viajar pronto hacia el sur.

........................

El trabajo continuaba creciendo y exigiendo todo el tiempo del maestro fenicio en cosas diferentes de la enseñanza. Un día que se pasó íntegramente atendiendo solicitudes de comerciantes y vendedores, al regresar a la casa estaba desolado:

—Bueno, han pasado seis meses largos desde que llegamos a Babilonia y casi dos años desde que salí de Salem, y no he hecho nada en favor de enseñar algo de la verdad eterna—, les comentó a los suyos.

—No lo pienses así, Ovid: esta vida que llevas, la forma en la cual ayudaste a otros que eran desconocidos para ti sin cobrarles nada; todo lo que haces es una enseñanza de que crees en algo que va más allá de esos dioses materiales que la gente honra, y además... sí has hablado del Dios Altísimo cuando las circunstancias lo han permitido. Solo que ahora no lo recuerdas—, le dijo cariñosamente Haquim.

—Pues mañana iré al patio de las caravanas a buscar a alguien que quiera saber algo del Único Dios y comenzaré una escuela aunque sea pequeña—, se propuso Ovid al momento en que Tali servía algo para beber.

Kalim llamó desde afuera: —Patrón, le traigo algo importante.

—¿De qué se trata, Kalim?—, preguntó Ovid a su ayudante quien, desde el día en que fue contratado definitivamente, lo llamaba siempre con el título de "patrón".

—Es un mensaje de Salem. "Que su amigo Nortán... sale en la próxima caravana para Tiro", fue lo que me dijo el guía.

—Nordán, Kalim; mi amigo se llama Nordán—. Emocionado, Ovid abrazó a Tali; luego continuó: —Me da mucho gusto. Creo que en unos seis u ocho meses lo veremos aquí. Solo me apena pensar en el maestro... Se quedará triste, pero eso él lo sabía desde siempre... y él mismo lo deseaba... que todos volviéramos a nuestras tierras a enseñar sobre el Altísimo.

Ovid y su familia decidieron continuar en la misma casa. Al fin, ya Nordán venía en camino y una vez que él siguiera hacia su nueva tierra, sería hora de emprender el viaje a Caldea. Mientras tanto había que aprovechar el tiempo para difundir entre los babilonios el conocimiento de la verdad sobre el Dios que es padre y que ama a cada uno.

## VII. Aventuras de Nordán

Las caravanas que llegaban o salían de Salem no pasaban por las ciudades fenicias a menos que alguien las contratara expresamente. Por eso, llegados a cierto punto adelante de Damasco, los viajeros con destino a Tiro se separaban y tomaban el camino hacia esa ciudad.

Nordán recibió el envoltorio que contenía las tablillas preparadas por él mismo con esmero, para enseñar a su gente las verdades fundamentales acerca del Dios Altísimo. El bulto resultaba pesado aún para un hombre joven y fuerte como él, así que miró a su alrededor en busca de alguien que pudiera ayudarle. El lugar en donde se encontraba era visitado por nómadas del desierto, quienes a veces poseían un camello o más generalmente un burro, y cuando pasaba una caravana se acercaban a ella en busca de viajeros que quisieran sus servicios y estuvieran dispuestos a pagar por ellos.

Un hombre alto, vestido con una túnica larga y sucia y un turbante deshilachado, venía con un burro de cabestro. La actitud toda era muy diferente de la de un guía de caravana. Este era un hombre que vivía en el desierto, alguien que conocía en forma directa y personal lo que podía esperar en cada lugar y lo que era necesario hacer para sobrevivir en él. Nordán, siempre observador, no pudo menos que admirar la fisonomía y el porte del beduino, de piel oscura por efecto del viento y del sol, y de mirada brillante y llena de lejanías. Fue el hombre del desierto el primero en hablar en cuanto Nordán dejó de mirarlo fijamente:

—¿Necesita algo el señor?

—Sí, gracias. Si usted me dice cuánto demoraré en caminar hasta Tiro y si su jumento podría cargar con este bulto pesado hasta allá o...— En ese momento se le ocurrió a Nordán que si el hombre tenía su tienda en las cercanías, tal vez podría dejarle a guardar las tablillas para retomarlas un par de semanas después, que sería el tiempo de seguir a Babilonia.

—Usted piensa que yo le puedo guardar su tesoro...—, dijo el hombre sonriendo. Sí, se lo puedo guardar, pero tenemos que caminar lo que queda de luz para llegar a mi tienda. Allí puede descansar y mañana seguir. Dependiendo de su paso, son tres o cuatro días. Si quiere yo lo acompaño hasta que llegue a su destino.

La voz del beduino era baja, sonora, amable... Nordán sintió un profundo deseo de conversar con él. Acordaron seguir juntos hasta Tiro.

La tienda de retazos de telas viejas y añadidos de piel de cabra, es la casa de la familia. Dado que el clima es cálido la mayor parte del año, la tienda permanece abierta aún de noche. El día del encuentro de Safed con Nordán, el calor de la época llevó a todos a dormir al descampado.

Safed era el jefe de su núcleo familiar y de un grupo de familias emparentadas que acampaban en la región. Era viudo. Vivía con su hija, su yerno y los dos hijos menores de esa pareja. Todos eran pastores de cabras y de ellas derivaban los ingresos necesarios para el sustento. El nieto mayor se había convertido en comerciante pobre de productos que llegaban por mar desde el valle del Nilo y otros lugares: él los compraba en los puertos y los llevaba en sus dos burros hacia el interior; al regreso volvía a la costa con mercancías de los pueblos del norte y del oriente. Solía ejercer su oficio entre Damasco y Tiro, de manera directa, aprovechando el paso de las caravanas o a través de revendedores establecidos en la ciudad. Tenía una familia con tres niños y vivía en algún lugar de la misma región que sus padres, bajo la autoridad del abuelo Safed.

El descanso renovó las fuerzas de Nordán, disminuidas a lo largo del camino por la nostalgia de lo que dejaba en Salem, a donde seguramente no volvería jamás; por el recuerdo de ese viaje de su adolescencia en el que sus padres habían perecido; por la soledad a la que se sentía enfrentado hasta que volviera a tener una familia en su pueblo... Entonces recordaba las palabras de Pemor sobre la necesidad de brazos para construir una nueva nación, sobre la escasez de mujeres... y en su mente se alejaba más y más la esperanza de volver a sentir el calor de familia que la casa de Ener por diez años, y la de Amdón por dos más, le habían brindado. Y su maestro tan amado... Cómo haría él solo para enfrentar la tarea de enseñar a su pueblo, sin el consejo de quien fue el guía y soporte de su juventud?... Todos estos pensamientos y sentimientos habían bajado el ánimo del misionero persa. Por eso no dudó en separarse de la caravana para buscar a la familia de Ovid. Si él tuviera el carácter de su amigo, siempre despierto y emprendedor, sin miedo a lo nuevo, capaz de hacer amistades en donde fuera y de enseñar algo a todo el que se le ponía enfrente... Pero no era así y por eso el temor de la soledad era una tentación desalentadora y constante.

Esa noche, después de escuchar las historias de Safed, de sentirse afectuosamente acogido por esa familia desconocida, se había dormido pensando en que realmente el Dios Altísimo era su Padre y, aunque él, Nordán, lo había olvidado durante la travesía, el Único no dejaba de amarlo y de procurarle el apoyo que necesitaba en cada momento.

Antes del amanecer su anfitrión lo llamó. Era bueno aprovechar la mañana para avanzar cuanto fuera posible. El calor del mediodía los obligaría a detenerse por un buen rato.

Después de despedirse y agradecer a la hija de Safed y a su esposo, y de recibir las provisiones que ella les preparó, emprendieron la marcha. Caminaron por varias horas, atravesando trechos arenosos y algunos retazos de vegetación. El beduino le daba los nombres de los lugares que llamaban su atención y de familias que vivían al final de los senderos que partían del camino, pero no conversaba; caminaba concentrando todas sus fuerzas en el propósito de avanzar.

Cuando el sol estaba en su cenit, Safed indicó un sendero por el cual desviaron hasta encontrar la sombra de unas pocas palmeras. Descansaron, comieron el almuerzo y esperaron a que el sol avanzara un trecho hacia el poniente. Durante este rato Nordán hizo muchas preguntas sobre la vida de las familias beduinas, su nomadismo, la frecuencia con la cual cambiaban de ubicación y las circunstancias que los llevaban a elegir un nuevo lugar para asentarse. Safed habló de su necesidad de vivir así, de cuán incapaz se sentía de permanecer por más de dos o tres días en una ciudad, de que la soledad que parecía rodearlos no era tal, porque para ellos saber que un amigo estaba a dos o tres horas de camino les hacía sentirse acompañados. En cambio el ruido de los poblados, el estorbo de las casas para mirar el horizonte, el estar hablando continuamente, eran motivos que los enervaban y siempre los obligaban a regresar al desierto.

Volvieron al camino principal y avanzaron rápidamente hasta que el sol se puso. Entonces extendieron sus mantas y se sentaron a observar el cielo. Safed inició las preguntas a su joven amigo y Nordán le contó de su pueblo, de sus deseos de reubicarse en tierras menos frías, de su propio viaje y la muerte de sus padres, y de su llegada a Salem y su vida al lado de amigos y bajo la dirección de un gran maestro y sacerdote del Dios Altísimo.

—¿Ese que se llama Melquisedec?—, le preguntó el beduino, a lo que el misionero respondió visiblemente admirado:

—Sí. Es él. ¿Pero cómo supiste?

—Las noticias siempre llegan. Mi nieto que viaja a Damasco, cada vez que nos visita nos cuenta de lo que se dice de ese maestro. Parece que todos lo admiran y respetan, y que muchos creen en ese dios que él honra.

—Pues él fue mi maestro por doce años. A su lado aprendí sobre el Dios que creó todo lo que vemos, que conoce todas las estrellas, y que sabe de cada uno de los hombres y mujeres que vivimos en esta tierra, y nos ama como el mejor padre ama a sus hijos...

Nordán habló un rato y mientras lo hacía, la verdad que salía de su corazón y de sus labios lo aliviaba de la carga de sentimientos de tristeza y soledad que habían crecido en él en los días anteriores. Safed escuchaba atentamente, y cuando el joven se interrumpió y permaneció en silencio por unos momentos, él comentó: —Grandes y maravillosas son esas verdades que aprendiste....

Hubo una pausa corta, como de reflexión, después de la cual el viejo continuó: —Nosotros tenemos dioses familiares a los que honramos en sus festividades con el sacrificio de un cordero, para que nos protejan y nos den abundantes rebaños. Si alguien no puede ofrecer el sacrificio, ése está seguro de que los dioses se vengarán y caerán males sobre él, sobre su familia y sobre sus animales. Se nos enseña desde niños a temer a los dioses, pero nadie habla jamás de amarlos y mucho menos de que ellos nos amen...—. Ambos permanecieron en silencio.

—La esperanza de mi maestro es que, poco a poco, muchos vayan comprendiendo su enseñanza y pongan toda su fe y su esperanza en el Dios que es Padre y que también es el Creador de todo y de todos...—, reanudó Nordán, y suspiró profundamente.

—¿Cómo puede un hombre viejo, como yo, que siempre ha honrado y temido a los dioses de arcilla y de metal de su familia, que están en lugar secreto de la tienda, comenzar de nuevo y creer en ese Dios Único e invisible de tu maestro?—, y haciendo una breve pausa preguntó, mirando a su amigo a los ojos: —¿Crees que a mí también me ama ese Dios Altísimo?

Nordán, en ese preciso instante, comprendió muchas de las recomendaciones de Melquisedec acerca de no forzar la fe y de respetar las dificultades que los hombres tendrían para abandonar sus prácticas y creencias. Pensó un momento antes de contestarle a Safed:

—Sí, Safed. Tengo la certeza de que el Dios del Cielo y Padre de todos te ama a ti personalmente y conoce todo lo relacionado contigo. Puedes creer en Él con entera confianza. Además... por si acaso te quedan dudas o temes la ira de tus dioses, mi maestro, a los que manifiestan estos temores, les dice que sus dioses no tienen nada por qué ponerse celosos de un dios invisible que no quiere sacrificios de carne y sangre, de modo que con toda libertad pueden empezar a creer en el Altísimo y a tratar de dirigirse a Él desde sus mentes y corazones.

—Me dices esto y siento deseos de intentar hablar con ese Dios que está más alto que las estrellas y que a la vez me ve aquí...—, expresó Safed.

—Inténtalo cada día—. Y Nordán y pasó a contarle acerca de la oración: —En la primera reunión de la Comunidad de Salem, el maestro invitó a un niño que quería saber cómo hablar con ese dios, a que intentara decirle algo en voz alta para que todos oyéramos, y el niño dijo: "Dios Altísimo, el maestro dice que eres también un Padre para todos. Ayúdame a creer en ti", y el maestro le explicó que esa era una muy buena oración y que si la repetía siempre con sinceridad, poco a poco se daría cuenta de que realmente esa fe iba creciendo y alegrando su corazón.

—¿Pero no existen palabras especiales que el Dios Altísimo quiera que digamos para hablar con él?—, preguntó Safed.

—No, porque lo que Él mira es lo que hay en tu mente y en tu corazón. Si es sincero tu deseo de creer, ese solo deseo es tu oración y el Padre te comprende, aunque no digas ni una palabra. Por eso el maestro no enseña ninguna fórmula para orar.

—Yo tuve un abuelo, creo que era abuelo de mi padre, que fue en mi niñez mi gran amigo—, comenzó Safed, y Nordán entendió que era muy importante lo que el beduino quería contarle, así que permaneció atento: —Ese abuelo se llamaba Ezer..., no se me olvida; yo cuidaba unas ovejas cerca de la tienda, porque era todavía pequeño para ir lejos. Algunos días el abuelo avisaba a mi madre que iría conmigo y ambos salíamos. Entonces yo podía llevar un poco más lejos las ovejas, guiado por él. Me enseñó a buscar raíces que quitan la sed, a reconocer las huellas de los animales que habían pasado, y también de los hombres, antes de que el viento y la arena las borraran. Recuerdo que hubo días en los cuales nos devolvimos, porque había huellas de ladrones de ovejas. Él las reconocía por la forma en que se cruzaban con las de las ovejas y las del verdadero pastor. Lo mejor para mí sucedía cuando pasábamos la noche al descampado. Entonces me mostraba las estrellas y las figuras que formaban, y también esas otras que cambian de lugar y que brillan más, y él decía que esas estaban más cerca que las que siempre aparecían en el mismo sitio; que eran curiosas y querían saber de nuestras vidas y por eso andaban como perdidas hasta que sus pastores las llamaban y volvían a irse lejos...— Aquí el viejo miró a Nordán, que le escuchaba con gran atención, y entonces explicó: —Mientras me hablabas de la oración al Dios Altísimo, recordaba que en esas noches, durante largo rato nos quedábamos sentados mi abuelo y yo, mirando las estrellas y callados... Esa compañía silenciosa representaba para mí lo mejor de mi vida. Nunca hasta hoy hablé de esto con nadie... no creo que me hubieran comprendido... fue lo que más falta me hizo cuando él murió; pasó mucho tiempo antes de que yo volviera a quedarme una noche solo en el desierto, porque me acongojaba mucho la ausencia del abuelo. Ahora me pregunto si podré estar sentado aquí o en cualquier lugar y saber que el Padre del que me hablas está cerca, como estaba conmigo mi abuelo Ezer en aquellas noches, aunque no diga nada... y volver a sentir esa inmensa serenidad que compartí en silencio con ese hombre sabio que tanto quise...

Safed simplemente dejó de hablar. Nordán esperó a que el sentimiento de respeto y de hermandad que lo acercaban al beduino y a su abuelo muerto fuera calmándose. Finalmente habló con palabras que había oído a Melquisedec cuando él, Nordán, le contaba del cuidado y amor de su padre por él:

—Por eso el Dios Altísimo quiere ser llamado Padre. Porque de todos los tipos de amor que vivimos los seres humanos, el amor paterno -y ése era el amor de tu abuelo Ezer por ti- es el que mejor explica la relación que Él desea establecer con nosotros. Pero no lo hace a menos que nosotros mismos lo deseemos. Es todo lo que nos corresponde hacer—. Y mirando hacia Safed, le confirmó: —El hombre que cree en el único Dios que es Padre, nunca más vuelve a estar solo.

Después de un rato, primero Nordán y luego Safed se envolvieron en sus mantas y durmieron profundamente. El misionero de Salem, antes de cerrar los ojos, sintió que había recuperado a su progenitor muerto. Volvió a sentirse como el niño de las tierras del norte a quien su padre decía palabras sonoras y bellas para que durmiera. No pensó ni por un momento que en este caso era él mismo, el niño, quien había dicho las bellas palabras al viejo, el padre.

Un día y medio más duró el viaje hasta Tiro. Al mediodía del tercero desde la salida de la tienda de Safed, los viajeros entraban a la ciudad por el mismo camino que siguió Ovid casi dos años atrás. El beduino preguntó a un joven por la madre Safeya. Sin ninguna objeción, el muchacho les indicó que lo siguieran y, al llegar a la última esquina, en cuanto les hubo indicado la casa, hizo una leve inclinación con la cabeza y se alejó.

Nordán llamó a la puerta. Desde adentro, una voz femenina pidió un momento de espera. Cuando abrieron, el persa no vio más que una cara sonriente que de inmediato se transformó en sorprendida y desconcertada. La joven solamente les hizo una indicación de que entraran y penetró corriendo a través de una cortina que cerraba el fondo de esa primera estancia. "Madre, debe ser el amigo de Ovid; viene con un padre beduino; ven a verlos"", oyeron decir a la joven, mientras permanecían en la entrada. La cortina se abrió y la madre apareció tal como Nordán la había imaginado por la descripción que de ella hiciera su amigo Ovid. Entonces hizo una reverencia y saludó:

—Madre Safeya, que el Dios Altísimo te bendiga. Yo soy Nordán, persa, amigo y compañero de Ovid en la escuela de Salem—. Luego con menos formalidad expresó: —Me acompaña el padre Safed, a quien conocí cuando buscaba algún guía para llegar hasta tu casa.

Safed a su vez hizo un saludo de respeto, sin pronunciar ninguna palabra.

—Gracias, Nordán y Safed. Me alegro mucho de tenerlos aquí. Por favor, sigan y descansen un poco—. Luego de que todos se hubieron sentado sobre la alfombra de esa estancia, la madre llamó a su hija. —Esta es mi hija Timna. Hoy estamos aquí solamente las dos, porque los hombres de la familia andan en el mar. Deben regresar dentro de tres días—. Safeya miró a su hija, haciéndole señal de que trajera algo de beber para calmar la sed de los viajeros Y enseguida, mirando a Nordán, observó: — Ovid me dijo que me avisaría de tu llegada, pero veo que llegaste antes que el emisario.

—Supongo que esto sucedió porque yo decidí venirme en la caravana que salió de Salem muy poco tiempo después de mandarle razón a

Ovid... y él está en Babilonia... Claramente resultaba imposible que alguien de tan lejos llegara aquí antes que yo, que apenas llevo cuatro semanas andando.

—Lo importante es que estás aquí. Ovid me recomendó mucho que te cuidara y te informara de todo lo que pudiera serte útil en el viaje. ¡Ah! ..., y también me dijo que ojalá te divirtieras mucho y conocieras algo de la navegación por el mar.

En ese momento la joven llegó con una vasija con agua y una taza para cada uno. Les sirvió con sencillez. Luego, un poco apenada dijo:

—Fue para mí una gran sorpresa verlos y me emocioné tanto que no fui capaz ni de saludar; por favor, discúlpenme.

Safed, que no había dicho casi nada, le contestó con gran calma: —No tienes que disculparte; las emociones de los jóvenes son siempre verdaderas y alegran a quien sabe reconocerlas.

Nordán solamente la miró y vio que de verdad era joven, y además graciosa y sonriente. Y le dijo: —Gracias por el agua y no te preocupes por lo del saludo; yo tampoco dije nada, así que estamos iguales—. Los cuatro rieron con la ocurrencia.

La madre se preocupó porque comieran algo y mientras tanto arregló un lugar para que pudieran descansar un rato. Enseguida pidió a Safed que le hiciera el honor de compartir su casa por esa noche.

—Al menos concédanos cenar en esta casa. Yo sé que los hombres del desierto no gustan dormir bajo techo pesado, y respeto mucho sus costumbres, pero también sé que cuentan historias muy emocionantes y deseo que usted nos cuente alguna.

—Con gusto lo haré, madre. En verdad este camino que he recorrido con el joven Nordán ha sido como un viaje de descanso. Él me ha hablado bellamente acerca del Dios Altísimo y creo que esas verdades tienen tanta fuerza que pueden cambiar nuestra vida y volverla mucho más emocionante y feliz. Después de recibir tanto, si a cambio puedo contar a otros cosas que los alegren, lo haré—. Todos se levantaron y Safeya les indicó la habitación en donde podían descansar hasta la hora de la cena.

Pescado a las brasas, pan y verduras crudas fue la cena compartida alegremente en la habitación de la entrada de la casa. Al final Safeya invitó a todos a salir, para conversar a la luz de las estrellas. Una vez sentados sobre algunas pieles que estaban listas, Timna sirvió vino y comenzaron a hablar.

—Mi hijo, Ovid, nos habló del Dios de Melquisedec y de que debíamos comenzar a creer en Él porque es el único dios que ama a los seres humanos en lugar de pedirles que sacrifiquen lo mejor que tienen en sus rebaños—, dijo Safeya.

—Yo quisiera saber más de ese Dios Altísimo, porque no estaba aquí cuando vino Ovid.

Solamente llegué para su boda—, expresó Timna.

—¿Su boda?... ¿Entonces mi amigo Ovid está casado?—, preguntó el asombrado Nordán.

Safeya confirmó la noticia y luego resumió los principales hechos de la visita de Ovid y la alegría que muchos tuvieron de ver que tanto él como Tali y su padre encontraron juntos la mejor forma de superar sus soledades.

—Lo único triste es que se encuentren tan lejos. Claro que si allá puede cumplir mejor su oficio de maestro, pues yo me alegro. Espero que algún día nos visiten—, comentó para terminar.

—Cuando comprendemos que el Dios que creó el universo entero y que conoce cada una de las estrellas, es nuestro Padre, entonces sentimos que no hay verdaderas lejanías, que la tierra es el hogar que compartimos y, aunque físicamente estemos separados, nos une el amor del Padre. La fe en el Dios de Melquisedec, como dijiste, madre Safeya, nos garantiza que volveremos a encontrarnos más allá de la muerte, para no separarnos jamás.

—¿Eso que dijiste lo aprendiste del maestro de Salem?—, preguntó Timna.

—Sí. El maestro enseña estas verdades a todo el que quiera oírlas. Lo difícil es que muchos no quieren oír nada que esté por encima de sus dioses familiares o tribales, porque tienen puesta toda su confianza en los sacrificios que les ofrecen para garantizar el éxito en todo lo que hacen.

—Es difícil que un hombre que ha enseñado a su familia a respetar y honrar a los dioses de arcilla o de metal que permanecen escondidos en la tienda, ofreciéndoles sacrificios a cambio de protección y buena suerte, un día llegue a decir a todos los suyos que en adelante solo se honrará a un dios que es invisible y que solamente quiere que creamos en él y que lo amemos...—, dijo Safed con su voz baja y pausada de siempre.

—Sí. Es muy difícil, y el maestro lo entiende. Por eso a ninguno le pide que abandone de una vez todas las creencias ni las prácticas. Él les sugiere que piensen y en su corazón traten de expresar, sin necesidad de palabras, amor y fe al Dios Altísimo. Que los dioses que siempre han honrado solo quieren sacrificios de carne y sangre y por tanto no se van a molestar si alguien cree en un dios invisible—, explicó Nordán.

—¿Y el Dios Altísimo no se disgusta porque alguien que le habla en su corazón, ofrezca sacrificios a los dioses familiares?—, preguntó el beduino.

—El Dios Altísimo conoce lo que pasa en tu corazón, conoce tus temores, tus costumbres, tus creencias, y mira tu deseo de creer en Él. Si este deseo es sincero, poco a poco la fe te iluminará de tal forma que no necesitarás más el apoyo de los sacrificios a los dioses materiales para ser feliz—, le contestó Nordán con un gran sentimiento de afecto por el viejo anhelante y temeroso.

—Ahora veo por qué el deseo insistente de Ovid de que tú vinieras a visitarnos. Él, aunque es maestro, tal vez se sentía inseguro de hablar a su familia como maestro y sin duda pensó que tú, a quien no habíamos visto antes, con esa historia de tu llegada a Salem casi muerto... y tu dedicación a aprender las verdades..., yo creo que él se dijo: "A Nordán le creerán más que a mi"... y de algún modo, tenía razón—, concluyó Safeya.

Nordán observó que Timna estaba concentrada en sus pensamientos y resolvió dejar para otros días la continuación de la enseñanza, que debía ser pausada y asimilada. Así les dijo:

—El maestro solía interrumpir su enseñanza antes de terminar cada reunión, para que quienes asistían tuvieran tiempo de pensar en lo que habían oído y volvieran a la siguiente con nuevas preguntas. Luego invitaba a todos a intercambiar noticias y conocimientos, para mejorar la amistad y la comprensión dentro del grupo. Yo creo que ahora podemos pasar a esa segunda parte y pedirle al padre Safed que nos cuente algo de su vida; ¿qué piensan al respecto?

La muy evidente acogida a la propuesta, llevó a Safed a comenzar sin preámbulos: —La historia de mi hermano Abi pareciera un cuento inventado, pero no es así. Yo mismo la viví a su lado desde el comienzo y esta es la primera vez que la narraré. Mis hijos no llegaron a conocerlo y no fueron muy curiosos por saber de él, entonces yo creo ser el único por estos lados que lo recuerda...— Hizo una pausa y luego de una respiración profunda, continuó:

—Yo tenía siete u ocho años y ya comenzaba a ayudar con el cuidado de las cabras. Tenía dos hermanos y una hermana mayores que yo, y mi madre acababa de dar a luz al pequeño Zaki. Una mañana mi padre decidió llevarnos a todos los hijos varones, excepto el bebé, hasta un oasis que él visitaba con frecuencia, y mi abuelo Ezer quiso ir también. Vivíamos por los lados de Beersheva y caminamos hacia el sur, desde antes del amanecer. Cuando el agua que llevábamos se estaba acabando y el sol calentaba tremendamente, mi padre nos animó: "Allí está, ¿ven las puntas de las palmeras que sobresalen?"... yo no vi nada pero mis hermanos sí y echaron a correr, así que yo también lo hice. Efectivamente, una hora después llegamos. El oasis era pequeño pero me pareció lo más bello del mundo. Había piedras grandes y en el centro de ellas una gota de agua caía ininterrumpidamente, deslizándose desde la roca del lado opuesto hasta un charco que apenas tendría dos codos de ancho y que estaba cubierto de plantas. Con cuidado para no enlodar el agua, uno a uno fuimos bebiendo casi tendidos en el suelo. Luego comimos lo que mi madre nos había preparado y cuando el sol había bajado un poco fue hora de volver. El abuelo le dijo a mi padre que tomáramos otro camino para visitar a un conocido que vivía por allá. Así que el viaje de regreso se alargó. Llegamos al lugar y encontramos señales de que el campamento había sido levantado hacía relativamente poco tiempo, "por ahí unas seis o siete semanas" dijo el abuelo... Entonces seguimos—. Aquí Safed bebió un poco de agua que Timna le ofrecía, se movió un poco para desentumecer sus huesos, y continuó:

—La tarde iba por mitad. El sol no nos daba de frente y caminábamos con ánimo. Como dos horas después de la visita al lugar del campamento abandonado, mi padre, que iba adelante nos hizo seña de detenernos y, de rodillas, puso su oído sobre la arena. Mi abuelo hizo otro tanto. Luego se levantaron y mi abuelo nos señaló la dirección en la cual mi padre ya iba andando. Entonces todos oímos el llanto de un niño. Sí. Un niño pequeño estaba allí completamente solo. "Tendrá a lo más dos años", dijo mi abuelo. El niño se encontraba de pie, pero en la arena se veía claramente que había estado acostado hasta pocos minutos antes. ¿Dónde estaría la madre? Todos comenzaron a buscar huellas para orientarse. Nosotros seguramente habíamos borrado cualquier huella cerca del niño, así que ellos se alejaron y yo me quedé con el pequeño, que decía: "Abi, Abi"... Al rato fueron regresando muy desconcertados; decían que la madre debió seguir con los pastores, porque las únicas huellas cercanas eran de tres pastores y un buen número de cabras que debieron pasar tres o cuatro horas antes... Escucharon al niño y ellos empezaron a llamar a gritos "¡Abi!, ¡Abi...!" y ponían nuevamente la cabeza contra el suelo a ver si oían alguna respuesta, pero nada.

Después de una hora más o menos de búsqueda y llamadas, decidieron que había que seguir. Mi padre levantó al niño y se lo puso al hombro. Yo comencé a llamarlo Abi y él me miraba y se reía, de modo que se quedó con ese nombre. "Mañana empezaremos a informar a todos los pastores que nos encontremos para que difundan la noticia de que Abi está con nosotros", dijo mi padre, y así llegamos a la tienda con el pequeño. Mi hermana lo aseó, le dio leche de cabra y lo puso a dormir. Luego vino a donde estábamos comiendo y, sin más, me dijo: "Este es un hermanito que tienes que cuidar", y sacando un dios chiquito, nos lo mostró diciendo: "Este dios lo protegió, por eso digo que será tu hermanito, porque nadie va a venir a buscarlo. No se esconde un dios en la túnica de un niño sino cuando ese niño se va a abandonar".

Como a media noche, o al menos eso me pareció, mi abuelo me llamó. Estaba listo para salir, con su cayado y un poco de agua en una bolsa de piel. "Cuida de Abi. Yo voy a averiguar qué le pasó a la madre", y se fue mucho antes del amanecer.

Mi madre estaba un poco asustada. Tenía temor del dios de Abi y lo escondió en la túnica sucia que el niño traía y que mi hermana le había quitado la tarde anterior para asearlo y cambiarlo:"Para vestirlo cuando vengan por él", dijo. Luego me volvió a responsabilizar por ese niño:"Cuídalo hasta que aparezca su madre". De esta forma, yo sentí que Abi era mi hermanito, casi más que el bebé, porque yo lo había cuidado y le había dado el nombre. El abuelo regresó por la noche y solamente dijo:"La madre está muerta. Yo mismo la enterré", y se retiró enseguida. Mi hermana le llevó comida, pero apenas tomó agua y algo de leche.

Abi creció como un hermano más de la familia. Mi abuelo me dijo que cuando el niño tuviera doce años, yo debía contarle su historia y entregarle su dios para que siempre lo honrara, porque él lo había protegido después de que su madre murió en el desierto. Lo triste fue que mi abuelo murió cuando yo tuve doce años y entonces volví a pensar en lo que debía hacer cuando Abi llegara a esa edad. Uno, mientras es niño solo ve el futuro como el hoy, como si cuando yo tuviera que decirle lo de la madre a Abi, yo tuviera doce años y siguiera tan incapaz de hacer cosas serias como ésa.

Pero no fue tan difícil, porque el mismo Abi empezó por darse cuenta de que no se parecía a nosotros. Era más bajo que todos, incluso que el menor, siendo él dos años mayor; su piel era más clara y su pelo de un color como de trigo tostado. Recuerdo el día que me preguntó: "Safé," –así me había dicho siempre– "¿por qué no tengo el pelo como el tuyo ni como el de madre?", Entonces supe que había llegado la hora. Yo tenía dieciocho años, era un hombre. Con todo, me fue difícil superar el temor de enfrentar a mi hermanito a una verdad que tenía que ser triste para él. Extrañamente no resultó así...— Aquí Safed tomó agua, estiró un poco las piernas, cambió de posición y, mirando a todos, que estaban pendientes de su historia, siguió:

—Le conté de cuando él había comenzado a ser mi hermanito muy querido. De que su madre había muerto en el desierto, pero lo había dejado con un dios para que lo protegiera, y le entregué la figurita, junto con la túnica que él tenía puesta ese día, y le dije que debía honrar al dios y tenerlo escondido, porque los dioses de las familias beduinas se tienen siempre en lugares en donde solo la familia los pueda ver. Él miró la figura e hizo cara de que le parecía fea, y me dijo sin más: "¿Sabes Safé que no creo que este muñeco tan feo y tieso sea capaz de proteger a un niño?"; luego fue hasta la tienda y trajo un muñeco de palo que mi abuelo le había tallado, que yo pensaba que era un dios, pero Abi jugaba con él como si fuera otro niño al que le decía "Upa", y me dijo: "Upa es más bonito y más grande, y además tiene nombre y no es dios, sino mi amigo". Yo estaba casi aterrado de la falta de respeto que Abi manifestaba por el dios que su madre le había dejado. Sin embargo atribuí esa reacción a la sorpresa y desconcierto que le tenía que haber producido la noticia de su origen, y pensé que con el tiempo cambiaría. Él por su parte, como si quisiera disculparse, envolvió de nuevo el diosecito y se fue a jugar con Upa.

—¿Y no jugaba con tu hermano menor?—, preguntó Nordán.

—Poco. Estaba muy apegado a mí. Además creo que mi madre sentía miedo de que el dios de Abi se pusiera celoso del pequeño y le hiciera daño; entonces ella misma evitaba de una forma u otra que pasaran juntos mucho rato.

—¿Pero cómo termina la historia?—, preguntó Safeya.

—Pues yo me había tranquilizado y olvidé el asunto del dios de Abi hasta que una tarde, como seis años después, estando yo sentado afuera de la tienda, vino Abi con su túnica vieja debajo del brazo, la desenvolvió y sacó el dios frente a mí. Y entonces, lo puso sobre la piedra que mi madre usaba para moler granos y, sin más, lo trituró completamente. Luego me dijo muy tranquilo: "¿Ves que no era ningún dios sino puro polvo? Yo no quiero un dios de arena". Enseguida se acercó al fuego donde se estaba cociendo algo y con cuidado metió la túnica entre las brasas, debajo de la vasija, y se demoró a mirar cómo ardía, hasta que se consumió completamente. Le dije: "Abi, no cuentes a nadie que trituraste al dios que tu madre te dejó. Yo entiendo que no quieras un dios de arcilla, pero ellos no y es mejor no enfurecerlos". Con toda calma me dijo: "Sí, Safé, yo entiendo eso, pero quería que tú supieras lo que pienso y por eso lo hice delante de ti. Los demás no tienen por qué enterarse". Se sentó a mi lado y lo vi sereno, como si se hubiera quitado una carga. Permanecimos juntos un largo rato, hasta que mi hermana nos llamó a cenar; "quiero caminar contigo antes del amanecer", me dijo Abi mientras nos levantábamos para ir a comer.

Muy temprano salimos. Él me indicó que camináramos hacia el oriente y en esa dirección avanzamos lentamente por dos horas. El cielo comenzó a teñirse de color y Abi miraba casi con ansiedad el nacimiento de la aurora. Decía cosas como, "esto es lo más bello", pero para él solo. Cuando el cielo estaba claro y ya se veía con nitidez el punto por el cual despuntaría el sol, Abi me detuvo y nos quedamos quietos. Él miraba hacia la luminosidad que crecía y cuando despuntó el disco blanquísimo que no se puede mirar, cerró los ojos y dijo señalando al sol: "Si tú no eres mi dios, ninguno otro lo será". Luego, se volvió hacia mí y me habló con sencillez: "No he entendido nunca por qué hacen dioses y los esconden y después los honran y, lo peor de todo, les tienen miedo y les ofrecen sacrificios de animales que son para el sustento de la familia. Yo he pensado mucho y creo que mi dios es el sol". Ese sí que no es de arcilla ni lo ha hecho ningún hombre, y sí que nos da beneficios aunque no le sacrifiquemos corderos. Por eso te pedí que viniéramos aquí.

Con este conocimiento de mi hermano y de sus pensamientos y decisiones tan hondas, tan propias de él, sentí un gran respeto y le pregunté qué pensaba hacer con su vida. "Yo quiero ir al norte, quiero cultivar la tierra como cuentan los pastores que han visto hacer a la gente de por allá. Cuando ya encuentre mi lugar, entonces buscaré una mujer que comparta conmigo la fe en el dios sol y formaré una familia".

Yo estaba casado, tenía un hijo y seguía viviendo con mi madre, mi hermana y mi hermano mayor, ambos casados y con hijos. Los otros hermanos se habían ido al sur. Mi padre ya estaba muerto. Entonces le dije: "Si mi mujer no se opone, ella, el niño y yo nos podemos ir contigo. Yo llegaré hasta Damasco o un poco más al norte y tú seguirás hasta que encuentres lo que buscas". Así fue. Yo me quedé por estos lados y Abi siguió hasta Jarán. Allí se estableció y cultivó trigo y frutas. Consiguió una mujer buena, parecida físicamente a él, porque allá es muy frecuente el tipo de piel más clara y de cabello también claro. Y ambos vivieron todos los años y tuvieron cuatro hijos. Y todos bendecían al dios sol cada día y no ofrecían sacrificios. Hace dos años, Abi murió. Su mujer me envió la noticia con un guía de caravanas que siempre traía obsequios y recuerdos de ese hermano que no olvidaré—. Para terminar, Safed dijo:

—Cuando oía hablar al joven Nordán yo pensaba en mi hermano Abi. Cómo hubiera él amado esta enseñanza sobre el Dios Altísimo... Creo que habría sido un creyente y un maestro convencido y fervoroso de estas verdades.

—Safed, gracias por esa historia. Te aseguro que la búsqueda de tu hermano Abi es una prueba del gran amor del Padre. Aunque en esta tierra él no tuvo la suerte de conocer la enseñanza de mi maestro, su honradez, sin ninguna duda, lo llevó hasta encontrarla al final, cuando su espíritu desprendido del cuerpo llegó a la morada eterna. No lo dudes—, dijo Nordán, que estaba admirado y emocionado con la narración.

Las mujeres agradecieron y, deseando feliz noche a los huéspedes, se fueron a dormir. Antes de acompañar a su madre, Timna se cercioró de que tuvieran agua disponible y, con una leve inclinación de cabeza, se despidió. Nordán, mirándola a los ojos y sonriéndole con afecto, le dijo "gracias".

—Yo me iré temprano, pero en dos semanas estaré aquí por si ya estás a punto de seguir tu camino..., aunque lo dudo...—, le dijo Safed a Nordán mientras movía la cabeza con un gesto suspicaz.

—¿Qué quieres decir con eso de que dudas?, yo tengo que llegar pronto a Babilonia, ver a Ovid y después seguir a las tierras que mi pueblo está ocupando.

—Pero no estaría nada mal si sigues el ejemplo de tu amigo Ovid. Piénsalo. Es una buena chica y además alguien de tu familia... de esa escuela de Salem... —, le dijo el viejo y le hizo un guiño de entendimiento.

Nordán suspiró y se rió francamente. Luego le dijo: —Bueno, señor conocedor del futuro, entonces venga por si se cumplen sus profecías. No se demore demasiado.

—No iré muy lejos. Tengo familiares por aquí. De pronto hasta a mi nieto mayor me encuentro—, y antes de que el joven se durmiera, Safed le dijo con gran afecto: —que el Dios Altísimo te ilumine y te ayude.

—También a ti, mi amigo. Y a los tuyos—, contestó Nordán con emoción.

En cuanto el beduino sintió que todos dormían, se levantó y salió.

Durante el día Nordán estuvo cerca de la casa, conversando con la madre y a ratos con la hija. Ellas, a raíz de la enseñanza de Ovid durante el tiempo que permaneció en Tiro, se habían hecho creyentes en el Dios Altísimo, aunque no completamente desprendidas de sus prácticas y temores antiguos. Le contaron que ni siquiera los otros hijos querían saber del nuevo dios, simplemente porque no les gustaba la idea de un dios que no quiere sacrificios. Es como alguien que no cobra por lo que hace, que no es de fiar. De modo que por esta razón solamente se atrevían a hablar de su nueva fe a otras mujeres que no fueran demasiado devotas de sus dioses o de los de la familia de los maridos.

—Madre, si alguien te vuelve a decir que el Dios Altísimo ofrece su amor y cuidado a cambio de nada, dile que no es a cambio de nada, que es necesario creer en Él y tratar de amarlo, y que eso es más exigencia que sacrificar animales, porque es el propio corazón el que entregamos a ese Padre y no un ser que no forma parte de nosotros. Pero en fin, no sufras por esa incomprensión. Mi maestro dice que lentamente irá creciendo el conocimiento y que el Padre, en su bondad, toma en cuenta la sinceridad con la cual los hombres honran a sus dioses, como la base de la búsqueda de la verdad.

La joven Timna, a quien el porte y la sencillez de Nordán resultaban muy atractivos, se sentía preocupada porque estaba en la edad en la cual las muchachas se casaban y, aunque tenía varios pretendientes en Tiro y también en Biblos, a medio que ella insinuaba la nueva fe, se reían, pensando que era miedo a los dioses de la familia de ellos, y le prometían que los mantendrían contentos con buenos y frecuentes sacrificios. Ella, más que su madre, se había desprendido totalmente de sus dioses familiares, aunque sin hacer alarde del hecho, pero le parecía imposible decidirse a vivir toda la vida con alguien que, siendo joven, ni siquiera consideraba la posibilidad de admitir otra verdad, porque los mayores, al fin, han alimentado mucho tiempo sus creencias...

La tarde del tercer día después de la llegada de Nordán, cuando el joven comprendió cuál era la preocupación de Timna y aunando a ello el gusto que sentía al verla y oírla, simplemente le dijo:

—Yo tenía pensado que solamente cuando estuviera en la tierra nueva del pueblo persa, buscaría mujer persa para formar una familia. Ahora que hablo contigo veo que tendré el mismo problema que tú tienes, en cuanto a hallar a alguien con quien compartir la fe en el Padre de todos, además de la dificultad por el muy escaso número de jóvenes mujeres persas que han llegado a los nuevos territorios. ¿Qué te parece si pensamos en resolver juntos estos problemas y nos casamos?

Timna estuvo un momento silenciosa, y desconcertada por la simplicidad con la que Nordán veía algo que solía ser largo y ceremonioso, claro que excepción hecha del matrimonio de su hermano Ovid. En lugar de contestar directamente a la pregunta, le dijo: —Hablemos con mi madre. No sé cómo responderte, pero ella sí que puede ayudarnos para que lleguemos a saber si podremos triunfar o no—. Luego añadió: —Y lo mejor es que lo hagamos ahora mismo, antes de que lleguen mi padre y mis hermanos; así tendremos alguien a nuestro favor cuando empiecen a preguntar y a dudar...

Nordán sonrió al escuchar las últimas palabras, que interpretó como una respuesta personal afirmativa. Se levantaron para ir en busca de Safeya que había salido.

La madre ya había intuido que esa relación podría darse y apoyó la idea: —Creo que con buena voluntad y ayudándose mutuamente, pueden formar una familia—. Se quedó silenciosa mirando hacia el mar y suspiró antes de agregar: —Ojalá que yo llegue a verlos de nuevo en esta vida, porque suena muy lejos eso de Babilonia y Susa...

—Madre—, dijo Nordán tomando las manos de Safeya, —no conozco esa región a donde vamos y no puedo asegurarte nada desde ahora, pero te prometo que haré lo posible para venir a verte en un futuro no demasiado lejano.

—Ahora es necesario que pensemos en la forma de contarles a tu padre y hermanos. Es muy posible que lleguen más tarde—, dijo Safeya mirando a su hija. —Pero antes de que ustedes lo mencionen, es mejor que yo hable con tu padre, después de la cena, sin otra persona presente. Él, estoy segura, va a ponerse difícil, porque lo mismo sucedió con tu hermana mayor, y eso que ella no se fue tan lejos...—, terminó.

—Sí madre. Estoy segura de que Jamal, en cuanto vea a Nordán, querrá saber si hay algo entre nosotros. Ya sabes cómo es de impulsivo; por suerte me quiere y últimamente ha estado insistiendo en que acepte a alguno de los que me pretenden, porque según él, "ya es hora..."— y sonrió.

—¿Pero ellos sabían que yo vendría?—, perguntó Nordán.

—Sí; y Jamal, como es el hermano más cercano y compinche de Ovid, espera hacer buena amistad contigo y habló de llevarte a navegar, de modo que no creo que sea mucha la dificultad por ese lado. En cuanto al mayor, a él no le va a importar; Sobed tiene suficientes problemas en su casa como para preocuparse por mi matrimonio, contestó Timna.

Nordán se alejó solo. Quería caminar por la orilla del mar para ver el atardecer y, sobre todo, para encontrar en su interior esa serenidad que siempre obtenía cuando discutía algún asunto con Melquisedec, discusión que terminaba en la expresión consciente del deseo de cumplir lo que el Padre quisiera para él e intentar hacer lo que iba viendo como apropiado y posible.

Él había viajado al mar, en el norte, en la antigua tierra de su tribu. Lo recordaba como un mar siempre frío, que solamente en una época corta del año se podía visitar. Nunca vio en él embarcaciones. Los pescadores extendían al atardecer sus redes dentro del agua, caminando hasta donde podían hacerlo; les ponían a las redes piedras colgadas del borde inferior, para que se mantuvieran verticales, y amarraban los extremos de una cuerda que sostenía el borde superior entre dos postes de madera clavados en el fondo; al amanecer recogían la red con los peces que se hubieran varado en ella.

En Tiro, en un sector un poco alejado, vio hacer el mismo trabajo a algunos hombres mayores, y también vio mujeres que ayudaban. Dado que cuando él llegó ya estaban terminando de tender la red, no intentó colaborar pero se propuso llegar más temprano al día siguiente. En el embarcadero pudo observar las canoas que llegaban con pescado desde algún lugar del mar. Le explicaron el uso de cañas y anzuelos, y también de redes que se tiraban desde la barca cuando encontraban grupos de peces...

Cuando regresó, ya oscurecía y aún no había noticia de los viajeros. Hablaron largamente de la vida en el mar, de las labores en los barcos, de los viajes largos en los cuales ellas, las mujeres, no tenían experiencia, salvo algunas que habían llegado por esa vía procedentes de Egipto. Nordán supo que el trabajo de recoger las redes comenzaba al alba y se propuso salir temprano para ayudar en donde había visto tender la red esa tarde.

—Seguramente te lo agradecerán. Como ves, en esas labores participan mayormente mujeres, porque los hombres jóvenes, por regla general andan siempre embarcados. El comercio de la madera ha ido creciendo y produce buenas ganancias, pero necesita muchas manos y mucha fuerza—, le aseguró Safeya.

El contacto con el agua del mar fue una sorpresa para Nordán: al sentir la tibieza cuando esperaba el frío casi helado que recordaba de su infancia, reaccionó riendo y saltando alegremente. Los del lugar lo miraron y también sonrieron. Al terminar le preguntaron que si nunca antes había estado en el mar y él les contestó con sencillez que sí, pero que allá el agua era muy, muy fría... Se despidió y dijo que trataría de volver para ayudar en la tarde. Ellos le contaron que por esa época tendían redes todos los días para aprovechar que estaba buena la pesca. Después vendrían días en que no llegarían peces.

Al llegar a la casa entregó a Timna, que lo esperaba afuera, el pez que le dieron las mujeres en la playa.

—Bueno, esto está bien. Lo mejor será prepararlo para el desayuno: así, bien fresco, el pescado tiene todo su sabor—, comentó Timna mientras examinaba el animal; luego, mirando a Nordán, le dijo: —Espero que ninguna de las pescadoras te quiera pescar a ti...— y ambos rieron.

El joven persa pasó el día mirando los barcos que anclaban lejos de la orilla y el movimiento de hombres y bultos en barcas pequeñas que cargaban o descargaban. Hizo amistad con algunos viejos que se sentaban diariamente en el muelle para mirar, con aire nostálgico, cómo los jóvenes continuaban con las labores que ellos en su tiempo desempeñaron. Estuvieron animados contando al joven forastero acerca de sus aventuras pasadas, de los peligros que hubieron de afrontar, de los disgustos y problemas que no faltaban entre la tripulación, cuando los viajes resultaban más largos de lo previsto... Después de contestar las preguntas de Nordán, ellos también quisieron saber su historia y él les contó todo lo que recordaba, a grandes rasgos, para terminar hablándoles de la escuela de Salem y de la verdad sobre el Dios Altísimo.

Así llegó la tarde. Nordán se despidió para ir a cumplir con la ayuda prometida a los pescadores. También los viejos se despidieron y le pidieron que volviera a ese mismo lugar cualquier día que pudiera, porque querían saber más de ese Dios del que algunos habían oído hablar a raíz de la visita de Ovid, pero nadie había vuelto para instruirlos completamente.

Ya había oscurecido cuando Nordán regresó a la casa de Safeya. Por el camino recordaba la conversación con los viejos del muelle y volvía a sentir la urgencia de la labor de los misioneros de Salem que se le manifestó esa mañana. Deseó que muchos jóvenes de muchos lugares llegaran a la escuela y aprendieran con el maestro, para que volvieran con los suyos y les transmitieran la verdad...

Antes de llegar a la casa, vino Timna corriendo y le dijo: —Ya llegaron. Ya saben que estás aquí de visita, pero nada más. Así que adelántate y saluda. Yo llegaré por el otro lado a la cocina, porque es mejor que mi madre hable primero en privado con mi padre, antes de que ellos hagan conjeturas si nos ven juntos—. Y se retiró con rapidez.

Nordán no recordaba ningún evento anterior con el cual comparar su situación actual y no estaba en modo alguno preocupado: había visto cómo Seír, Jobán y Katro, y ahora sabía que también Ovid, encontraron cada uno una joven con quien compartir su vida, y lo estaban realizando. Además, él sabía hacer muchas cosas con las cuales sin duda lograría tener un hogar suficientemente provisto para su esposa y sus hijos. Ni por asomo se le ocurrió pensar que su raza aria tan distinta pudiera ser un obstáculo entre sus deseos y los de los hombres de una familia semita. Así que tranquilamente llegó hasta la casa y entró.

—Buenas noches—, saludó y, dirigiéndose al padre, se inclinó y le dijo: Lo saludo en el nombre del Dios Altísimo y me presento: Soy Nordán, quenita, de la nación persa. Vengo de Salem, donde compartí por varios años con su hijo Ovid. Voy de paso para Babilonia y después para las tierras que las tribus de mi nación están ocupando al sur de Susa. Le prometí a Ovid que vendría a visitarlos y por eso estoy aquí.

Joram, el padre, un hombre fuerte y quemado por el sol y el viento, lo mismo que los hijos, miraron al recién llegado con curiosidad. El padre contestó: —Pues bienvenido a nuestra casa, joven Nordán. Siéntate y hablemos. Estos son mis hijos mayores, Sobed y Jamal. Ovid es el menor. Además tengo dos hijas: Mira, la mayor, que vive en Biblos, y Timna, a quien supongo que ya conoces.

—Sí, señor. Muchas gracias—, contestó Nordán.

—Ovid no nos dijo que fueras tan alto—, dijo Jamal riendo y haciendo una seña amistosa a Nordán para que se sentara a su lado.

—Creo que Ovid, por estar hablando del dios nuevo, se olvidó de decirnos muchas cosas—, dijo con tono de malhumor el hermano.

—Pero si ustedes quieren, puedo completar la información que deseen—, propuso Nordán y el padre le siguió:

—Pues creo que es bueno que nos cuentes quiénes son exactamente los hombres de la nación persa, qué hacen y por qué se están pasando a nuevas tierras—. Y luego comentó: —En Menfis conocí a un hombre de tu raza y me dijo lo mismo. Además, por lo que él me contó, parece que se están ubicando en unas tierras muy malas que no sirven ni para cultivar ni para tener rebaños..., eso sí, cerca del mar... al menos eso dijo; y también que ese mar era el mismo que se podía encontrar al suroriente de Menfis, a dos o tres días de camino, pero que es un viaje muy largo y peligroso, y que prácticamente nadie navega por ahí.

Nordán inició la narración de sus recuerdos en los días anteriores a la salida de su lugar de origen, con sus padres, dentro de un grupo grande de familias. Recordó el frío y la escasez de alimentos en esos parajes y que todos hablaban de que muy al sur encontrarían mejor clima. Luego les contó de la muerte de sus padres, de su extraña y casi milagrosa llegada a Salem, de su vida y aprendizaje con el maestro y con los viajeros que llegaban, con ayuda de los cuales había llegado a hablar seis lenguas y a conocer la escritura de tablillas babilonias y egipcias. Pero el mar no había vuelto a verlo. Entonces les contó de su sorpresa esa mañana al sentir el agua tibia cuando ayudó a templar una red de pesca.

Sobed, después del primer tramo de conversación, se levantó para irse a su casa. Ásperamente se despidió con palabras ininteligibles y salió. Jamal no hizo ningún caso del asunto. La madre, que estaba en la cocina, se asomó cuando oyó que alguien salía, pero el hijo ya no estaba visible.

La charla siguió y se fue haciendo amable y cordial. Hacia la media noche se puso de pie Joram y enseguida los jóvenes. Jamal fue a dormir en el mismo cuarto que Nordán. Explicó a sus padres que no quería llegar tan tarde a su casa y despertar a su esposa y a los niños. Que temprano iría a saludarla y, de paso, le hablaría del amigo de Ovid.

—¿Qué te parece mi hermana Timna?—, preguntó Jamal.

—Me agrada mucho—, contestó Nordán.

—Eso suponía yo, desde antes de conocerte. Ella es la más apegada a la enseñanza de Ovid y no quiere un marido que no crea como ella; pero por aquí ningún hombre joven toma en serio a ese dios de ustedes a quien nadie puede ver.

—Sí, algo de esa preocupación me manifestó ella. Yo...—, y se interrumpió recordando que era prudente esperar a que el padre lo supiera primero.

—Si temes por la reacción de mi padre, pues tienes razón. No le va a gustar un extranjero por yerno. Pero él es justo y honesto. Si ve que Timna puede ser feliz contigo, cederá, aunque al principio se te oponga rotundamente—. Y dicho esto, Jamal hizo seña de callarse y, apagado el candil, se durmió enseguida.

"Estos navegantes... hablan y hablan... y de repente se quedan dormidos", se dijo Nordán. Pensó en que Jamal estaba de su lado, también pensó en Timna y en que era difícil la tarea que Ovid tendría a su regreso, de convencer a su familia y a los jóvenes de su tierra para que pusieran su fe en el Padre-Dios. Al fin se durmió confiando en la buena mediación de Safeya y, sobre todo, en que si el Altísimo no se oponía, nadie podría imponer su voluntad en contra de la de Timna y de la suya propia.

Joram estuvo levantado muy temprano y salió para buscar nueva carga y hombres que se comprometieran para el trabajo. No se permitía mucho tiempo de reposo entre un viaje y otro, y cuando sucedía, como en esta ocasión, que al día siguiente de su llegada tenía situaciones familiares por resolver, menos soportaba el permanecer en el lecho una vez despierto.

Caminaba hacia la orilla antes del amanecer y vio que otro hombre también caminaba, pero con lentitud, como matando el tiempo. Al acercarse un poco, por su estatura lo reconoció como el amigo de Ovid, el que según su mujer sería un buen marido para Timna, ya que ella, su hija menor, por el asunto ese del nuevo dios del que habló Ovid, no quería a ninguno que no compartiera con ella y de corazón esa fe.

Joram se detuvo porque no deseaba empezar el día con una discusión. Quería dejar andando los negocios y después se dedicaría a buscar la respuesta apropiada para el asunto familiar: "Y lo más malo de todo es que ese dios no quiere sacrificios sino amor... ¡Cuándo se había oído que un dios fuera invisible y que quisiera amor...! Con eso resulta imposible decir que sí se cree y ofrecer de vez en cuando algo para complacer a la mujer... Menos mal que la mía no se lo tomó tan a pecho", pensaba mientras daba ventaja al joven que, por suerte, decidió caminar en dirección contraria a la del lugar en donde Joram encontraría la barca con el boga.

Nordán colaboró nuevamente en la sacada de la red y esta vez, en cuanto la tuvieron en la playa, se despidió de todos. Debía estar presente cuando el padre de Timna lo llamara para conversar.

Al llegar encontró a Jamal, que estaba pendiente de su llegada:

—¿Por dónde andabas?... no supe a qué hora saliste—, le dijo.

—Fui a ayudar con la red de aquél lado—, y Nordán señaló con la mano.

—Apenas acabas de llegar y ya andas metido con la gente y ayudando. Mmm, ¡cuánto te pareces a Ovid!— Y luego caminaron juntos hacia la casa.

Nordán saludó a Safeya y a Timna. Safeya se adelantó a informarle que Joram había salido temprano a arreglar lo relativo al bote y a la carga, y que volvería para hablar del asunto de la boda. Él prudentemente le agradeció y se propuso esperar, pero Jamal sí quería saber los pronósticos de su madre, de modo que preguntó: —¿Y qué crees que dirá, madre?, porque yo pienso que es lo mejor para ambos, y también para Ovid y Tali. Así no se sentirán tan aislados de la familia.

—Sin duda, como bien lo conoces, tu padre comenzará por buscar todos los problemas que se pueden presentar y por dudar de la forma en la cual los jóvenes proponen resolverlos...; pero creo que al fin se convencerá de que es bueno ese matrimonio—, contestó Safeya.

—Yo pienso que si no puedo casarme con Timna, tendré que esperar mucho tiempo hasta que alguna mujer que haya escuchado las enseñanzas del maestro o de Ovid y que viva de acuerdo con ellas, quiera ir hasta las tierras de mi pueblo para compartir la vida conmigo, porque no creo posible que podamos vivir en buena armonía si no compartimos lo que para mí es el fundamento de la vida: la fe en el único Dios y Padre de todos.

—¿Y por qué no enseñas tú mismo a alguna muchacha de tu pueblo?—, preguntó Jamal.

—Supe por un amigo que pasó por Salem, que allá en las nuevas tierras del pueblo persa no hay mujeres solteras. Por ahora solamente viajan y se van acomodando los hombres, y preparan un lugar para sus familias. Parece que muchas madres que salieron al viaje con sus esposos, como la mía, enfermaron y murieron por el camino. Por eso decidieron que hasta no tener suficientes hombres que salgan a recibir y a acompañar a los grupos de viajeros en la zona más peligrosa, solamente recorrerían ese largo camino los varones persas—, dijo Nordán. Luego añadió: —Tal vez yo habría podido encontrar una joven de la escuela en Salem, pero me parecía que era pedir demasiado. Además estaba muy atareado trascribiendo las enseñanzas del maestro en tablillas de arcilla, para llevarlas a los míos y dejarlas para enseñanza de los que nacerán en el futuro. Por todo esto, ni siquiera lo intenté.

—¿Y en dónde están esas tablillas?—, preguntó Timna, muy interesada.

—El padre Safed las guardó en su tienda, cerca del camino por donde pasa la caravana. Son pesadas y no tenía mucho caso traerlas hasta aquí para cargar de nuevo con ellas al regreso—. Nordán hizo una pausa y luego, mirando directamente a Timna, declaró con gran convicción: —Antes de que tu padre dé su respuesta, quiero decirte, Timna, aquí en presencia de tu madre y de tu hermano, que antes de conocerte ninguna joven me inspiró este gran deseo que siento de compartir toda mi vida contigo. No se trata solamente de no estar solo. Estar solo es algo que puedo hacer. Se trata de que me inspiras y me haces sentir mucha fuerza y deseos de trabajar para que llevemos adelante una familia y nos apoyemos en el proyecto de difundir la verdad sobre el Dios Altísimo.

—El día que llegaste con Safed, en cuanto te vi, deseé mucho que me pidieras por esposa—, dijo Timna mientras el rubor cubría su rostro.

—Siendo la cosa así, yo sé que mi padre dará su visto bueno. Creo que hoy mismo lo escucharemos—, dijo Jamal poniéndose de pie. Acto seguido, los hombres salieron para caminar en dirección al lugar donde el padre debía estar tratando asuntos de navegación y negocios.

—¿Y dónde tienes tu casa?—, preguntó Nordán a Jamal.

—En una aldea cercana. Pensaba salir de madrugada para allá, pero necesito estar aquí para participar en las conversaciones y planes que se hagan, en lugar de recibir las noticias por medio de mensajeros.

Joram ya volvía después de contratar una carga de madera para el sur y de dejar encargado al hombre de confianza para que consiguiera los ayudantes y empezara a hacer los preparativos. Debían ir a cargar a Biblos y volver para salir de Tiro con el dueño de la madera y su hijo en el término de veinte días. El buen negocio pactado lo animó.

—Buenos días padre—, dijo Jamal en cuanto se encontraron y, antes de que el padre contestara,

Nordán también lo saludó inclinando la cabeza: —¡Buenos días, señor!

—Buenos días, jóvenes—, y mirando a su hijo Joram, le preguntó: —¿Y tu mujer y tus hijos no deberían estar ya disfrutando de tu compañía?

—Sí, padre, tienes razón... pero antes quiero saber cuándo será el próximo viaje, para planear lo que haremos—, contestó Jamal. Nordán se sorprendió al oír esa razón pero guardó silencio.

—Está bien. De paso hablemos del asunto de este joven que pretende a Timna. Creo, que es un poco descabellado ese proyecto de llevarse a nuestra hija para tierras desconocidas, sin saber ni de qué van a vivir...—, fue diciendo el padre.

—Señor. Sé muy bien de qué vamos a vivir porque sé que allá se necesitan hombres para el trabajo. Además mi pueblo no es pobre. Ellos van llegando con riquezas en forma de bloques de metal y de piedras de jade y obsidiana, que se venden muy bien en Babilonia y permiten pagar a todos los que colaboran en la construcción de las nuevas ciudades. Yo no tengo de esas riquezas porque el grupo con el cual emprendimos el viaje fue atacado por gran cantidad de jinetes hititas que mataron a muchos, entre ellos a mi padre, y se llevaron todas las cosas de valor. Por eso ahora solamente viajan hombres muy capaces y hábiles para despistar a los ladrones, y por eso es que necesitan ayuda—, explicó Nordán.

—¿Y puedo saber cómo te ganaste la vida en Salem?—, preguntó nuevamente Joram.

—Haciendo de intérprete, como Ovid, su hijo. Los comerciantes necesitan esos servicios y los pagan bien. Seguramente en Babilonia y Susa, que son ciudades más grandes que Salem, también necesitan intérpretes y pienso que nos demoraremos unos meses con Ovid, y allí podré reunir algo más de dinero. Para el viaje hasta Babilonia tengo suficiente para dos y hasta para tres personas.

—¿Y el asunto de tu dios? ¿Con eso ganas algo de dinero?—, fue la siguiente pregunta del hombre de mar.

Un poco desconcertado, Nordán contestó: —No, señor. No se cobra por enseñar la verdad sobre el Dios Altísimo. Solamente deseamos que más personas crean en Él y tengan el sentimiento y la alegría de saber que son hijos del Padre que creó todo lo que existe.

Joram fue el desconcertado con la respuesta. Él había pensado que su hijo Ovid se ganaba la vida enseñando sobre ese dios, y ahora este joven decía que ese oficio no producía ganancias, que ni siquiera se les ocurría que podría producirlas. —Y entonces, ¿cómo crees que mi hijo esté ganándose la vida en Babilonia?

—Supongo que haciendo de intérprete. Es muy hábil en eso y los mercaderes que lo conocen después no quieren a ninguno otro—. Y Nordán, comprendiendo las dudas de ese padre, le explicó: —La enseñanza de la verdad sobre el

Altísimo es lo más importante de nuestra vida, pero eso no significa que todo el día lo pasemos enseñando. Todos los que fuimos y los que continúan yendo a la escuela de Salem, una vez que nos hacemos adultos, trabajamos para ganarnos la vida. Algunos son pastores, otros comerciantes, otros cultivan la uva y el trigo, otros prestan servicios a los viajeros en el patio de las caravanas, otros son guías de caravanas. Solamente el maestro Melquisedec dedica todo su tiempo a la enseñanza. Desde hace como un año las tribus de Salem lo nombraron rey, porque su fama lleva muchos viajeros de tierras lejanas que invierten en la ciudad. Él ha vivido siempre en una tienda, comiendo lo que las madres se turnan para enviarle. En particular, durante los diez primeros años la madre Ener, en cuya casa yo viví, se encargaba de prepararle los alimentos que su nieto Katro y yo llevábamos a la tienda. Ahora que es rey, le llegan regalos de los extranjeros que van a escucharlo. Él se queda con los animales y los alimentos para las celebraciones y necesidades de la comunidad de los creyentes, y las otras riquezas las entrega a los jefes de las tribus para que ayuden a los más pobres, sin importar a qué dioses honren.

—Bueno, esto es algo que no entendía y que te agradezco que me hayas explicado. Creo que una tarde de estas deberás instruirnos un poco más sobre tu Dios... Entonces, todo aclarado, vamos a decidir sobre el día de la boda y los preparativos para ese viaje...—, concluyó repentinamente Joram.

Jamal no había pronunciado una sola palabra. Estaba realmente admirado de la sabia y tan natural forma de hablar de Nordán, y comenzaba a pensar que verdaderamente existía el Dios que su joven amigo y su hermano Ovid, y ahora su hermana, honraban como el Único.

—Gracias, padre Joram—, dijo Nordán. —Puede estar seguro de que cuidaré y defenderé a Timna con mi propia vida si fuere necesario. Una vez que estemos bien instalados, en una época buena para las caravanas, vendremos a visitarlos.

Así llegaron a la casa. Jamal se adelantó corriendo para llamar a las mujeres:

—¡Madre..., Timna..., vengan que vamos a preparar una boda...!

Joram explicó a su mujer que ya había conversado con Nordán y que antes de decidir acerca de fecha y detalles quería oír a Timna.

—Padre, soy muy feliz al saber que aceptas Nordán como hijo. Yo sé que ambos haremos una buena familia. Ciertamente viviremos lejos, pero cada día es más fácil viajar con seguridad, según cuentan todos, y sin duda volveremos a visitarlos. Además estaremos cerca de Ovid y de Tali, y eso es bueno para todos, ya que Nordán y Ovid son como hermanos—, habló Timna.

—Entonces, madre, di cuándo celebraremos esta unión—, preguntó Joram a su esposa.

—Pues creo que depende de tus planes de viaje, Joram, para hacerlo antes de que partas, de modo que ellos puedan salir en el período de buen tiempo para las caravanas que van a Babilonia.

Joram les contó que en veinte días tenía que salir hacia el norte por la carga y después seguir al sur. El viaje tardaría unos meses; Jamal propuso que se esperara al regreso para la boda; Safeya insistió en el tema del tiempo. Llegaría la época de lluvias y se haría demasiado difícil y peligroso el paso del Éufrates.... Finalmente, viendo que Nordán se mantenía silencioso al respecto, Timna dijo:

—Yo creo que no podemos retener a Nordán tanto tiempo. ¿Por qué no hacemos la fiesta en dos semanas?

Al fin todos estuvieron de acuerdo en que esa era una buena fecha. Debían enviar aviso a Mira, la hermana casada que vivía en Biblos, para que alcanzara a llegar, si su salud le permitía hacer el viaje. Jamal entonces se retiró para ir a su casa. Su mujer no sabía que habían llegado y él deseaba abrazarla y jugar con sus dos hijos. Sin duda en dos o tres días vendrían todos para ayudar en lo que fuera necesario.

La madre mandó llamar a su hijo mayor con un niño. Aunque Sobed era un hombre poco amigo de las celebraciones, ella sabía que si no se contaba con él, afectivamente se alejaría mucho más de la familia, y eso le partía el corazón.

Joram salió nuevamente en dirección al embarcadero para averiguar cómo iban las contrataciones de ayudantes y si habían fijado la fecha para ir a Biblos por la madera, y también para buscar a alguien que viajara de inmediato y que pudiera llevar a su hija la razón de la boda de su hermana. Las mujeres se pusieron inmediatamente en acción. Fueron a buscar a los mercaderes que vendían telas. Safeya pasaría por las casas de sus amigas para invitarlas a la boda y pedirles ayuda en la confección de algunos vestidos para Timna, dado que el poco tiempo disponible obligaba a comenzar el trabajo de inmediato...

Nordán quedó solo en la casa. Llevaba un rato haciendo sus propios cálculos de tiempo y de recursos, cuando llegó Sobed.

—¿Y dónde están todos?, ¿por qué me mandó a llamar mi madre y cuando vengo no la encuentro?—, preguntó a Nordán en cuanto lo vio.

—Hola, Sobed, ¿cómo estás?—, saludó Nordán a su nuevo y malhumorado pariente. Sin esperar contestación, decidió ser él mismo quien le contara el asunto: —Yo quiero hablarte y tu madre te hizo llamar. Se trata de Timna, tu hermana...— Aquí Nordán dudaba un poco cuando Sobed interrumpió:

—¿Qué pasa con mi hermana Timna?, y cualquier cosa que pase con ella, ¿qué tiene que ver conmigo?

—Pues porque eres su hermano mayor, yo quería comunicarte directamente que la he pedido a tus padres para casarme con ella y ellos han aceptado... y además deseo que tú estés de acuerdo y que también participes en la fiesta que se hará en quince días.

La reacción inmediata de Sobed fue la de golpear a Nordán, pero al verlo tan tranquilo y también tan alto, se contuvo y para disimular su turbación comenzó a revolver su pelo con una mano y a mover la cabeza a un lado y otro, como si no supiera qué hacer o qué pensar. Nordán, que tantas veces había visto a su maestro en presencia de hombres rudos y del mal genio, llevarlos con pocas palabras a un cambio de actitud, le dijo:

—Creo que estarás pensando con qué la voy a mantener. No te preocupes, tengo recursos ahorrados y un trabajo asegurado en la tierra a donde vamos.

—¿Y quién paga porque enseñes de un dios que no se ve?—, preguntó Sobed con voz que quería ser despectiva pero que sonaba interesada.

—No es por eso que voy a ganar dinero. Voy a construir casas con la gente de mi pueblo. Ellos tienen dinero y van adelantando una ciudad que pueda albergar a más de cien familias.

El giro totalmente imprevisto del tema hizo olvidar a Sobed su permanente propensión a la ira. Se sentó e hizo seña a Nordán de que se sentara a su lado y, con verdadero interés, fue interrogándolo y atendiendo a sus respuestas acerca de su historia personal y la de su pueblo, la decisión conjunta de buscar otras tierras para todos, las casas tan bien planeadas y cómodas en que vivían y las que seguramente estarían construyendo, las riquezas que transportaban y la habilidad para pensar rápidamente y esquivar un peligro cuando lo sentían.

Sobed, por su parte, le explicó que ellos, los fenicios, no eran realmente un pueblo unido. Eran un poco de ciudades que se hacían competencia y que a veces entraban en peleas terribles por dominar el comercio en el mar. Por suerte, en el Valle del Nilo había tanta riqueza que era imposible para una sola ciudad abastecer el mercado de maderas que allá necesitaban y mientras tal situación continuara no habría nuevas guerras, pero los antagonismos estaban siempre vivos. Por eso veían muy poco a su hermana Mira, que se había casado con uno de Biblos, porque solamente iban allá cuando algún contrato los mandaba... Y, pasando a su cuestión personal, comentó:

—Yo, por joven y por tonto, me traje una mujer de Acre. Y eso es motivo permanente de disgustos. Sus hermanos no perdonan que ella se haya venido sin consentimiento de ellos, porque simplemente nunca lo hubieran dado. Lo único que hemos logrado resistiendo a su obsesión por llevársela, es amargarnos nosotros y de paso hacer la vida muy triste para nuestros hijos.

—Y, por qué no te vienes con nosotros..., por un tiempo..., a ver si te gusta. Te aseguro que allá encontrarás trabajo y tu mujer olvidará las pendencias de sus hermanos...—, se le ocurrió a Nordán, fiel a su sangre persa siempre lista a encontrar rápida salida a situaciones difíciles e inesperadas.

Sobed, por primera vez en los últimos cinco años, se rió y de muy buena gana. Enseguida, levantándose y tirando a Nordán por el brazo, le dijo: —Anda, vamos a ver a mi mujer y a mis hijos y les dices lo mismo que me acabas de decir. Si ella está de acuerdo, armamos viaje en estos quince días y nos vamos todos.

Nordán y Sobed salieron como viejos amigos, hablando de proyectos futuros y especulando sobre ese mar que, según contaban algunos, había cerca de Susa... quién sabe. De pronto se podría navegar por allá también...

Llegaron Safeya y Timna, afanadas por el retraso en la preparación de la cena, pero satisfechas con los aprontes que comenzaban a realizarse. Sin pensar en nada más, comenzaron el trabajo inmediato.

—¿Y Sobed?, me olvidé por completo de que lo había mandado llamar... Seguro vino y como no encontró a nadie se habrá vuelto de peor genio—, dijo la madre.

—De pronto no ha venido, madre. Tal vez llegue para la cena. Esperemos—, la tranquilizó Timna, quien a su vez se interrogaba sobre el paradero de Nordán: —Supongo que Nordán estará con los de la red. Les ha estado ayudando en días pasados, incluso esta mañana se había ido antes de que mi padre saliera. Yo los escuché a ambos y Nordán salió antes.

—Es de verdad un buen hombre. Tan sencillo y a la vez tan instruido... Me alegro de que tengas un marido así de confiable, hija—, dijo la madre.

—Me gustaría que tú pudieras venir con nosotros. Claro que no ahora, porque no tenemos todavía una casa para recibirte, pero quizás después... tal vez con alguno de tus nietos te animes a hacer el viaje para visitarnos...

—Todo es posible. Solo es cuestión de tener paciencia, pero sin dejar de ir preparando lo necesario para que, llegado el momento se aproveche plenamente.

Pronto, con estos pensamientos fantaseando en sus mentes, tuvieron todo andando y volvieron a la habitación para repasar y ordenar las actividades de los días siguientes: invitar a parientes y amigos, preparar lugar en donde hospedar a los que vinieran de fuera, encargar la harina, la carne y el vino... Ya se disponían a hacer cuentas de dinero y de bienes disponibles para que Timna aportara algo, cuando oyeron conversar en la puerta y entraron los niños a la carrera.

—Abuela Safeya, ¿cómo estás?—, le decía al abrazarla el niño de cuatro años colgado de su cuello.

—¡Qué felicidad, mi niño! A ver, enséñame cuánto has crecido—, dijo la abuela mientras disimulaba una lágrima que corría por su mejilla.

El niño se paró muy derecho y tocando su cabeza, iba a decir algo, cuando aparecieron sus padres y su hermano de siete años.

—Madre, esta mañana vine. Nordán me contó todo. Gracias por mandarme llamar. Aquí estamos Jadil y yo; bueno, y también éstos—, dijo Sobed señalando a sus hijos, —para ayudar en lo que se pueda.

Timna no salía del asombro que le produjo ver y oír a Sobed tan pacífico y sereno. Los niños salieron en carrera a recorrer la casa y dar vueltas alrededor de la misma. La joven decidió dejar que su madre disfrutara el momento y, diciendo al oído de su cuñada una palabrita, salió para buscar a Nordán.

Hablaron un rato, sin perder de vista a los niños. Nordán le contó lo que había hablado con Sobed y su familia, la decisión tomada y la necesidad de mantenerla en secreto. Juntos volvieron a la habitación en donde ya la madre sabía de los nuevos planes y los apoyaba con alegría, porque su deseo más insistente que era volver a ver a su hijo mayor otra vez en su genio, el del niño alegre y emprendedor que había sido, se estaba cumpliendo.

—Madre, es importante que este proyecto de nuestro viaje no salga de esta familia hasta que estemos lejos. No puede saberlo ningún marinero, porque se enterarían los hermanos de Jadil y ahí sería peor la cosa. Los niños creen que iremos a Biblos a pasar una temporada en casa de Mira. Por eso, solamente tú le hablarás a mi padre esta noche. Nosotros seguiremos comportándonos como siempre, alejados, pero yo me encontraré con Nordán para acordar todos los detalles y él te mantendrá informada—, acababa de decir Sobed cuando Timna entró.

—No te preocupes, Nordán está jugando con los niños—, le dijo Timna a Jadil, y para todos añadió: —Él me contó lo que estuvieron hablando y lo que decidieron, y lo mejor es no mencionar el asunto—. Luego, mirando a su hermano, continuó sonriente: —Gracias por venir y me alegro en el alma por el proyecto. Realmente me siento muy afortunada de formar parte de algo tan importante también para ustedes.

—Querida hermanita, recibe nuestras felicitaciones. Ese Nordán es muy especial. Ya lo siento como si fuera hermano. Como no es prudente cambiar tan repentinamente de hábitos, nosotros no estaremos aquí, en esta casa, después de hoy; pero mi madre y tú sí que pueden venir a la nuestra y allá tal vez podamos ayudar con algo—, le dijo Sobed.

—Yo sé coser, de modo que si te vas a hacer algunas túnicas, puedo colaborar en eso—, dijo Jadil.

En ese momento, Timna se acordó de la comida que estaba al fuego y asomándose pidió en voz alta a Nordán que añadiera algunos leños. Luego preguntó si se quedaban a cenar.

—No. Mejor que esta sea una visita de cortesía, por tratarse de un extranjero de tierras lejanas que se va a casar con nuestra hermana. Pero nada de confianzas que puedan despertar sospechas—, le contestó Sobed. Gracias de todos modos.

—Bueno, les tendré listo algo para que lleven. Al menos para que los niños no tengan que esperar mucho—, contestó Timna y salió para la cocina.

Cuando Joram volvió, encontró a su mujer, su hija y su nuevo hijo. Lo esperaban con la cena lista y comieron enseguida. El padre quiso que se sentaran afuera a mirar las estrellas y a hablar de los planes, de cómo podrían hacer llegar noticias mutuas con mayor rapidez. Nordán les dio nombres de guías amigos suyos; también mencionó a Safed y su nieto comerciante.

—Esos beduinos, con su aparente lentitud y aislamiento, se enteran siempre de los acontecimientos lejanos antes de que llegue ninguna caravana. No sé cómo lo hacen...—, comentó Joram.

—Es que no necesitan ir en caravana ni esperar a nadie para salir en cualquier dirección. Puesto que no llevan impedimentos ni dinero, solo cabras, ningún ladrón los acecha. Tienen un cierto misterio que impide que alguien intente mal contra ellos. Eso decía mi padre—, contó Safeya.

—Además conocen el desierto mejor que ninguno—, agregó Timna.

—Entonces, hablaremos con Safed. Él me prometió que vendría dos semanas después de mi llegada, así que llegará antes de la boda y, si ustedes no se oponen, quiero que sea mi invitado personal—, expresó Nordán.

—No dudes de que será bien recibido. Que sea esta boda el momento de realizar algo que siempre ha sido como un sueño infantil para mí: tener un amigo beduino—, dijo Joram.

Ya era hora de ir a descansar. Todos entraron y cada uno buscó el reposo. Safeya esperó un poco antes de apagar el candil. Mirando a su mujer, Joram le preguntó: —Anoche, que mi hija se quería casar con el extranjero... ahora, ¿cuál es la noticia?

Safeya sonrió. Luego le contó de la visita y del ánimo de Sobed y Jadil. De su encuentro con Nordán, del proyecto que habían decidido realizar y del necesario secreto. Joram solo dijo: —Ese Dios invisible... habrá que saber de Él... — y se durmió profundamente.

Los días empezaron a pasar más rápido. El tiempo no alcanzaba para todo lo que había que hacer. Nordán ayudaba en uno y otro lado, y siempre buscaba a Sobed en el lugar y hora que hubieran pactado el día anterior. La cuestión se reducía a que era necesario que ellos llegaran a Babilonia antes de que alguno de los hermanos de Jadil, o lo que era lo mismo, cualquier marinero de Acre que pudiera estar de momento en Tiro, se llegara a enterar de que habían salido de la ciudad. En caso de que eso ocurriera, los alcanzarían y se llevarían a su mujer y a sus hijos. Si él opusiera resistencia, sería hombre muerto.

—¿Y qué diferencia hay con Babilonia?, ¿no llegarían hasta allá?—, preguntó Nordán.

—Un fenicio y navegante no aguanta ni quince días de camino sin ver el mar. Se sabe que desde aquí hasta Babilonia, cuando el viaje es muy bueno, se hacen seis meses de marcha en una caravana. Nada vale la pena de semejante esfuerzo para un fenicio. Además pensarán que para mí semejante destierro es un castigo peor que la muerte, y lo sería de no saber que realmente iremos más allá, hasta encontrar de nuevo el mar... Pero esto ellos nunca lo sabrán, porque aquí solamente se dirá que estamos en Babilonia.

Nordán estaba seguro de que Safed tendría una solución para el problema. Así, acordaron que las relaciones siguieran aparentemente igual de tensas, que Sobed se preparara para ir al sur con Joram y Jamal,... y que dijera que a la boda no tenía intención de ir..., que no le interesaba con quién se casara su hermana.

Safed llegó tres días antes del plazo que había pactado con Nordán. Sin preguntar por las nuevas que imaginaba al observar el corre-corre de todos, explicó a las mujeres y a su amigo, que estaban en la cocina, que su nieto comerciante acababa de llegar de Damasco y que allí le pidieron que llevara un recado para la madre Safeya en Tiro, enviado desde Babilonia. El mensaje de Ovid decía "que el amigo Nordán debía llegar pronto a Tiro".

—Se iba retardando un poco ese mensaje..., pero aquí lo traigo—, dijo Safed con su sonrisa siempre bondadosa y ligeramente burlona.

—Eso significa que Ovid ya sabe que estoy en camino. Lo que no se imagina es lo bien acompañado que llegaré—, añadió Nordán. Luego dejó que Safeya le contara del matrimonio próximo y lo invitara como familia del novio.

—Pues sí. Tú me recogiste como a tu hermano Abi, entonces eres también mi hermano...— le dijo Nordán con un toque divertido en la voz.

—Pues tengo que aleccionar a este hermano para que sea buen marido y buen padre—, dijo Safed.

Salieron los dos prometiendo no irse lejos. Entrarían a cenar cuando Timna los llamara. Caminaron un poco y se sentaron para intercambiar opiniones y hacer planes. Al enterarse del asunto de Sobed, el beduino se quedó pensativo unos momentos. Luego dijo: —El desierto. La solución está en el desierto—. Miró a Nordán y le explicó: —Los beduinos somos invisibles en las ciudades fenicias. Realmente no existimos para los hombres de mar y nuestra presencia es para ellos equivalente a la de nuestros animales de carga: nada que les pueda interesar. Entonces podemos utilizar este hecho y con ayuda de algunos muchachitos amigos que no viven lejos, llevar a la mujer y a los niños a un oasis que conozco y esperar allá un par de días a que llegue Sobed. Mientras tanto, que continúen los preparativos y que la madre Safeya y Timna entren diariamente a la casa de Sobed, y que lo sigan haciendo cuando ya no estén los dueños de casa.

—Y los persas creemos ser los más hábiles para despistar...—, comentó Nordán, y urgió a su amigo: —¿Y luego?

Entonces Safed elaboró un plan completo con tanta naturalidad, como si se tratara de contarle a su amigo una historia muchas veces repetida:

—Pues mi nieto llevará a Sobed a reunirse con su familia, seguirán hasta mi tienda y allá nos esperarán. Es importante que tengan todo listo. Incluyendo algo de pescado seco, pan y sobre todo agua para el camino. Los bultos los cargarán en burros chicos beduinos, y se los llevarán unas cuantas horas antes del momento de la salida de la gente. Las cosas de valor, que las lleve el propio Sobed en una bolsa colgada a la cintura, debajo de su túnica. Nadie de la costa va a querer seguir a unos beduinos que viajan por tierra.

Aquí seguiremos con la fiesta, tranquilos, como si no pasara nada. La próxima caravana para Babilonia pasará ocho o diez días después de la boda, de modo que nos podemos demorar dos días más antes de partir; luego nos despedimos y nos vamos los tres muy de madrugada, con la carga que quieran llevar. Que tu madre se vaya por algunos días con su otro hijo, de manera que si vienen curiosos, encuentren cerradas las casas, tanto la de Sobed como la de Joram. Así imaginarán que la familia anda toda junta en algún lugar.

Con suficiente cuidado de los detalles, no habrá ninguna razón para que los de Acre desconfíen, hasta que vuelva Joram del valle del Nilo y vean que Sobed no llega con él. Para entonces, ustedes ya andarán llegando a Babilonia...

Y para terminar, lo que pase después déjamelo a mí, que haré llegar noticias desde cualquier lugar directamente a Acre... Todo lo necesario para demorar la publicación de la verdadera noticia. Esto se hará después de que yo reciba confirmación a través de mi nieto, de que están en Babilonia—, concluyó el beduino.

Jamal tardó una semana en volver. Cuando llegó, esa misma noche escuchó de Nordán todos los cambios y planes. Se durmió antes de acabar de reírse de: —¡Qué revuelta has provocado en la familia...!

Sobed mismo quiso hablar con Safed. Una vez acordados los días y movimientos, le dio dinero suficiente para que consiguiera la gente y los animales necesarios, y cualquier otra cosa que pudiera presentarse. El punto en donde Jadil encontraría mensajes de Safed sería el puesto del mercader.

—Esos beduinos son increíbles. Nadie los ve pero ellos sí ven a todo el mundo y miden los movimientos mínimos... quién creyera. Ni yo me di cuenta de que mi nuera y mis nietos se marcharon hace dos días... —, dijo Joram a su familia mientras esperaban la comida del mediodía, cuando faltaban cinco días para la boda. A esa hora, además, estaban pendientes de los chicos beduinos que parecían jugar bastante retirados, en la calle que iba al centro mismo de Tiro; había dos, lo cual era señal de que no había ningún curioso indeseado por esos lados. Entonces Sobed llegó para despedirse. Abrazó a su madre y se inclinó frente a su padre; dio un golpe amistoso en la espalda a su hermano y salió. Lo esperaba Salman, el nieto de Safed, y juntos comenzaron a andar hacia el desierto, en esa hora dedicada siempre a dormir bajo algo que diera sombra y frescura, en la que salvo por razones demasiado graves, ningún viviente de la ciudad se atrevería a poner su cabeza al sol.

—Safed me dijo que en un par de horas llegarán a una primera tienda en donde podrán descansar. Además llevan agua para refrescarse—, comentó Nordán a todos para que se tranquilizaran.

—Sobed es fuerte y aguantador. No nos preocupa mucho que camine un par de horas al sol; además lleva buena protección para su cabeza, que es lo más importante—, contestó Joram. Luego, mirando a Nordán, le preguntó: —¿Me querrías explicar cómo fue que lograste un cambio tan absoluto en la actitud de mi hijo mayor?

—Pues no hice nada especial. Él cambió su mal humor cuando le conté que yo iba a trabajar construyendo casas y le interesó saber cómo eran esas casas y cómo había sido mi vida antes de Salem, y luego él me habló de los pleitos con sus cuñados. Entonces lo invité a que viajara con nosotros... y le gustó la idea.

—Pues si resulta cierto que por allá hay mar en donde se pueda navegar, creo que nos deberíamos ir todos. Así como los persas, que se trasladan por pueblos completos...—, dijo Jamal.

—No es mala idea. Pero de momento, quiero que aprovechemos en estos días los ratos que sea posible, para que nos instruyas sobre el Dios invisible que tú honras—, dijo Joram mirando a Nordán.

—Claro que sí. Veo que les impresiona mucho lo de que sea invisible. Pero pensemos que esa es la única posibilidad para un Dios verdadero. Si es visible, puede ser de barro, de piedra, de madera o de metal; por lo tanto, lo podemos romper o calentar hasta que se queme o se funda... entonces,... ¿qué clase de dios es ese que para existir depende de que nosotros, primero lo hagamos con nuestras manos y luego no lo queramos destruir?— Nordán se quedó un momento pensativo. Luego siguió con su idea:

—También podría ser visible como un fantasma, que a veces aparece y después desaparece. No he sabido de ningún dios de familia o tribu que se deje ver como fantasma... y si esto sucediera, tendría que dejarse ver de muchos para que lo pudieran reconocer como un dios; entonces todos los dioses se enfrentarían y la gente los vería pelear como fantasmas, y cada familia querría que sus dioses fueran más fuertes que los de sus enemigos y querrían matar o eliminar a los que resultaran más poderosos... Si eso fuera así, o se habrían acabado ya todos los dioses, o el vencedor sería único. Pero no lo es.

—Mmm, no había pensado en eso—, dijo Joram. Nordán esperó un momento por si alguno quería añadir algo. Puesto que nadie habló, él continuó:

—Si los dioses materiales son como representaciones de otros seres en los cuales la gente cree, entonces esos seres son los dioses y son invisibles, y los muñequitos solamente tienen el objeto de recordar que esos dioses existen... por tanto viene a resultar que los objetos materiales representan a dioses invisibles, lo cual es una contradicción, pues querría decir que los dioses materiales y visibles no son dioses—. En ese momento Timna interrumpió para avisar que la comida estaba lista y Nordán estuvo gustoso de cortar ese aspecto de la enseñanza, que no era muy importante aunque sin duda serviría a su interesado y maduro público.

Los días siguieron su curso. Mira, la hija mayor, que no pudo hacer el viaje, envió mensaje de saludo y buenos deseos para la pareja. Jamal fue hasta su casa la víspera de la fiesta y regresó con su mujer y los niños. Nordán invitó para ese día -después de hablarlo con sus suegros-, a algunos amigos que había hecho en el trabajo de tensionar la red. Y los beduinos continuaron ayudando con cierta vigilancia, por si notaban a alguno muy interesado en averiguar por Sobed y su familia, cosa que no sucedió. Los ratos en los cuales fue posible, Nordán avanzó en la enseñanza de la verdad sobre el Padre, a Joram y Jamal, quienes cambiaron de posición y comenzaron a pensar con seriedad en todo el bien que obtenían quienes ponían su corazón y su confianza en ese Dios de amor. Safeya siempre escuchaba desde donde se encontrara y, conversando con Timna, decidió eliminar definitivamente los dioses escondidos y honrar solamente al Dios Altísimo.

Llegó y pasó el día en que Timna y Nordán afirmaron ante todos los que asistieron a la casa, su voluntad y compromiso de vivir juntos. Hubo comida especial para todos los presentes y también para los beduinos ayudantes. Al día siguiente fueron juntos al centro de la ciudad y saludaron a los conocidos, incluidos los viejos que habían recibido varias veces instrucción sobre Dios por parte del joven persa. A su modo, esos ancianos los agasajaron con palabras inspiradas y lamentaron que tuvieran que viajar tan pronto. Agradecieron a Nordán por su enseñanza y se despidieron deseándoles toda suerte de buenas cosas en su vida futura.

Por prudencia, la víspera del viaje fueron con Safeya a la casa de Sobed, entraron, se sentaron y conversaron un rato, y volvieron a salir sin que nadie manifestara ninguna curiosidad acerca de si la familia continuaba o no viviendo allí.

Esa noche se despidieron de todos. Safed llegaría antes del amanecer para acompañarlos. Poco después Joram y Jamal se embarcarían rumbo al valle del Nilo y madre Safeya se iría para la casa de Jamal, con su nuera y sus nietos, hasta que su marido regresara del sur.

En el viaje a la vivienda de Safed acordaron que él visitaría a Melquisedec y le contaría todo lo que había sucedido en Tiro. Se quedaría unos meses, hasta recibir suficiente instrucción sobre el Altísimo como para que pudiera transmitirla correctamente a su familia beduina extendida.

La llegada a la tienda estuvo llena de gritos y emociones por la ansiedad contenida de los últimos días. Los niños habían disfrutado del desierto y querían contar a la tía Timna todo lo que habían hecho en el viaje. Sobed y Jadil habían resuelto cambiar de nombre: en adelante se llamarían Yaser y Lía, y ya los beduinos los nombraban así. A los niños les pareció que era un buen juego para todo el camino y hablaban entre ellos de "padre Yaser" y "madre Lía". Nordán y Timna reconocieron que era una muy buena idea. Salman, el comerciante, en su siguiente viaje a Tiro, informaría muy secretamente a la madre Safeya de tal modificación.

Descansaron un día y al siguiente salieron muy temprano, llevando tres burros con toda la carga, incluidas las muy apreciadas y valiosas tablillas de arcilla, para llegar al cruce y esperar la caravana. Así terminó esa desviación que Nordán hizo de su ruta hacia las nuevas tierras de su pueblo.

## VIII. Encuentro en Babilonia

— Patrón, llegó el que se parece a Jertes. Pero viene con muchos. Están en el patio de las caravanas, mientras yo vengo a avisarle y les consigo un animal para la carga que traen—. Kalim dijo esto apresuradamente y salió otra vez corriendo.

Era la hora del mediodía. Ovid y su suegro habían estado toda la mañana en el lugar de siempre, en las proximidades del patio. Sabían que llegaría una caravana de Salem esa tarde, de modo que fueron a la casa a comer y descansar para regresar a tiempo.

—Por lo visto nuestros vigías se descuidaron... ninguno avistó a los viajeros que ya estaban llegando...; y eso que dice Kalim... que Nordán está aquí... me parece... demasiado pronto... Seguro se vino directamente, sin desviarse a Tiro...—. Así hablaba Ovid para sí mismo y para Tali que estaba a su lado. Haquim se había dormido y no supo nada del alboroto de Kalim.

—¿Por qué no vas tú solo? Yo me quedo aquí con padre y preparo algo de beber para los que llegan—, dijo Tali a su marido.

—Sí, me parece bien. Y busca dátiles o algo similar para tener qué ofrecerles—, dijo Ovid mientras pasaba suavemente su mano por el brazo de su esposa. Enseguida salió.

El calor, el polvo, el desorden y el griterío tenían en ese día y hora un carácter mucho más marcado que en otros momentos de llegada de caravanas. Ovid fue directamente al patio, tropezando con unos y otros, haciendo quite a bestias y bultos, tratando de encontrar una cabeza sobresaliente entre la multitud. Al fin le pareció reconocerla, y entonces un camello se atravesó y le impidió confirmar plenamente si se trataba o no de su amigo. De todos modos caminó hacia el lugar.

—¡Ovid, mi hermano!—, escuchó una voz familiar que no era la de Nordán. Entonces reconoció a su hermano Sobed, que estaba pendiente de acomodar un bulto sobre el animal que por fin se había sentado y le permitía mirar más allá. Fue cuando ubicó a Ovid, que miraba en todas direcciones sin verlo. Nordán estaba agachado detrás de todos, acomodando nuevamente las ropas con las que había protegido las tablillas, antes de ponerlas sobre el camello.

Ovid no salía de su asombro. Corrió a abrazar a su hermano y lo escuchó decirle al oído: "Ahora me llamo Yaser y mi mujer Lía...". No acababa de desprenderse del abrazo, cuando Nordán desde atrás le decía:

—Hola, mi amigo, al fin volvemos a vernos—. Siguió otro abrazo y enseguida se acercaron Lía y sus hijos. El niño mayor lo abrazó y el pequeño vino detrás y, al ver a su hermano, tuvo confianza y también lo abrazó. La madre sonrió y a Ovid le pareció que nunca la había visto antes:

no la recordaba tan bonita y amable. No le fue difícil decirle:

—Lía, mi querida cuñada, mi hermano me ha dado una inmensa sorpresa y alegría al venir contigo y con tus hijos. Me siento muy, muy feliz de verlos—. Ella le agradeció con una sonrisa y le dijo: —Yo también te tengo una sorpresa—, y retirándose, tocó el hombro de Timna que estaba de espaldas detrás de ella.

—¿Y esto?, ¡no me digas que también mi madre está aquí y la tienes escondida por ahí!—. Ovid, riéndose, abrió los brazos para recibir a su hermanita y luego Nordán apareció por detrás para decirle en tono alegre:

—¿Entonces, conocías a mi esposa?, bueno, me complace; así no nos demoramos en presentaciones.

Ya en ese momento Ovid había llegado al máximo de la sorpresa y de la emoción. Para disimular un poco se volvió a mirar el trabajo de asegurar los bultos, que Kalim había continuado solo.

—Bueno, Kalim, ¿qué falta por subir?

—Solamente ése que su amigo estaba acomodando. Es un poco pesado y, como parece delicado, lo mejor es ponerlo encima de todo—, contestó el muchacho.

Yaser, porque así lo llamaremos en adelante, se puso enseguida a la tarea, mientras Ovid le decía a Kalim: —Mira, Kalim, este es mi amigo Nordán. Puedes tener mucha confianza en él—.

Y a Nordán le dijo: —Nordán, este es Kalim, mi amigo y ayudante. Es un joven muy hábil y buen trabajador. Luego, indicando a Kalim a los demás, los fue nombrando: —Este hombre es mi hermano mayor, Yaser. Su esposa se llama Lía y sus dos hijos... ellos te dirán sus nombres porque no los recuerdo bien...; espero que los tres se hagan buenos amigos... Y ella, la esposa de Nordán, es Timna, mi hermana menor.

Kalim saludó con sonrisas a todos y después de que Yaser terminó de asegurar la carga, la revisó nuevamente e hizo levantar al animal. Todos emprendieron el camino hacia la casa.

Tali y su padre pensaban que Nordán había viajado con otros persas. Fue muy emocionante para ellos la llegada de tantos conocidos. Todos querían hablar con todos, así que Ovid, una vez que se bajaron los bultos y que arregló con Kalim para que devolviera el camello y pagara lo que había arreglado, le dijo que descansara un poco y después regresara. Había decidido que por esa tarde no trabajaría en el patio de las caravanas.

—Bueno, bienvenidos todos a esta casa. Lo mejor es que coman algo mientras vemos de preparar una cena más abundante—, dijo Ovid mientras Tali ofrecía algo de beber y frutas secas. Luego hablaron de los nuevos nombres y del plan general. Después de un corto tiempo en Babilonia, los recién llegados seguirían su camino. Ovid había averiguado que el viaje a Susa se tomaba aproximadamente un mes, y el viaje a Ur, donde él pensaba ir en Caldea, aunque era más corto, presentaba muchos problemas en la época de lluvias y al final se tomaba el mismo tiempo. Además supo que se podía viajar entre Susa y Ur sin volver a Babilonia, lo cual facilitaría futuras visitas y reunión de la familia. Nordán contó que Jamal había hablado de que si había mar para navegar, todos los otros podían mudarse, y que a Joram no le pareció nada mala la idea.

—Pues el mar está mucho más cerca de Ur que de Susa. De todos modos no está demasiado lejos de ninguna de ellas. No he averiguado qué clase de embarcaciones usan por allá ni si hacen viajes entre las costas de Elam y las de Caldea. Porque de ser así, se acercarían mucho las familias...—, comentó Ovid.

Los hombres comenzaron a hacer conjeturas acerca de qué podrían o no podrían hacer en ese mar que ninguno de ellos había visto.

De momento había que enviar, con la siguiente caravana, un mensaje a Melquisedec en Salem, y uno a la familia, para que lo entregaran a Salman, el comerciante beduino en Damasco.

Dentro del mensaje a Melquisedec era importante avisarle cuándo saldría Ovid para Caldea, porque evidentemente en Babilonia no había muchas posibilidades de encontrar el líder natural y de buena voluntad que buscaba: alguien que se comprometiera en la gran empresa de construir un pueblo en el cual todos tuvieran al Altísimo como único Dios. Decidieron que dejarían Babilonia juntos: Nordán y Yaser con sus familias hacia Susa, y Ovid con la suya para Ur, y que lo harían en un término máximo de dos meses.

Se pararon para salir, cuando Kalim llamó desde afuera: —Patrón, dígame qué quiere que haga yo. Ahora el patio de las caravanas está casi solo porque ya todos los viajeros terminaron sus asuntos y se fueron.

—Si los padres de estos niños no tienen inconveniente, llévalos a que conozcan un poco de la ciudad. No se metan con gente desconocida ni se vayan muy lejos, pero enséñales el camino hasta esta casa desde distintos lugares. Es importante que sepan orientarse aquí donde no hay mar. Vuelvan para la cena antes de que caiga la noche—, fueron las instrucciones de Ovid en cuanto abrió la puerta a su ayudante.

Yaser y Lía aceptaron, y Kalim se sintió muy importante con el encargo que le acababan de dar. Los hombres, incluido Haquim, salieron primero y se fueron al patio de las caravanas para dar un vistazo a ese lugar en condiciones de calma. Detrás, los niños con Kalim, provistos de una bolsa con dátiles. Y finalmente las tres mujeres, cuyo propósito era comprar los elementos para la comida. Volverían pronto para comenzar a prepararla y, mientras tanto, hablar entre ellas de todas las cosas tan diversas que cada una tenía para contar.

—Ovid, si quieres adelántate con tu amigo, que yo sigo con el padre Haquim y allá llegaremos—, propuso Yaser.

—Me parece bien. Cuéntale, padre, de todo lo que tienes que hacer aquí—, dijo Ovid y, sin más, adelantó un poco el paso, al lado de Nordán.

El viejo Haquim podía ir solo al patio con ayuda de su bastón y llegar al lugar donde atendían a las gentes con su yerno. Había aprendido suficiente de las lenguas más comunes, incluso del persa, que sonaba tan diferente, y ayudaba a Ovid en algunos asuntos cuando había demasiados clientes en el lugar. Cuando los clientes se habían ido, ambos, Ovid y Haquim, hablaban del Dios Altísimo a los interesados, que formaban un grupo heterogéneo y constante.

Esto relataba el viejo en medio del recuento de los recuerdos comunes, porque antes de su ceguera Haquim había sido hombre de mar, amigo de Joram y sobre todo del padre de Joram, y en su barco había viajado varias veces Yaser desde pequeño. Le dijo que lo reconoció por la voz en cuanto lo escuchó hablar en la entrada de la casa.

Yaser le contó cómo había decidido salir de Tiro, por qué habían resuelto cambiar de nombre, para que sus cuñados perdieran la pista y ellos tuvieran libertad para intentar vivir una nueva y buena vida, sin tanta pelea y amenaza, y cómo todos ellos, además de Timna, durante los meses de viaje aprendieron de Nordán mucho de la enseñanza del Dios Padre de todos, y también la lengua de los persas.

Ovid, por su parte, le hablaba a Nordán de los dos años de su vida desde que Salió de Salem. Durante los últimos meses, recordando siempre las instrucciones de Melquisedec, además de su trabajo para ganar el sustento, dedicaba todo el tiempo que podía a enseñar lo aprendido en la escuela de Salem. Cada vez que veía nuevas caras entre sus discípulos, les preguntaba si conocían alguna familia que tuviera sus ancestros en la misma Babilonia, o en las cercanías, y cuyo actual jefe se pudiera interesar en las enseñanzas sobre el Altísimo..., pero la respuesta era siempre negativa: La gente antigua de Babilonia estaba absolutamente aferrada a sus dioses y ritos, con el respaldo y la presión de los sacerdotes de Marduk, que era el supremo de todo el panteón, mientras ellos, sus sacerdotes, ejercían gran poder sobre los hombres reales, en especial sobre quienes poseían bienes y tenían puestos de gobierno, exigiendo los mejores animales para el sacrificio y beneficiándose con los excedentes que no se consumían en los altares.

—Hace poco, después de recibir tu anuncio de que saldrías para Tiro, llegó una caravana de Ur, en Caldea, y resulta que las gentes que venían desde esa ciudad resultaron ser creyentes en el UNO, el dios del que hablaba la abuela de Katro, aunque mezclando esa fe con otros dioses materiales. Ellos estuvieron hablando con mi suegro mientras yo atendía algunos negocios en los cuales me pidieron ayuda. Él, como me había escuchado hacerlo muchas veces, les preguntó si existía alguna familia ancestral allá en su tierra, cuyo jefe tuviera importancia en la ciudad y quisiera escuchar la enseñanza que ellos ávidamente atendían—, le contaba Ovid a su amigo.

—¿Y?..., ¿qué contestaron esos caldeos?—, preguntó Nordán.

—Pues que sí. Que la familia de un hombre llamado Terah había vivido siempre en Ur, desde tiempos inmemoriales. Que actualmente posee tierras y ganados, que tiene hijos valientes y educados militarmente para la defensa de su ciudad, capaces de manejar soldados y de dirigir una batalla, y luego regresar a continuar las labores en sus campos y otras posesiones. Y sobre todo, que son creyentes en el UNO, que recuerdan y practican algunas enseñanzas de los sacerdotes setitas.

—Entonces, ¿es por eso que estás tan decidido a llegar directamente a Ur?

—Sí—, repuso Ovid. Creo que esa es la mejor y más segura opción. Supongo que no será tarea fácil convencer a un jefe importante y muy rico de que salga de su tierra y viaje hasta Salem para hacer un pacto con el Altísimo..., pero es mi más grande misión y deseo vivamente llevarla a cabo. Por eso viajaremos hasta allá y allá buscaremos vivienda para un tiempo que puede ser largo...—. Y luego de una pausa, como volviendo al presente, dijo: —Me alegro de que hayas venido ahora, porque si te hubieras demorado demasiado, tal vez no habríamos podido celebrar este encuentro.

Llegaron al lugar donde Ovid, desde el día siguiente a su llegada a Babilonia, había atendido negocios y resuelto problemas, y también donde enseñaba, con ayuda de Haquim, la verdad sobre el Dios de Melquisedec, aunque con moderado éxito. Se sentaron a esperar a los dos que, caminando despacio, también intercambiaban sus ideas y sus recuerdos.

—De todos modos la semilla de la fe ha arraigado aquí en unas cuantas familias. Espero que sigan unidos y ellos mismos traten de extenderla y de formar una comunidad fuerte para ayuda y apoyo de todos...—, comentó Ovid y, para terminar su conversación con Nordán, reconoció:— Aunque el maestro me dijo desde Salem que el mejor lugar en donde buscar era Caldea, y Sumeria en general, yo esperaba encontrar aquí ese líder. Sentía muy poco deseo de seguir más lejos, sobre todo después de visitar Tiro... Tal vez eso de querer volver a la tierra donde aún viven los padres es algo que nos sucede a todos..., hasta a mí, tan desprendido siempre...

Llegaron Haquim y Yaser. Una vez acomodados, Yaser tomó la palabra para preguntar: —Bueno, lo que yo no entiendo del todo es por qué es tan importante para ustedes lograr que otros hombres y sus familias crean en el Dios Altísimo.

Si ellos tienen sus dioses y esa fe les basta, ¿por qué molestarse tanto en hacerlos cambiar de pensamiento?

Ovid miró a Nordán, invitándolo a contestar. Entonces éste dijo: —Todos los dioses que los pueblos honran, junto con las historias de sus hechos, de su poder, de sus exigencias de sacrificios, de sus celos por los dioses de otros, de sus guerras y batallas, sea entre ellos o con los hombres, provienen de dos fuentes: el temor antiguo del hombre por los fantasmas, a los que siempre atribuyó el origen de sus males y de la muerte misma, y la distorsión, a través de los tiempos, del recuerdo de seres que han venido en momentos claves para ayudar a la humanidad a progresar. La enseñanza de Melquisedec siempre se ha dirigido a renovar la fe antigua, que dejaron Adán y Eva a través de sus hijos, en particular de Set, quien fundó un sacerdocio cuya misión era enseñar sobre el Dios Único y Padre de todos y sobre la confianza que debíamos poner en Él, y la vida como hermanos, que debíamos vivir. La humanidad desde entonces se ha mezclado y extendido a todos los lugares de la tierra y, con el paso del tiempo, los que nacieron mucho después y lejos del lugar de origen de esa fe y esas enseñanzas, no recibieron sino fragmentos de historias que en cada pueblo fueron uniendo según su imaginación y mezclando con la fantasmagoría local. El tema del sacrificio vuelve a surgir en todas partes como el único medio de mantener el favor de esos seres a quienes se atribuyen poderes y sed de venganza casi imposibles de aplacar. Esta condición de los dioses es una carga pesada sobre los hombres, que impide que vivan con un ánimo más libre y sean más felices—. Nordán hizo una pausa. Yaser le escuchaba con gran atención y ninguno de los tres mostraba otra cosa que el deseo de continuar oyéndolo.

—Estos dioses materiales o imaginarios, pero siempre llenos de sentimientos de dominio y de avidez por el olor de la carne sacrificada y de la sangre quemada, mantienen sujeta la mente del hombre; le impiden ver que las causas de lo que los hace sufrir se pueden modificar con comprensión de los problemas, planeamiento de las soluciones y esfuerzo conjunto para realizarlas, no con la muerte de animales, que en algunos casos extremos dejan en la miseria y el hambre a las familias. Los hombres, por su parte, atribuyen a sus dioses lo que logran, sea bueno o malo, logro que solamente es el fruto natural de sus acciones o, en muchos casos, de situaciones accidentales. Como los triunfos o derrotas en las batallas, la muerte o la salud, la inundación o la sequía...— Aquí Yaser se movió y, mirando a Nordán, preguntó:

—¿Y el Dios Altísimo sí influye en eso que nos da temor y puede evitarlo para los que creen en Él?

—La fe que tenemos en el Dios Altísimo, puesto que no nos atormenta con exigencias ni temores, nos da libertad para que con nuestra inteligencia podamos comprender la situación que vivimos y buscar las soluciones. Al hacerlo, aunque no siempre tengamos éxito, entendemos que somos nosotros mismos quienes podemos transformar nuestro mundo y nuestra vida, en lugar de culpar por ello a los dioses y aumentar el temor y la carga de sacrificios obligatorios. ... Pero el fruto principal de esta fe es la alegría de saber que somos hijos de Dios y que tenemos su amor. Que podemos hablarle como el hijo habla a su padre y saber, cuando las cosas no nos resultan bien o tenemos sufrimientos, que no se trata de castigos, sino de que la vida humana trae consigo dificultades y que mientras la vivimos, somos nosotros quienes debemos buscar las salidas, pero que si fallamos, no por eso dejamos de tener el amor del Padre—. Nordán miró a Yaser y vio que el hombre trataba de asimilar lo que acababa de escuchar, así que esperó a que él dijera algo. Aprovechando la pausa, Haquim quiso comentar:

—Sí, Nordán. Yo en particular pensaba que mi ceguera era la venganza de uno de los dioses familiares que no me gustaba y al cual yo no ofrecía sacrificios casi nunca. Ahora me parece entender que tal vez esta ceguera me vino de mirar mucho al sol, en el mar, aunque al hacerlo me ardían los ojos... y eso no es cosa de dioses sino tal vez de ignorancia...—. Y terminó diciendo: —Ahora que creo que el Dios Altísimo es mi Padre, aunque sigo siendo ciego, ya no soy desdichado sino que vivo feliz... y de esos dioses he olvidado todo... me parece que era un juego de niños con muñequitos...

Yaser dijo entonces: —Ah, es por eso que tu maestro quiere que más y más gentes crean en el Altísimo..., para que se liberen de las exigencias de esos dioses...

—Sobre todo para que sientan que son Hijos del Padre que todo lo hizo y trabajen en paz con los otros a quienes tratan como hermanos. Por eso es bueno que se creen lazos de amistad y de colaboración entre quienes van comprendiendo y tratan de vivir de acuerdo con esta fe, porque más fácilmente se vive en paz y en colaboración de unos con otros y también se puede lograr mayor progreso para todos aquí en esta tierra. Como dentro de una familia que tiene un padre bueno que ama a todos sus hijos—, contestó Nordán.

— Entonces, Nordán, dime cómo un hombre como yo, puede llegar a creer verdaderamente en el Dios Altísimo—, volvió a preguntar Yaser.

—Simplemente deseando esa fe, pidiendo al Padre su ayuda para creer en Él y tratando de vivir como si la tuvieras, cambiando tus temores irracionales, cada vez que aparezcan, por expresiones conscientes de confianza en la bondad de Dios. Poco a poco, esta práctica se va viendo ayudada desde tu propia alma, con un nuevo modo, más alegre y más tranquilo de ser y de vivir.

En ese momento apareció Kalim para decir que las señoras los esperaban a cenar y que los niños se habían divertido corriendo por todas partes. Se pararon todos para ir a la casa.

—Recuérdame mañana buscar un guía de confianza para mandar mensajes a Damasco y a Salem—, le dijo Ovid a su ayudante.

—Seguro, patrón—, contestó el chico. Luego, con una ligera inclinación, se despidió de todos y emprendió el camino a su casa.

Decidieron que por el poco tiempo que pasarían en Babilonia, se acomodarían en la estancia grande para dormir. Durante el día, una vez recogidos los bártulos, la casa estaría lista para las actividades ordinarias.

Esa noche las conversaciones se alargaron. Las mujeres optaron por un rincón para ellas y allí completaron los relatos de cuanto había sucedido en sus vidas durante los años que llevaban sin verse, e hicieron planes acerca de sus futuros inmediatos y de cómo buscarían, cada una por su lado, la forma de continuar comunicándose. Timna les contó a las otras lo que sabía de las tablillas que Nordán llevaba con tanto cuidado, y que con seguridad en esas ciudades de Caldea y Sumeria habría quien supiera escribir y leer, porque Nordán había aprendido en Salem, de viajeros sumerios ilustrados. Tali dijo que Ovid también sabía un poco de eso y que la familia importante con la que él quería establecer relación, sin duda sabría de escrituras y alguien, quizás, si las cosas salían bien, les enseñaría a los dos. Su padre se había hecho experto en entablar relaciones con la gente mayor, y siempre los mayores saben más, recuerdan más cosas y también tienen más tiempo disponible, de modo que seguramente algún abuelo o abuela estaría contento de enseñarles.

Tali también les dijo que pensaba que era estéril y eso la entristecía. Sin embargo esperaba que ya en Caldea, en cuanto Ovid sintiera que lograría cumplir su misión, desapareciera esa ansiedad que él le comunicaba cada vez que se descorazonaba con cada nuevo candidato -algún babilonio interesado que acababa de conocer-, cuando éste no aceptaba ni siquiera pensar en el proyecto, y entonces volvía al punto de partida. Quizás, superada esa tensión, ella pudiera concebir un hijo. Lía la animó con el relato de su caso particular: Pasaron cuatro años desde que se unió a Sobed (Yaser), esos años en los que sus hermanos casi a diario llegaban a la casa a querer llevársela a la fuerza, hasta que su suegro los enfrentó y los amenazó de muerte si volvían a pisar la entrada. Ella también pensaba que era estéril y había consultado con mujeres expertas y con brujas, que le dieron a comer y a beber cosas horribles, pero sin ningún resultado, salvo malestares de estómago. En el tiempo que siguió al destierro de sus hermanos, sin el temor ni el sobresalto que le producían los gritos y las peleas, sin ningún cuidado ni pócima especial, simplemente quedó embarazada y nació su hijo mayor. Ya después, la relación se deterioró por el acoso indirecto de sus hermanos hacia la familia; esa vigilancia continua a través de marineros de Acre que siempre paseaban frente a la casa y decían cosas amenazantes al marido cuando se lo encontraban en la calle o en el embarcadero... —Es muy difícil vivir alegres en una situación así, día tras día, año tras año...—, comentó, y se quedó dormida. Timna y Tali se desearon buena noche y siguieron el ejemplo de Lía.

Los niños prometieron obedecer y no alejarse de su padre en el patio de las caravanas. Así que a la mañana siguiente todo el sector masculino de la familia salió a comenzar a preparar el terreno para la próxima partida.

Se añadió un viajero más al proyecto de Caldea: Kalim, que había ido con su patrón a enviar los mensajes a Salem, uno de los cuales decía que él, Ovid, partiría para Caldea antes de dos meses, se empeñó en acompañarlos: —Dígame, patrón, si no es una ventaja llevarme. Ya me conoce, y también padre Haquim me conoce y me tiene confianza. Allá puedo ayudar en muchas cosas a la señora Tali. ¡Lléveme...! Yo le pago con trabajo los costos del viaje...

—No te puedo llevar si tu padre no está de acuerdo. Si él acepta, dile que venga para que hablemos. Cuéntale también a tu madre. Ella va a extrañarte mucho.

—No se preocupe que ella tiene a mis hermanas y a mi hermano menor, de modo que no se quedará tan sola—, contestó Kalim.

Los niños se entusiasmaron con la noticia de que Kalim los acompañaría un trecho del viaje y quisieron ir a ayudarle a empacar sus cosas. Se les prometió que lo podrían hacer a su tiempo, cuando faltaran pocos días para la salida. Haquim se sintió aliviado con la noticia, porque había tenido cierto temor de convertirse en una carga para Ovid.

—Padre, nunca has sido una carga para mí. Al contrario, has sido mi gran compañero, amigo y ayudante, y sobre todo para Tali tu presencia es un tesoro—. Ovid miró con afecto a su suegro ciego y terminó asegurándole: —Claro que me alegro por la amistad y el entendimiento que tienes con Kalim, pero de ninguna manera eres ni serás nunca una carga en esta familia.

Ovid decidió visitar a los otros dos intérpretes que trabajaban también en el patio, para anunciarles que debía hacer un viaje en los próximos meses y que tal viaje podría resultar largo, de manera que los dejaba en total libertad de utilizar el espacio que actualmente ocupaba y de atender los negocios de los clientes que fueran a buscarlo.

Se hicieron averiguaciones de caravanas próximas: ellos pensaban salir no en la que se esperaba en una semana, sino en la primera o segunda posterior. Así habría tiempo para que Nordán enviara aviso a quien fuera el encargado de los asuntos persas en Susa, con el fin de encontrar rápidamente a alguien que los orientara al llegar.

También era imperativo hablar con los discípulos de la fe en el Altísimo y moverlos a continuar reuniéndose y apoyándose mutuamente. Mientras Ovid y Haquim se ocupaban en estas labores, Nordán y Yaser visitarían la ciudad con la guía de Kalim. Era importante que conocieran, sobre todo Nordán, lo relativo al panteón de los dioses babilonios y al ejercicio del sacerdocio en honor de Marduk. Que se hicieran explicar por los mismos sacerdotes cómo y para qué era cada una de las ceremonias y en qué consistía la fe de los babilonios. Yaser y el mismo Kalim tendrían ganancia al poder comparar los efectos de la fe sobre la vida real de los creyentes, tanto de los babilonios en sus dioses, como de los pertenecientes a la comunidad de Salem, extendida a todas las personas de todos los lugares en donde se aceptara la verdad sobre el Dios Altísimo.

Las mujeres paseaban con los niños y a ratos con las amigas y vecinas de Tali, quienes estuvieron encantadas de hacer cosas diferentes y escuchar relatos de otras tierras...; esa era la pasión de los babilonios. Ovid había alimentado esa pasión en múltiples ocasiones, generalmente en conversaciones que se iniciaban espontáneamente, sin presencia de mujeres, porque las casadas permanecían el día entero ocupadas en atender las cosas de la casa y las solteras no se sumaban sin la compañía de sus madres a esa clase de reuniones. De modo que amigas o vecinas, cuando lograban tiempos para compartir con otras llegadas de fuera de los confines conocidos, daban rienda suelta a la curiosidad acerca de las costumbres y acontecimientos que se vivían en lugares lejanos.

—Patrón: la caravana que viene llegando del norte, va para Susa. Usted dijo que su amigo quería mandar un mensaje. ¿Voy a buscarlo?—, dijo Kalim al tercer día después de decidido todo lo relativo al momento de viajar, y precisamente cuando se proponían mandarlo en busca de Nordán y Yaser para ir con los sacerdotes a mirar los preparativos para la gran fiesta en honor de Marduk.

—Averigua bien cuánto tiempo tardará en llegar esa caravana y vas con la razón completa para Nordán—, le contestó Ovid.

Se preparaba la celebración del Año Nuevo Babilonio, en el día del inicio de la primavera. En esta fiesta los sacerdotes de Marduk declamarían el Poema de la Creación, en el cual se identificaba al dios con el sol que cada año renueva su trabajo de creación y conservación del cosmos, mientras somete a los dioses del desorden, la muerte y el caos para arrojarlos al abismo.

En vista de que la caravana llegaría por la tarde, los paseantes se dirigieron al templo. Allí, gran cantidad de hombres y mujeres aportaban elementos para el gran día y los sacerdotes daban órdenes acerca de la atención a los animales que serían vendidos como ofrendas, para que se mantuvieran encerrados y alimentados, y acerca de los lugares en donde convenía levantar las tiendas para los peregrinos y para las ventas de comida y de ofrendas menores,... y todo esto en medio del griterío de los niños que jugaban, mezclado con la inquietud y los bramidos de las reses cuyo fin próximo parecían adivinar. No fue una jornada de mucho aprendizaje sino de oler, ver y oír la fiesta que tendría lugar veinte días después.

La caravana venía de Jarán. Mucha gente llegaba ya para el evento religioso, a fin de encontrar acomodo con suficiente anticipación; unos pocos reanudarían al día siguiente la marcha hacia Susa. Nordán fue con Kalim a buscar algún guía que el muchacho conociera con quien mandar el mensaje. Según lo acordado y nuevamente confirmado con Ovid, Nordán envió el aviso de que saldría para Susa con su familia en la primera caravana después de la celebración del Año Nuevo Babilonio.

Para el día de la fiesta todo estaba arreglado, de modo que Ovid y su familia podrían viajar en cualquier momento después del gigantesco alboroto. Kalim, que mantenía contactos con todos los guías, supo que solamente a partir del cuarto día después del Año Nuevo, comenzaban a elegir fecha de salida de las distintas caravanas que llevarían a los peregrinos de regreso a sus lugares.

Todos juntos decidieron gastar esos días en la fiesta. Se acercaban a cada grupo de peregrinos que ofreciera algún tipo de distracción o de predicación, para ver y oír cuanto les fuera posible acerca del estado y de la forma de vida de las gentes en cualquier lugar del mundo conocido. Antes de irse, los oyentes satisfechos, solían poner monedas en el cuenco que siempre aparecía en manos de un niño u otra persona, al final de la sesión. Ovid, por su parte, con su gran habilidad y gracia para contar historias y para enseñar, obtuvo ganancias inesperadas de los ratos en los que tuvo un público pendiente de sus palabras. Fueron días encantadores para los niños que, siempre acompañados por Kalim, vieron hombres que jugaban con serpientes o que tragaban fuego y luego lo escupían como dragones, o que saltaban y giraban sobre sus manos, avanzando hacia adelante y hacia atrás con gran agilidad.... El último día de la celebración todos llegaron a la casa muy cansados y deseosos de dormir.

Una caravana numerosa, pero no tanto como las que se dirigían al norte, salía dos días más tarde hacia el sur. Entre empacar lo que necesitaban, disponer de lo que no se llevarían, despedirse de los amigos y vecinos y aceptar las invitaciones de los creyentes en el Altísimo para compartir un último "pan y vino", no tuvieron tiempo para lamentar lo que dejaban. Muy pronto llegó la última noche en Babilonia, en la que poco durmieron.

Kalim llegó antes del amanecer. Traía un camello para ayudar a llevar el equipaje. La sorpresa para todos la dio Izhar, el padre de Kalim, que los esperaba con su esposa una calle abajo de la casa, al anunciarles que él los acompañaría hasta Ur. Por sus otros hijos, la madre no podía ir pero estaba contenta de que su marido viera en dónde quedaba el muchacho. Kalim se veía radiante de emoción.

En el patio de las caravanas, como era usual, el desorden y los gritos colmaban los ánimos con ese sentimiento de excitación por la aventura y la novedad, que precede siempre a un viaje largo y que, aunque las circunstancias mejoraban con la experiencia, siempre resultaba incierto.

La caravana iba a Susa. Inicialmente se dirigía a Nippur, donde se quedarían muchos de los viajeros, entre ellos los que iban a las ciudades Caldeas. Cuando todo estuvo organizado, separadas claramente las cosas que llevarían unos y otros a sus destinos, se despidieron de los amigos y conocidos. Kalim abrazó a su madre y envió con ella saludos a sus hermanos; todos los demás agradecieron a la señora por ir a despedirlos y por permitir que su hijo continuara acompañándolos y ayudando en la obra de la enseñanza de la Verdad sobre el Dios Altísimo. Ella agradeció a Ovid por sus enseñanzas que "le habían cambiado la vida" y por cuidar a su hijo, y finalmente se despidió de su marido. Ya los guías corrían y gritaban levantando a los camellos que acababan de cargar, porque la cabeza de la caravana comenzaba a moverse.

## IX. La espera de Melquisedec

—Maestro, Seír dice que te llegó un mensaje de Ovid—, dijo Amós en cuanto entró a la tienda.

—¿Te dijo cuál es ese mensaje?—, preguntó Melquisedec.

—Que en dos meses saldrá para Ur, en Caldea, y que Nordán ya está en Babilonia—. Y el muchacho se quedó en espera de órdenes.

—Gracias, Amós. Cuando veas a Seír, dile que ese es un mensaje muy importante para mí y dale las gracias en mi nombre.

Ese día Melquisedec recibió la visita de Katro y Yasmina. Traían a los dos niños. Mientras Yasmina saludaba al maestro, Katro miraba con preocupación el estado lastimoso de la tienda. Ya estaba él haciendo planes para la construcción de una nueva casa, más amplia y más cercana, y se proponía, sin decirle nada antes a Melquisedec, añadir a esa casa una réplica, en cuanto al tamaño, pero en piedra, del salón de reuniones y la habitación: quería que su maestro pudiera vivir más cómodamente y sin el problema de la humedad excesiva que se colaba por tantos lugares de la tela, la cual se había debilitado y adelgazado con el tiempo. Solamente le preocupaba que las lluvias llegaran antes de tener el espacio disponible.

—Katro, no te preocupes tanto. Si esta tienda no resiste el invierno, pues me pasaré a alguna casa que esté libre y en donde pueda continuar haciendo mi trabajo, mientras encuentro modo de construirme otra tienda: es algo que me agrada mucho, sobre todo en las noches de verano—, le dijo Melquisedec, que lo observaba examinar los deterioros de su vivienda.

—¿Ypor qué no buscamos desde ahora esa casa, maestro? Entre todos los miembros de la comunidad sin duda habrá alguno que tenga, o que sepa de alguien que tenga una apropiada—, dijo Katro, aliviado por la buena voluntad de Melquisedec hacia un cambio.

—¿Sabes, Katro, que Nordán ya llegó a Babilonia y que Ovid debió salir para Ur en Caldea?—, dijo Melquisedec dejando a un lado el tema su vivienda, y enseguida añadió: —Seír recibió el mensaje ayer y hoy me lo envió con Amós. Puede ser que esta tarde venga a comentar el asunto.

—Pues..., ¿y no dice nada de ese líder que esperas que Ovid encuentre por allá?

—No. Pero es difícil enviar un recado con esa información. Yo espero que lo encuentre. Además no hay tanto afán. Lo importante es que ya debe estar allá, porque el mensaje dice que en dos meses saldría... y fueron cinco o seis meses lo que tardó en llegar aquí, y es como un mes o por mucho dos de Babilonia a Ur...—, contestó el maestro.

—Si ayer llegó razón de Babilonia, es muy posible que hoy recibas visitas de extranjeros. Así que ayudaré a Amós un rato para que tengas algo que ofrecerles—, le dijo Katro y salió a buscar a Amós y a ver si había algo de pan y vino, porque el maestro, cuando lo visitaba alguien que ya había estado allí y que intentaba creer de verdad en el Altísimo, gustaba de compartir pan y vino con él.

La comunidad de Salem había crecido. Sus miembros eran todos creyentes en el Padre, algunos considerándolo el Dios Único y otros solamente como el más importante, porque no eran capaces de superar el temor al castigo de sus dioses si descuidaban honrarlos. Eso sí, se abstenían de comunicar esta fe antigua a sus hijos: así los libraban de la obligación que pesaba a los padres pero de la cual no se atrevían a prescindir. Amós había sustituido a Katro en la enseñanza de los pequeños y lo hacía muy bien. Los niños sentían que realmente amaban al Padre Dios, que Él los amaba a ellos y que era el Único, Creador de la tierra, el sol y las estrellas.

Amós fue hasta su casa y trajo pan recién cocido y algo de vino que Nahama guardaba siempre, por si acaso el maestro llegaba a necesitarlo. Una vez todo listo, Katro volvió a la tienda para conversar con Melquisedec y con Yasmina, quien ponía en orden los tapetes que los jefes tribales habían obsequiado para que el maestro y también los discípulos y visitantes estuvieran más cómodos.

—Maestro, yo no entiendo por qué mi abuela Ener conservó siempre esa fe en el Dios UNO, siendo que por aquí nadie más sabía de Él—, preguntó Katro intrigado.

—También Amdón sabía algo de esa doctrina, aunque no llegara a ser su única fe—, aclaró Melquisedec. Me parece que estos casos especiales se dan con más frecuencia en las tierras cercanas a lo que hace muchos, muchos años fue el jardín de Adán y Eva, en donde Set, el hijo de Adán, instituyó un sacerdocio dedicado a la enseñanza de la verdad sobre el Dios Único. Y desde los tiempos más antiguos, los hombres sabios habían llamado el UNO a ese dios. Tu abuela proviene de una familia de Sumer y Amdón de una de Caldea, las dos regiones que fueron más influenciadas por esas enseñanzas. Es por eso que creo que allá resultará más fácil conseguir un líder capaz de convocar a todos sus subordinados y a toda su descendencia para constituir una tribu o nación en donde todos honren al Dios Altísimo, porque existen entre ellos tradiciones ancestrales que lo apoyarán en este gran proyecto.

—Maestro, yo me siento muy feliz de que tú hayas elegido Salem para enseñar la verdad, pero si las cosas son así como dices, ¿por qué no te ubicaste en Caldea?, seguramente habrías encontrado ya ese líder...—, dijo Katro.

—Porque Caldea está casi al final de los caminos que transitan los hombres del mundo, y mi misión es enseñar que la fe en el Dios Altísimo es para todos, porque todos los hombres y mujeres podemos ser hijos de Dios si creemos en Él y en su amor. Por eso fue elegido este lugar, porque es un punto de convergencia de muchos caminos que van y vienen a todos los lugares que los hombres habitan. Así, lo que aquí enseño, puede llegar a dondequiera que vayan los discípulos y viajeros convencidos...—, explicó Melquisedec. Después añadió: —Lo de formar una nación o pueblo cuyos miembros tengan unas mismas costumbres y leyes, y una misma fe en el Único Dios, es un proyecto que busca evitar que con el tiempo y la dispersión y muerte de los discípulos y misioneros de esta escuela, vuelva a suceder lo mismo que sucedió antes: Con las enseñanzas de Set y de todos sus descendientes y con la fe de esa gran cantidad de creyentes de los tiempos antiguos, pasó que al separarse las familias y grupos y llegar a tierras donde predominaba el temor a los fantasmas y a los dioses creados por la mano de los hombres, fueron perdiendo memoria de las verdades que iluminaron a sus antepasados acerca del Dios que es Padre de todos. Pero un pueblo en el que se transmita siempre de padres a hijos la misma fe, como su propia tradición original, está en mejores condiciones para sobrepasar el tiempo, por largo que sea, sin perderla.

—Maestro, deseo mucho que Ovid encuentre ese líder y que el proyecto se realice según tus deseos y perdure por siempre—, respondió Katro. Pensó un momento y luego preguntó: —¿Y dónde se ubicará ese pueblo, en Caldea?

—Espero que sea aquí, Katro. Por las mismas razones que me ubicaron a mí: para que el mundo tenga la oportunidad de conocer siempre la verdad sobre el Dios Altísimo, al entrar en contacto con los pobladores de esta región que seguirá siendo por muchos años un paso siempre abierto para innumerables e incansables viajeros—, contestó el maestro.

Pasaron algunos meses después de la noticia del viaje de Ovid a Caldea, cuando llegó un peregrino a quien Amós anunció como "un padre anciano y pobre". Melquisedec salió a recibirlo y los dos hombres, igualmente altos y silenciosos, de manera totalmente espontánea se abrazaron. Luego Melquisedec saludó:

—Bienvenido en nombre del Dios Padre. Sigue por favor.

—Padre Melquisedec. Te saludo. Yo soy Safed, beduino. Conocí a Nordán, quien me habló de ti y del Dios Altísimo, y deseé mucho venir. Hoy se cumple mi deseo.

Amós acercó los tapetes y fue a buscar algo de pan y vino.

La conversación fue larga. Safed no llegó con ninguna caravana. Había venido al modo beduino, caminando por el desierto, haciendo pausas en las tiendas de sus amigos y conocidos, hablando a todos del propósito de su viaje y prometiéndoles volver con nuevas después de visitar al sacerdote del Altísimo.

En la noche Melquisedec, que ahora pasaba el día en la tienda para atender a los viajeros, pero ya no dormía en ella sino en una casa cercana, le preguntó si quería reposar en la casa de los padres de Amós. El viejo miró la tienda y le preguntó al maestro si no podría quedarse allí mismo, siguiendo sus costumbres ancestrales, lo que fue aceptado sin objeción alguna. Amós lo condujo a la habitación de atrás y le enseñó el agua y el alimento que quedaban. Safed sonrió, deseando buena noche a sus anfitriones. Ellos sonrieron a su visitante y salieron.

—Amós, ve a casa de Katro y dile que venga temprano a la tienda. También pídele a Nahama comida para el visitante. Luego te vas a dormir para que madrugues. Quiero que convoquemos a una reunión de la comunidad para alguno de estos días—, dijo Melquisedec a su ayudante cuando se separaron cerca de la casa que el maestro ocupaba.

Safed permaneció dos meses en Salem. Diariamente escuchaba a Melquisedec y se proponía invertir el tiempo de vida que le quedara en ilustrar a su pueblo acerca de la verdad. Si el Altísimo se lo permitía, iría a buscar a los hijos de Abi para hablarles y convencerlos de que su padre habría abrazado sin dudar la fe en el Padre Único, creador del sol y de todo lo que existe, e invitarlos a que ellos lo hicieran.

No una sino tres reuniones muy festivas se realizaron en la vieja tienda, en compañía de Safed, quien puso a los asistentes al tanto de las vidas y familias de los muy queridos por todos, Ovid y Nordán, y también les contó de la aventura de Sobed, ahora Yaser, y su familia..., además de algunas de las inacabables historias de su vida beduina.

Safed se halló también al entierro de Ener, querida y considerada por todos como la madre de la comunidad de Salem. Murió en gran paz, rodeada de sus parientes y de la gran familia de los creyentes. El viejo beduino deseó que su propia muerte sucediera, como la de ella, después de colaborar en la tarea de iluminar a los suyos acerca de la verdad que Melquisedec había venido a enseñar. Finalmente, dos semanas después, se despidió y regresó a poner por obra el proyecto que consideraba el más importante de su vida. Lo despidieron con afecto, después de compartir el pan y el vino y de escuchar una última historia beduina.

Melquisedec, después de la alegría que la visita de Safed le produjo, continuó con su enseñanza y con la atención a la comunidad de creyentes de Salem, en la cual seguían formándose discípulos y misioneros. Los locales y los viajeros continuaban llamándolo rey. Los amigos y discípulos siempre le decían "maestro". La ciudad progresaba y había paz entre las tribus. Él continuaba su labor y esperaba en paz y tranquilidad. No tenía temor de las demoras y aprovechaba cada una de las oportunidades que se presentaban para transmitir la verdad y ayudar a otros a creer.

........................

Veinte años después de su llegada, el maestro de Salem se instaló en la vivienda que Katro construyó para él, anexa a su propia casa, donde además de la habitación privada podía disponer de un salón amplio para la atención de los visitantes, la enseñanza y las reuniones de la comunidad.

Pasados algunos años más, cuando acababa de recibir un mensaje de Ovid que decía: *"Ya está preparándose Terah para el viaje. Tardará un tiempo en salir de Ur"*, Melquisedec decidió que era importante volver a tener una tienda en lugar abierto e independiente, para recibir en ella a quienes llegaran para la constitución del pueblo. Comunicó a los jefes su deseo y les pidió colaboración, explicándoles que él continuaría viviendo en la casa de Katro pero que era bueno tener una tienda para recibir a la gente del desierto que, como Safed, prefería siempre dormir al descampado. Antes de un año de su petición, el maestro trasladó todo el quehacer de la enseñanza a la nueva tienda, lo cual fue motivo de alegría espontánea para los niños y de un sentimiento especial para los mayores, que recordaban con emoción los sucesos del comienzo de la escuela de Salem.

## La misión de Ovid

Ovid y su familia, después de despedirse de Nordán y sus acompañantes en Nippur, emprendieron la última etapa de su viaje a Ur. Tuvieron dificultades para atravesar las zonas pantanosas y por eso tardaron casi dos meses en el recorrido, pero al fin llegaron a la antigua ciudad sumerio-caldea.

Pareció a los viajeros que habían llegado a una pequeña ciudad, dada la calma y el orden que observaron en el patio donde finalmente la caravana se detuvo. Sin embargo, una vez que Kalim y su padre hubieron averiguado por lugares para pernoctar y conseguido un guía con su burro para que les ayudara con los bultos del equipaje, salieron lentamente y pudieron ver la larga hilera de tiendas de mercaderes, surtidas con gran variedad de objetos, algunos fabricados o adornados con piedras de colores y otros metálicos, que brillaban con los últimos rayos solares y lucían resplandecientes. Luego caminaron por calles ordenadas y limpias, bordeadas a lado y lado por casas de adobe con techos de hoja de palma datilera muy laboriosamente entretejida, lo que hacía sentir la vigencia de una larga tradición en cuanto a la vida civilizada y estética de los habitantes de Ur.

El terreno plano hacía muy difícil tener una vista panorámica, lo que no fue obstáculo para que pronto se encontraran en el centro, siguiendo la dirección del inmenso zigurat. Esta edificación de tres niveles, que terminaba en un altar para honrar a los dioses, junto con el conglomerado de edificios de la administración y el círculo de viviendas de los servidores de los distintos recintos del templo, constituía el corazón de Ur. El guía, un hombre sencillo y amable, contestó las muchas preguntas que Kalim le hizo, y sus respuestas fueron de interés para todos.

Una vez en la posada, descargados los bultos y dadas las gracias y el pago al guía, se acomodaron y decidieron descansar un poco. Ya habría tiempo en los días siguientes para conocer más y preguntar sobre la gente. Tali le pidió a Ovid que buscara algo para la cena, mientras ella atendía a su padre que se sentía especialmente cansado. Kalim e Izhar salieron entonces con Ovid, en tanto que la joven recibió el agua fresca que el posadero les llevó, y ayudó a Haquim a lavarse un poco. Después de beber abundantemente, el anciano se sintió mejor y quiso examinar con su bastón el lugar. Tali sonrió al verlo nuevamente animado: "Todo su agotamiento era solamente cuestión de sed...", se dijo, y ella misma bebió una buena cantidad del agua antes de comenzar a prepararle a cada uno un sitio dónde dormir esa noche.

Llegaron los del encargo trayendo comida ya cocida, de modo que no hubo necesidad de encender fuego, y rápidamente comieron, se lavaron y se tendieron. Era grande la necesidad de dormir una noche completa, después de ese paso del río que les tomó casi una semana de grandes incomodidades y continuos movimientos, para esquivar el agua que variaba de nivel con la lluvia y el viento.

—¡Patrón, ya salió el sol...!—, llamó Kalim a Ovid mientras lo halaba de un pie.

—Bueno, Kalim... Pues... a ver: ¿qué te parece si preguntas al dueño de casa dónde conseguir pan y algo de leche fresca?—, contestó Ovid sentándose y estirando brazos y piernas. Kalim y su padre fueron a cumplir el encargo, mientras Ovid ayudaba a su suegro y salía con él al patio de la casa, para asearse y dar un vistazo al lugar. Tali, por su parte, observó hasta descubrir a la casera y obtener de ella información sobre la forma de actuar que las mujeres casadas seguían en esas circunstancias. Media hora después todos estaban de regreso, comían pan y bebían leche caliente.

—Creo que debes ir con Kalim y su padre para hacer todas las averiguaciones necesarias. Mi padre y yo nos quedamos, y no te preocupes por lo demás, que la dueña de casa es amable y sin duda me ayudará a conseguir algo para preparar la comida del mediodía. Si algo se ofrece, me mandas avisar con Kalim—, propuso Tali a su marido.

—De acuerdo. Creo que llegó el momento de comenzar la tarea principal que me fue encargada. Trataré de encontrar hoy mismo a Terah—. Pocos minutos después Ovid y los dos babilonios salieron.

—Padre, ¿qué piensas del propósito de Ovid? ¿Tú crees que logre lo que tanto desea?—, preguntó Tali.

—Sí lo creo, pero no te hagas demasiadas ilusiones de que todo saldrá adelante en poco tiempo. Me parece que la gente de estos lados es como su ciudad: todo lo hacen después de planearlo bien, pero demoran en tener ese plan completo—, contestó Haquim.

—¿Cómo puedes decir eso si apenas llegamos ayer y además me parece que eres ciego...?— Y Tali se rió de su propio apunte.

—Sí, ¿pero no te diste cuenta de cuántos caldeos-sumerios venían en la caravana? Pues ellos hablaban y yo, gracias a Ovid que nos enseñó el lenguaje de estos pueblos, entendía lo que contaban y me daba cuenta de lo pausado de sus decisiones y del tiempo que tardan en estudiar sus proyectos, aunque sean pequeños y familiares, como la construcción de una casa, o la elección del lugar para sembrar una huerta... — El padre hizo una pausa y enseguida continuó, a sabiendas de que su hija estaba muy interesada en lo que él decía: —Fíjate que antes de comenzar a preparar los adobes necesarios, una vez elegido el lugar, marcan la tierra con palos, como dibujando el piso: la puerta de entrada, la distribución y el tamaño de las habitaciones, cómo entran y pasan de una a otra, la cocina, el sitio para el agua y para asearse, el drenaje que llevará el agua de la lluvia y de los desechos a un pozo más profundo alejado de la casa..., hasta el lugar donde los habitantes puedan depositar sus propios residuos sin inconvenientes para los demás. Luego, los que van a vivir ahí caminan entre esas señales del piso y, si desean, sugieren cambios, hasta que todos llegan a un acuerdo. Entonces hablan de la altura de las paredes y calculan cuánto adobe necesitarán... Son gente mucho más cuidadosa e inteligente que nosotros para lograr casas cómodas... — Volvió a interrumpirse para terminar diciendo: —Por eso creo que un padre de familia antigua, numerosa y rica, demorará mucho tiempo planeando un viaje tan largo. Imagínate: desde Ur hasta Salem, andando con todos los suyos y sus ganados y sus riquezas.

—No sé si Ovid habrá prestado atención a esas conversaciones. Yo no lo hice y nada sabía de eso, salvo por lo que observé esta mañana cuando la dueña de casa me enseñó todos los lugares que podemos usar mientras estemos aquí—. Tali dijo esto y luego pensó que la ceguera de su padre tenía un aspecto muy favorable, en cuanto impulsaba en él la atención para escuchar... una habilidad que podía ser útil y valiosa para todos.

—Hija, ¿por qué no salimos y mientras buscas lo necesario para la comida, me hablas de lo que ves?—, propuso Haquim.

Tali estuvo encantada de hacer una caminata con su padre. Aunque nunca antes había utilizado el idioma de los sumerios, que era el que se hablaba en Ur, lo entendía bien y en ese momento se propuso comenzar a usarlo para hablar con las personas. En el paseo de dos horas, Haquim y su hija practicaron la lengua de la población, conocieron algo de la historia del inmenso zigurat, morada de los dioses locales, íntegramente recubierto con losas de arcilla cocida. Escucharon historias acerca de la planeación de las calles, de las normas que exigían a los ciudadanos la ayuda y cooperación para conservar el buen aspecto de la ciudad, y también de las grandes viviendas de los alrededores, en las cuales los hombres ricos poseían ganados y cultivos, junto con los esclavos y administradores necesarios. Cuando llegaron a cierta esquina, Tali pudo observar que al final de una de las calles se levantaba un edificio diferente, terminado en una columna muy alta, de la cual salía humo. Le explicó a su padre y él dijo:

—¡Vamos allá, hija! Sin duda es un horno para cocinar arcilla. Supe que en Babilonia había uno, pero demasiado alejado de nuestros lugares diarios y Kalim nunca tuvo oportunidad de acompañarme. Vayamos a ver qué podemos saber aquí—, instó el viejo con ánimo y curiosidad.

El horno no estaba exactamente al final de la calle: había una amplia explanada sin construcciones entre el borde de la ciudad y la edificación de ladrillo con una chimenea de más de cinco metros, por la cual efectivamente salía humo. Los paseantes se acercaron por el sendero trillado por los trabajadores. A medida que se aproximaban, el calor se sentía crecer. Antes de llegar a la pared, encontraron una nueva huella que rodeaba una de las esquinas y conducía a una puerta en el extremo más alejado de la chimenea. Entonces, en el exterior de la construcción pudieron observar la fabricación de objetos y tablillas de cerámica en sus primeras etapas: Primero, el pozo lleno de tierra mojada que pisaban algunos para ablandar y homogeneizar la mezcla; enseguida la manufactura de objetos de uso doméstico, hecha por los alfareros; luego la escritura en tablillas frescas, con una cuña o un punzón hábilmente manejados por escribanos que copiaban de viejas tablillas o de láminas vegetales secas, produciendo dos tipos muy diferentes de caracteres; y finalmente, el secado de las obras al sol. Una vez adentro, observaron desde lejos, en el centro de un patio hondo, la labor de sostener la temperatura necesaria para cocer la cerámica, introduciendo maderos por una abertura en la base del horno, que era cuadrada. El patio era amplio, excavado bajo el nivel del piso a una profundidad un poco superior a la altura de un hombre normal; se bajaba a él por una escalinata labrada en una esquina, la cual terminaba en un corredor por el que podían caminar dos hombres y que bordeaba todo el patio; y en la cara que miraba a la ciudad estaba la pared sin puertas ni ventanas que Tali, desde lejos, había visto como base de la torre de salida del humo. El sector anexo a la entrada, antes de llegar al patio del horno, tenía varias divisiones en donde los productos ya cocinados se clasificaban para su posterior venta o entrega a quienes los hubieran de utilizar. Tali vio tablillas que no supo leer, fijadas en las paredes. Supuso que se trataba de advertencias por el peligro evidente de ese inmenso calor. Cuando acababa de explicarle a su padre lo que había al alcance de sus ojos desde el punto donde le fue visible la base del horno, del cual no se habían movido durante toda su observación, oyeron que una voz los llamaba: Un hombre que protegía sus ojos con una lámina delgada de arcilla cocida, finamente agujereada por el frente y que permanecía atada a la cabeza mediante una cinta de cuero, subía por la escalinata y les hacía señales de que se encaminaran hacia la salida.

—Es muy peligroso estar aquí. A veces el calor sube repentinamente y puede hacer mucho daño... ¿No leyeron las tablillas?—, dijo el hornero. Enseguida, al reconocerlos como extranjeros, con gentileza los acompañó hasta la puerta. Allí, donde el calor era más soportable, hablaron. Él contestó todas sus preguntas respecto del quehacer y del destino de la cerámica que producían. También les dijo que en todo Ur y realmente en toda Sumeria, especialmente hacia el sur, no existía piedra de ninguna clase. Por eso las construcciones que ellos deseaban que duraran por muchos años, necesitaban de ladrillos de arcilla cocidos, para utilizarlos como en el norte utilizaban las piedras. Los ricos a veces mandaban hacer tales ladrillos para sus casas, pero sobre todo se utilizaban para construir anexos o hacer reparaciones en la morada de los dioses. Se despidieron en muy buenos términos y volvieron a buscar la ciudad para comprar las provisiones y regresar a la posada.

Ovid y sus acompañantes llegaron al atardecer. Se les veía animados. Tali se sentó junto a su padre para escuchar el relato de su marido:

—El hombre llamado Terah es un semita mayor, muy rico, que tiene dos hijos y un nieto. Ambos hijos tienen esposa, pero de momento ninguno tiene descendencia. El nieto es huérfano de otro hijo que murió en una de las tantas campañas guerreras en las que han participado.

Durante su crecimiento, Terah aprendió el culto a los dioses materiales y familiares de su padre semita, y las tradiciones de su madre sumeria, referidas a la fe en el UNO. Así, cumpliendo con todo, es a la vez politeísta y monoteísta, sin encontrar conflicto entre unas y otras prácticas, porque como él mismo dice, "lo que piden los dioses materiales no le interesa al UNO y lo que pide el UNO no les interesa a los otros dioses".

—¿Y le propusiste lo de ir a ver a tu maestro?—, le preguntó Tali.

—No todavía. Solamente le propuse que me permitiera instruirlo a él y a todos los hombres y mujeres de su casa, libres o esclavos, que quisieran oír más sobre el UNO, a quien mi maestro llama el Dios Altísimo, y me contestó que sí. Luego nos invitó a comer con la familia y nos propuso que nos pasáramos a vivir a su propiedad. Haría arreglar un espacio apropiado en donde tendríamos libertad y algo de comodidad.

—Y, entonces, ¿qué acordaron finalmente?—, volvió a preguntar Tali.

—Que en dos o tres semanas -para darles tiempo al acomodo de una vivienda para nosotros allá-, él nos mandaría avisar para que nos trasladáramos—, terminó de contar Ovid.

Todos estuvieron optimistas esa noche. Izhar quedó muy satisfecho del lugar en donde viviría su hijo y se propuso organizar su vida de modo que más adelante le fuera posible hacer una visita a la muy buena propiedad del señor Terah, en compañía de su esposa y sus hijos menores. De momento, permanecería una semana más en Ur antes de volver a Babilonia.

El tiempo pasó velozmente. Todos acompañaron a Kalim a despedir a su padre en el patio de las caravanas y enviar abrazos a su madre y hermanos. Izhar había gastado la mayor parte del dinero que llevó a Ur en la compra de artículos metálicos muy útiles y escasos en Babilonia, y algunas bellas joyas de oro y jade. Estaba seguro de que la venta de estas mercancías le repondría sobradamente los costos del viaje. El acierto de esta elección comercial se vio reflejado en sus posteriores y sucesivas visitas a su hijo en los siguientes años, unas veces solo y otras con la familia.

Mientras esperaban alguna noticia de Terah, Ovid tenía el propósito de establecer contacto con algunos creyentes que pudiera haber en Ur. El día siguiente a la partida de Izhar, le habló a su ayudante: —Kalim, atiende lo que quiero decirte.

—¿Qué será, patrón?

Con mucha solemnidad, para establecer claramente la importancia del asunto, Ovid le dijo: —Necesito conocer otras gentes que vivan en esta ciudad y que honren al Dios UNO, aunque tengan también otros dioses..., así que tú vas a escuchar atentamente por ahí, y cuando lo sepas, solamente me cuentas. Esto es porque a esas personas les gustará mucho saber de Melquisedec y estoy seguro de que sus enseñanzas sobre el Altísimo les darán alegría y ánimo en sus vidas.

—Sí, patrón. Voy a poner atención cuando hablen de dioses y de ofrendas y sacrificios...—, contestó el muchacho.

El encargo de Ovid dio rápidos resultados. En la semana siguiente, él y Haquim visitaron tres familias y les hablaron del Dios Altísimo, que es el mismo UNO, y del sacerdote que enseñaba en Salem acerca de ese Dios que está por encima de los demás dioses, que no quiere sacrificios de carne y sangre y que se comporta como un padre amoroso para todos los que aceptan creer y confiar en Él. En el aspecto práctico, con la ayuda de estas personas que conservaban el culto heredado por tradición, pero confundido con todos los demás actos relacionados con sus dioses familiares y los de la ciudad, decidieron encontrar un lugar para reunirse periódicamente y escuchar las enseñanzas que Ovid o Haquim les comunicarían.

En los alrededores del zigurat encontraron un espacio muy apropiado, destinado a reuniones ocasionales de culto o enseñanza y utilizado esporádicamente por grupos de extranjeros que pedían información a guías y traductores. Allí acordaron reunirse semanalmente. El día y hora les sería informado a través de Kalim, una vez que Ovid y los suyos se hubieran trasladado a una vivienda permanente y acordado con el dueño de la misma el tiempo que le dedicarían a él y su gente.

Habían tenido dos reuniones con asistencia de una veintena de personas, cuando fueron avisados por un mensajero de Terah: el lugar estaba listo y él ayudaría al traslado. Venía con un burro para poner por obra su encargo.

La vivienda que Terah destinó para la familia de Ovid en sus tierras, fue una casa de adobe, de tres habitaciones, suficientemente alejada de la casa principal para evitar interferencias entre las actividades familiares de unos y otros, pero fácilmente accesible por un sendero claramente marcado. En menos de quince minutos se llegaba, caminando a buen paso, de una casa a la otra.

Una vez llegados con sus bártulos, antes de hacer orden ni distribución del espacio, se tomaron un tiempo para observar el lugar...

—Esto está muy bonito. Todo se ve verde... y cuántos árboles así, tan cerca de la casa, nunca los habíamos tenido—, dijo Tali emocionada con el cambio.

—Sí, mi querido hijo, hemos llegado a un buen lugar—, comentó Haquim y respiró hondo, percibiendo el olor de plantas y flores cercanas.

—Lo debemos agradecer. Además es necesario saber si aquí nos podemos ganar el sustento con algún tipo de trabajo, como hemos hecho siempre. Espero que sea posible ayudar en algo, además de enseñar sobre el Dios Altísimo—, añadió Ovid.

El propio Terah apareció al día siguiente en la puerta: Vino a saludar a la familia y a establecer lo que él pensaba que debían dejar en claro desde el comienzo. Al final de la conversación, con preguntas y opiniones de todos, habían llegado al acuerdo siguiente:

Puesto que en total eran casi quinientas las personas adultas que recibirían la enseñanza de Ovid, este trabajo tomaría prácticamente todo su tiempo; por eso, además del sustento que sería oportunamente provisto para su familia, obtendría un pago en moneda. Los niños y jovencitos, así como los muy mayores, serían atendidos por Haquim y Tali. A ella le sería asignada una ayudante que vendría diariamente para cocinar y realizar otros oficios en la casa.

Kalim ayudaría a unos y otros, informando a las familias y colaborando para que todo funcionara bien, además de hacer ocasionales encargos en la ciudad. Todos descansarían un día a la semana, del cual podrían disponer en total libertad.

En la tarde recorrieron una buena parte de la propiedad y en particular el lugar que Terah había mandado adecuar para que sirviera como escuela, según la imagen que se formó de la escuela de Salem, por las descripciones que Ovid le hizo el día de la primera visita.

Dos escuelas funcionaron en Ur: la que se reunía una vez por semana en el centro de la ciudad, el día libre de Ovid y familia, y la que diariamente atendía grupos diferentes en la propiedad de Terah. Ovid estaba satisfecho por los resultados en la escuela del centro, de donde las familias salían de la enseñanza siempre serenas y alegres por el sentimiento de que su fe y su amor al UNO, a quien Ovid llamaba también el Dios Altísimo, era la mejor ofrenda que podían hacerle; la mayor parte de los más jóvenes, sin ningún temor, iban abandonando e incluso destruyendo sus dioses materiales. Sin embargo no lograba estos efectos entre gran parte de los subordinados y parientes de Terah, excepto el propio Terah y su hijo Abram, quienes le atendían con gran interés y respeto. Nazor, el otro hijo, aunque con menos impaciencia y rebeldía que algunos empleados, no se mostraba muy conforme con la enseñanza sobre el Dios

Altísimo, que resultaba ser el mismo UNO pero que, según su entendimiento de las palabras de Ovid, se había ablandado y quería que los hombres pensaran en él como en un padre amoroso.

En sus conversaciones con Tali y su suegro, Ovid llegó a la conclusión de que la causa del poco deseo, e incluso hostilidad que había manifestado una buena parte de los hombres en las tierras de Terah, se debía a la obligación impuesta por el mismo Terah de asistir a la enseñanza; más aún, por tratarse de un dios al que consideraban débil porque no exigía actos más fuertes y sangrientos a sus adoradores.

—¡Cuánto necesito del consejo del maestro...!—, dijo Ovid una tarde en la que tuvo que suspender el trabajo de enseñanza: Un capataz se negaba a aceptar que hubiera alguien capaz de conocer los pensamientos de un hombre si ese hombre no los expresaba con palabras o gestos, y esa negativa generó un gran conflicto, porque otros pensaban que eso que era imposible a los hombres, quizás fuera posible para un dios... Ovid los dejó ir y se quedó con los suyos para reflexionar.

—Yo creo que debes hablar con Terah acerca de que no se puede obligar a nadie a creer. Si le cuentas lo que hizo Melquisedec..., aquello que contó Nordán de los obsequios que recibió después de que los jefes tribales lo nombraron rey, que se los dio para ayuda de los más pobres, sin obligar a ninguno a creer en el Dios Altísimo, tal vez él comprenda y permita que solamente vengan a la escuela los que quieran saber...—, dijo Tali.

—Patrón, los que sí quieren saber más son los niños. Ellos me dicen a mí que por qué no les enseño cuando la señora Tali está con las jóvenes... Es que al fin y al cabo los niños se convierten en hombres y si desde pequeños aprenden bien lo que se les enseña, pues serán muy creyentes cuando lleguen a mayores—, dijo Kalim a su jefe.

—Los ancianos siempre están deseosos de saber de un dios que es bueno y bondadoso, y yo puedo seguir con ellos sin ningún problema—, expresó Haquim.

Ovid escuchó a los suyos y entendió que era bueno lo que proponían, así que decidió ir esa misma tarde a hablar con Terah.

La conversación fue larga. Terah no estaba muy dispuesto a ceder en la exigencia de que todos creyeran en el Dios que Ovid enseñaba. Ovid, usando ejemplos de la actitud y tolerancia de su maestro, lo fue llevando a la comprensión de que Dios respeta la libertad del hombre para elegir si cree o no en Él y en su amor. Finalmente Terah aceptó y se comprometió a ordenar a la mañana siguiente que todos los encargados divulgaran entre los muchos que vivían apartados de la casa y de la escuela, que quedaban en libertad de asistir o no a las clases del maestro Ovid, pero que ninguno podría prohibir a otro que asistiera y creyera si lo deseaba, así fuera su mujer o su hijo o hija.

—Ahora, Terah, quiero hablarte de la parte que más referencia hace a ti y a los tuyos de todo lo que el maestro Melquisedec me ha encargado... —, dijo Ovid, decidido en ese momento a comunicar el gran mensaje de la generación de un pueblo...

—¿Un mensaje especial para mí?—, preguntó Terah.

—Sí, así lo entiendo yo. Un mensaje para ti y tus hijos—, explicó Ovid.

—Entonces los llamaré. Mejor que todos escuchemos—, dijo Terah mientras se levantaba para hacer llamar a sus dos hijos.

Poco después apareció Abram, quien saludó a Ovid y preguntó por la causa de esa reunión.

—El maestro Ovid nos trae un mensaje de parte de Melquisedec, el sacerdote del Dios Altísimo, y quiero que lo escuchemos—, contestó el padre.

—Lo malo es que Nazor no está. Parece que hoy salió a visitar a uno de los vecinos para hablar de un intercambio de ovejas...—, informó Abram.

—Esperemos el tiempo necesario para beber algo. Si al final no ha llegado Nazor, nos comunicarás a nosotros el mensaje—, propuso Terah a Ovid.

Salieron para recibir la brisa de la tarde y beber jugo de uva fresco que un sirviente trajo para los tres. Mientras miraba el horizonte, Terah dijo:

—Casi doscientos años han pasado desde que mi bisabuelo llegó a estas tierras y decidió quedarse. No creo que pensara que sus descendientes permaneceríamos tanto tiempo aquí, porque él mismo había crecido y vivido en una familia que siempre estaba o caminando o preparando un nuevo viaje, en la búsqueda incesante de pastos para las ovejas...

—¿Y tú naciste y creciste sin ese deseo de andar de tus antepasados?—, preguntó Ovid.

—Creo que lo hemos cambiado por los movimientos de defensa de nuestra ciudad, que nos sacan con cierta frecuencia para ir a pelear contra invasores y tribus más o menos salvajes que ven lo que hemos logrado y lo quieren para ellos, aunque no sabrían cómo sostenerlo ni dos meses si lo consiguieran.

—Pero esas luchas ya prácticamente no se presentan, según entiendo—, dijo Ovid.

—Por suerte. Ahora se está generando una nueva idea de naciones semitas, y en ese concepto caben hasta las tribus atrasadas que hacen alianzas y tienen hijos con semitas—, explicó Terah.

—Bueno, padre, como vemos, Nazor no va a llegar pronto. A lo mejor decide pernoctar allá o en alguna vivienda por el camino. Te propongo que entremos y escuchemos al maestro lo que tiene que decirnos—, dijo Abram.

Entraron y se acomodaron. Entonces Terah se cercioró de que ninguna persona estuviese en las cercanías y pudiera escuchar lo que allí hablaran, y luego dijo a Ovid: —Dinos, pues, cuál es ese mensaje.

Ovid comenzó por repetir completamente las palabras que Melquisedec le había dicho cuando lo envió precisamente a Caldea en busca de un líder: La necesidad de un pueblo nuevo que creciera alrededor de la fe y la obediencia al Dios Altísimo; los esfuerzos antiguos por conservar la fe en el UNO y evitar la esclavitud de las exigencias de los dioses familiares y tribales, y la historia del fracaso de esos esfuerzos con la dispersión y mezcla de la descendencia de los primeros creyentes, con tribus adoradoras de fantasmas y dioses fabricados por hombres.

Luego les mostró cómo su maestro estaba convencido de que si un pueblo entero, desde su inicio, se adhería a la enseñanza que él trataba de transmitir y la volvía una parte esencial de su identidad, entonces crecería la fe en el Dios Altísimo; porque así no solamente la conservarían todos los que en el futuro pertenecieran a ese mismo pueblo, sino que además se expandiría a dondequiera que alguien que hubiera oído hablar de este Dios, llevara a su familia la semilla de la fe.

Por último, Ovid habló solemnemente a Terah: —Si quieres creer y aceptar, serás tú el padre de ese pueblo que pactará la conservación de la fe en el Dios Altísimo a través de todos sus descendientes—. Hizo una pausa y después añadió:

—Has escuchado este mensaje en compañía de tu hijo Abram. Si después de pensarlo, decides aceptar el trato, deberás ir con todos los tuyos hasta Salem, para celebrar la alianza que cambiará la vida de tu familia, y la de todos los hombres y mujeres que en el futuro deseen encontrar y vivir la fe en el Único Dios y Padre de todos.

Terah se quedó pensativo y asombrado. Abram miraba a su padre en espera de saber cuál sería su respuesta. Después de un silencio largo, al fin Terah habló: —Me dices algo que no acabo de comprender. Necesito tener algunas respuestas antes de decidir acerca de si emprendo o no ese viaje que propones.

—Puedes preguntar todo lo que quieras. Trataré de explicarte todo lo que yo entiendo del encargo que se me ha hecho—, dijo Ovid.

—Lo primero que deseo saber es qué pasaría en el caso de que me negara a aceptar ese trato.

—En ese caso, yo deberé continuar la búsqueda de un hombre cuyas condiciones sean similares a las tuyas, que desee iniciar un pueblo y tenga dotes de liderazgo y una familia con voluntad de saber acerca del Dios Altísimo, hasta encontrar uno que acepte el encargo.

—¿Y debe ser aquí mismo en Ur?

—No. En donde sea que se encuentre, así tenga que viajar hasta el Indo, o el país de los hititas, o el valle del Nilo... Es más, si yo fracaso en esta búsqueda, otros misioneros la continuarán...

—¿Y ya antes lo intentaste con otro jefe de familia en algún lugar?—, intervino Abram.

—No. En Babilonia pregunté por familias como ésta, pero todos están demasiado apegados a Marduk y a los dioses de sus familias y tribus. Entonces llegaron unos caldeos a quienes mi suegro instruyó y ellos le hablaron de Terah, en Ur...—, respondió Ovid.

—Si puedes decirme qué fue exactamente lo que tu maestro te encargó, me servirá mucho saberlo—, solicitó Terah.

—Pues, cuando me sentí listo para ser misionero y llevar la verdad aprendida a mi familia y mi ciudad de Tiro, mi maestro me pidió que viajara antes a Babilonia y a Caldea, y que buscara un hombre que fuera líder en la región, que tuviera una familia, ojalá numerosa, con hijos e hijas, e incluso con esclavos y trabajadores, que conservara algo de la fe y las tradiciones antiguas sobre el UNO, aunque se encontraran mezcladas con el culto a otros dioses, y que le propusiera un pacto con el Dios Altísimo, que es el mismo UNO y Padre de todos.

—¿Y exactamente en qué consistirá ese pacto?—, preguntó Terah quien, juntamente con su hijo, se concentraba en escuchar y entender a Ovid.

—Tal hombre se comprometerá a iniciar un pueblo en el cual, por ley, todos los miembros actuales, es decir los familiares y empleados y esclavos que voluntariamente acepten entrar en él al momento de sellar el pacto, y todos sus descendientes y otros que puedan unirse a la familia en el futuro, serán instruidos en la fe en el Dios Único y no tendrán otros dioses—. Aquí Ovid hizo una pausa y luego continuó: —Esta es la parte del compromiso en lo que se refiere al hombre. Ahora debo explicarte la parte que corresponde al Dios Altísimo.

—Antes de entrar en esa parte, dime por favor, cómo puedo yo estar seguro de que mis hijos y mis empleados y esclavos quieran de verdad aceptar la fe y transmitirla a sus hijos, y no que lo digan simplemente porque les conviene seguir en mi hacienda—, pidió Terah, y en su voz se manifestaba una gran preocupación

—Mi maestro habló de una señal que recibirán todos los que pertenezcan al pueblo encargado de mantener, a través de los tiempos, la fe en el Dios Altísimo; pero no me dijo cuál será esa señal—, contestó Ovid.

—Bueno, supongo que quien tenga esa señal tendrá que cumplir la ley del pueblo al cual pertenece—, comentó Abram.

—Entonces, pasa por favor a explicar la segunda parte del pacto—, pidió Terah.

—Pues mi maestro me dijo que, en nombre del Dios Altísimo, al padre del pueblo que acepte la alianza le asegura que su descendencia se multiplicará inmensamente, y tendrá tierra para que todos vivan, apacienten sus rebaños, cultiven sus alimentos y cubran sus necesidades convenientemente.

—¿Y por cuánto tiempo perdurará ese pacto?—, preguntó Abram.

—El maestro no habló de que tuviera fin. Solamente me dijo algo de Otro mucho más alto que él, que iba a venir en el futuro y que debía encontrar el pueblo con la fe en el Dios Altísimo, para explicarles a todos nuevas verdades; y que después crecerá el número de creyentes hasta los confines de la tierra..., cosa que yo no entendí muy bien, pero que tú le puedes preguntar si vas a Salem—, contestó Ovid.

—¿Y qué pasará con los otros que también han escuchado a tu maestro y creen en la verdad que él enseña, pero que no formarán parte del pueblo del pacto?—preguntó de nuevo Abram.

—Pues mi maestro ha enseñado a muchos y seguirá haciéndolo; hombres y mujeres de muy diferentes pueblos y naciones, quienes, como mi gran amigo persa Nordán, se han preparado para llevar a los suyos la fe. Ellos, sin duda, formarán grupos familiares y tal vez algunos conquisten a otras familias para que acepten esta fe, pero no podrán imponerla a un pueblo que por mucho tiempo ha acumulado cultos y tradiciones relativos a otros dioses. Sin embargo, cuando exista un pueblo en el cual todos sus miembros honren al Altísimo, esos grupos se sentirán apoyados, aunque sea a distancia, para conservar su fe...—. Se interrumpió para pensar un poco más y luego, comprendiendo repentinamente otro aspecto de las palabras de Melquisedec, dijo:

—Entonces..., cuando venga ese Otro del que habló mi maestro y manifieste nuevas verdades, y esas verdades sean conocidas de todos esos grupos en todos los países, tal vez muchos más crean en el Padre de todos y así, de generación en generación vaya creciendo el sentimiento de hermandad de los hombres... hasta que todos en la tierra lo comprendan y vivan ya sin guerras, como hermanos...

—Eso parece muy lejano..., pero suena bien...—, comentó Terah. Luego se levantó para suspender la charla y simplemente dijo: —Ovid, has cumplido tu encargo de comunicarnos a mí y a mi hijo Abram la propuesta de celebración de un pacto con el UNO, a quien tu maestro llama el Dios Altísimo. Es para nosotros un inmenso honor, pero también una responsabilidad tremenda. Tenemos que pensarlo. Yo te mandaré llamar cuando tenga la respuesta—. Luego, pasando a lo práctico e inmediato terminó: —Por el momento, mañana mismo avisaré a todos que son libres de asistir o no a tus enseñanzas. Eso nos mostrará un poco cuáles son las posibilidades reales que tenemos de convocar gente para formar ese pueblo. Hasta tanto hayamos tomado la decisión y lo comentemos nuevamente, por favor no hables a ninguno de mis subordinados, ni a Nazor, mi otro hijo, ni tampoco a Lot mi nieto, de lo que aquí conversamos.

Ovid se despidió: —Se hará como dices. De todos modos les agradezco a ti, Terah, y a ti, Abram, el haberme escuchado—. Hizo una inclinación de cabeza y se retiró.

Esa noche hubo largas conversaciones en las dos casas. Esperanza y duda se mezclaban en el ánimo de Ovid; duda y deseo de emprender una enorme y nunca antes pensada empresa, en la mente de Terah. Abram no llegaba a sentir deseo de hacerlo, pero al menos aceptó que se podría hacer el viaje y saber más antes de comprometerse.

La enseñanza en la escuela para la gente de Terah tuvo un mejor ambiente a partir del día en que dejaron de asistir los que no querían introducir un dios invisible en su casa. Así avanzaron las sesiones de aprendizaje, por el método de preguntas que debían hacer los alumnos, después de haber pensado y conversado entre ellos acerca de los temas tratados la vez anterior.

Dos meses después de la conversación de Ovid con Terah y su hijo, sucedió que tres hombres de los que habían dejado de asistir, fueron a buscar a Ovid para solicitar que les permitiera retornar a la escuela. La razón en los tres casos había sido el cambio de carácter de la mujer de cada uno: la veían más decidida, con más ánimo y con más tiempo para dedicar a sus hijos, sin dejar de cumplir con los mismos oficios de siempre... Ovid se alegró mucho con estos retornos y con todo lo que el motivo que expresaron significaba.

Al cumplirse el tercer mes después de la comunicación a Terah, éste se presentó en la casa de Ovid. Saludó brevemente y luego dijo: —Hemos llegado a la determinación de hacer el viaje a Salem. No puedo asegurarte desde ahora si firmaremos el pacto o no, pero sí queremos escuchar a tu maestro y mirar la tierra y todo lo que se puede hacer en ella, en cuanto al establecimiento y producción de alimentos para las familias. La respuesta la daremos allá mismo.

—Muchas gracias, Terah, por venir a comunicarme esta sabia decisión—, le contestó Ovid y se quedó en silencio, en espera de algún detalle que Terah pudiera añadir.

—Por ahora te pido que continúes con la enseñanza. Yo hablaré con los jefes y administradores acerca de que he decidido volver a la tierra que ocupaban mis antepasados antes de venir aquí, para que ellos vayan explorando quiénes se decidirán a hacer el viaje y quiénes no, y en consecuencia comenzar a preparar lo que debemos llevar para alimentar a todos mientras dure la travesía...—. Así explicó Terah su plan, se despidió y salió.

Tali y Haquim, que habían escuchado la conversación, se acercaron y abrazaron a Ovid.

—Ya cumpliste la parte que te correspondía. El maestro sin duda terminará de convencerlos y logrará su gran deseo—, le dijo Tali.

—Patrón, ¿no cree que sería bueno mandar recado a ese Seír para que le avise a tu maestro? —, preguntó Kalim.

—¿Sabes de alguna caravana que salga en estos días?—, le preguntó Ovid.

—Me imagino que en uno o dos días estará saliendo alguna, al menos para Babilonia. Allí mi padre recibirá el mensaje y él lo enviará a Salem con la primera que se dirija hacia allá.

—Entonces, después de comer ve hasta la ciudad y averigua todo. Busca a uno de tus conocidos para mandar el mensaje a tu padre. "Que le mande decir a Seír, en Salem, que Terah y su familia aceptaron". Por ahora nada más. No sea que piensen que ya van a arrancar y sabemos cómo hacen las cosas por aquí... lenta y pausadamente...—, dijo Ovid.

—¿Y nosotros, viajaremos con ellos?—, preguntó Haquim.

—Tenemos que pensarlo, pero creo que no. O tal vez hasta Damasco; de ahí podemos ir a Tiro. Quiero abrazar a mi madre—, dijo Ovid.

—No olvides lo de la lentitud. Pueden pasar dos años antes de que arranque el señor Terah y su gente..., y sabes que me gustaría mucho visitar a Sobed..., digo, a Yaser y familia, antes de regresar a Tiro—, apuntó el viejo.

—Lo haremos. Mientras ellos preparan el viaje largo, nosotros haremos el nuestro, más corto, a las tierras que ocuparán los persas...— decidió Ovid. Tali, entusiasmada, lo abrazó de nuevo.

....................

Terah comenzó lo propuesto mientras Ovid continuaba enseñando y promoviendo entre los discípulos la amistad y la práctica del compañerismo y la ayuda mutua, como resultados de compartir la fe en un Padre común, cuya paternidad no se vería nunca obstaculizada por rivalidades ni egoísmos.

## XI. Un viaje corto

Pasaron dos años desde el inicio del trabajo en Ur. La gente de Terah estaba enterada del viaje y la mayor parte de ellos decidió a favor de acompañar a la familia en su vuelta al norte. Ovid, calculando que el término de los preparativos tomaría un año más, comunicó a Terah su propósito de viajar hasta Susa para visitar a su hermano Yaser y a su amigo Nordán, aclarándole que entre los discípulos de la escuela se destacaban algunos muy entusiastas que continuarían animando a los demás y ayudando a conservar y vivir la fe que compartían. Así que Terah no opuso ninguna objeción y Ovid con su esposa, su suegro y Kalim, quien prefirió ir con ellos a volverse a su casa en Babilonia, hicieron cortos arreglos y partieron en la siguiente caravana hasta Nippur, para dirigirse de allí a Susa.

En Susa se demoraron unos días mientras llegaba gente de Siraz –nombre que los persas dieron a la zona en la cual estaban construyendo una ciudad para albergar a muchas familias que comenzaban a moverse desde el norte–. Prácticamente eran los únicos que viajaban hasta ese lugar, donde, según decían los de Susa, la tierra era muy mala y la vida no presentaba ningún atractivo. Los viajeros no tuvieron pues otra opción que esperar a quien pudiera guiarlos y acompañarlos.

Susa, la capital del Imperio Elamita, contaba más de dos mil años de existencia en los días de Terah. En contraste con Ur, en ella abundaba la piedra y los viajeros que no estuvieran acosados por la prisa, podían ver construcciones muy antiguas que se conservaban en pie a pesar del tiempo. En las cercanías de estos edificios, Ovid y los suyos caminaron sobre las ruinas de otros edificios más antiguos, y en el lado opuesto de la ciudad admiraron muchas viviendas nuevas: Casas construidas principalmente por comerciantes del Indo que habían hecho de Susa su punto de encuentro y de descanso cada vez que regresaban de oriente. Allí retomaban fuerzas y planeaban la última parte del viaje que los llevaría a Salem y finalmente al valle del Nilo, para volver a iniciar desde allá el ciclo de sus caravanas, y de sus incansables actividades de comprar y vender.

Pasó un mes hasta el arribo de un grupo de persas que venía a Susa en plan de conseguir elementos para su trabajo y su vivienda, y recibir y enviar mensajes a posibles viajeros en Babilonia. Al llegar se enteraron de la presencia de Ovid y su familia, y además supieron que en el término de una semana llegarían algunos paisanos suyos para acelerar las obras. Una vez que encontraron a la familia fenicia, se pusieron de acuerdo con Ovid sobre estar pendientes de la llegada de los nuevos persas para salir enseguida.

Cuando partieron de Susa, eran en total quince personas a pie y cuatro animales con la carga. Ovid observó la energía y capacidad de resistencia de esos persas que hacían jornadas largas con muy poco descanso, siempre pensando en el trabajo que debía estar listo para la gente que llegaría pronto.

A veces, por las dificultades del camino montañoso para Haquim y por algunos momentos de cansancio de Tali, Ovid y los suyos se retrasaban. Entonces uno de los persas los esperaba y les ayudaba un poco. En los últimos días, los otros se adelantaron definitivamente y se quedó solo un persa para acompañarlos hasta donde ya no tendrían peligro de perderse. Finalmente llegaron: Lo primero que vieron fue una serie de seis construcciones a medio hacer; les tomó tiempo observar detenidamente, hasta que distinguieron a un hombre en una de ellas.

—¡Buenos días!—, saludó Ovid al hombre que, agachado, acomodaba unas piezas de piedra.

—Buenos días...— Y el hombre se levantó e hizo una inclinación ante Haquim; luego preguntó: —¿En qué puedo servirles?

—Buscamos a Yaser, mi hermano, que vino a trabajar aquí hace algo más de tres años—, contestó Ovid por todos.

—Sí, lo conozco. Él vino con Nordán. Todos viven más hacia el fondo, en la parte central de la ciudad. Este es el sector más alejado, que apenas estamos comenzando a construir—, dijo el hombre y con señas les indicó el camino que debían seguir.

—¡Kalim, Kalim!—, fue la primera voz que escucharon dirigida a ellos. El menor de los hijos de Yaser reconoció al muchacho que tanto los divirtió en Babilonia y que caminaba adelante por indicación de Ovid, quien venía con Tali apoyando al cansado suegro, para que no tropezara con los materiales de construcción que estorbaban su paso.

Muy pronto todos los parientes estuvieron juntos y entraron en la casa que compartían las dos familias. Allí no acababan de entenderse, de lo mucho que todos tenían para contar. Lo primero que se hizo evidente fue el crecimiento de la familia: Nordán y Timna tenían dos hijos: una niña de año y medio que correteaba entre todos, y un bebé de sexo masculino de apenas tres meses. Tali miró la cuna con esa carita dormida que asomaba entre las mantas, cerró los ojos mientras trataba de apoyarse en la pared, pero se desmayó y cayó al piso.

Ovid, que estaba en la puerta, en tres pasos estuvo a su lado:

—¡Tali, Tali!, ¡por favor, no te me mueras...!—, decía de rodillas mientras besaba la mano de su mujer. Ella despertó casi enseguida y le dijo:

—¿Por qué estamos en el suelo?—. Lía, que acababa de entrar, al mirarla se rió y dijo:

—Pues creo que la única familia que no va a crecer en esta tierra es la mía...

Timna, que entraba con agua y mantas, escuchó el decir de Lía y miró con curiosidad a su otra cuñada que estaba sentada en el piso.

—¿No lo sabías?—, preguntó a su hermano Ovid.

—¿Saber qué?—, dijo el asombrado marido, que no había oído nada mientras se concentraba en su esposa y su posible enfermedad.

—Yo no estaba segura y por eso no te había dicho nada..., perdóname—, dijo Tali. —Me parece que vas a ser padre...

Abrazos y expresión de emociones siguieron por un rato. Luego el sentido práctico de Ovid se manifestó con algo de desconcierto y enojo:

—¿Cómo dejaste que emprendiéramos el viaje sin decirme nada?, eso no fue buena idea...

—No te disgustes. Al momento de salir yo no tenía ninguna idea de que pudiera estar embarazada. Como en el viaje me sentía bien, no presté atención al atraso... Solo de Susa para acá empecé a sospechar...

—Bueno, mi querido amigo, ahora te llegó el momento de la seriedad—, dijo Nordán mientras golpeaba sonriente el hombro de Ovid. Luego, pasando a algo más práctico, propuso: —Creo que debemos acomodar a esta familia para un rato largo, porque lo mejor será que recibamos aquí al nuevo misionero de Salem.

La casa había sido construida con gran amplitud y los visitantes pudieron acomodarse sin estrechez. Ovid pensó en avisar a Terah del asunto. Yaser sugirió que lo dejara para los días en los cuales tenía pensado regresar antes de saber lo del embarazo. —O si no, por lo que me cuentas, va a interrumpir sus largos preparativos y cuando vuelvas te tocará esperar otros tres años...—, concluyó.

Durante dos días Nordán y Yaser interrumpieron su trabajo para enseñar a los huéspedes la ciudad, que estaba creciendo en espera de la llegada de sus ocupantes. Ellos habían construido la casa en la que vivían, que realmente eran dos casas unidas por un patio grande, con jardín, bordeado por amplios corredores. Con las pocas mujeres persas que lograron llegar en los primeros grupos, las dos fenicias habían estado aprendiendo el arte de adornar patios y jardines, y ya se veían flores y arbustos que crecían produciendo sombra y frescura. También tenían ya los trazos iniciales para una fuente que esperaban tener lista cuando estuviera terminada la conducción del agua para toda la ciudad, trabajo que venían adelantando especialistas en acueductos, a partir de un lago en una de las montañas cercanas. Siraz tenía agua y piedra, y un clima más fresco que el de Ur debido a la altura de la meseta, desde la que podía verse el mar al suroccidente, siempre que no hubiera bruma en el cielo.

Desde su llegada a Siraz, Nordán y Yaser habían ayudado en la construcción de otras cuatro casas y actualmente colaboraban en el trazado de calles para el nuevo sector. Ovid se admiró del gusto y cuidado con el cual la gente trabajaba para que todo resultara según el proyecto que habían diseñado en una tablilla de arcilla.

Esa primera noche Ovid preguntó por Jertes y contó con detalle la aventura en Babilonia, con la obsidiana que el joven transportaba. Nordán se levantó y fue a invitar a Jertes y también a Pemor para que saludaran a sus viejos amigos. La velada se prolongó de una forma alegre y llena de interés. Cada uno contó algún hecho desconocido por los otros, de sus viajes y dificultades.

—Oye, hermano, ¿te gusta vivir aquí?—, le preguntó Ovid a Yaser a la mañana siguiente.

—Claro que sí. Lo que más quisiera es hacer una casa como la nuestra para nuestros padres y que ellos se vinieran. Eso sería algo fantástico y los persas no son cerrados para impedir que gente de otros pueblos, con ánimo de colaborar, se venga a vivir aquí.

—Mmm... ¿pero qué haría mi padre aquí, sin navegar?

—De aquí puedes ver el mar—, indicó Yaser con la mano, —no está lejos y me dicen que por ahí se puede llegar al Indo más rápido que por tierra... Otros dicen que también se puede navegar hasta el valle del Nilo, pero eso sí es tan largo o más que ir por tierra. Yo creo que sí debe ser así; que se llegaría a ese mar del que hablan en Menfis, al que le dicen Rojo por el color de las montañas que hacen ver el agua casi roja, y que no está unido al que nosotros conocemos y hemos navegado toda la vida.

—Pues si por aquí se viaja al Indo, y si toda esa gente persa, tan adelantada, va a llegar a vivir en esta ciudad... -porque no cualquier pueblo ignorante planea y construye una ciudad como ésta-, sin duda el transporte por mar será muy importante.... Tal vez mi padre y Jamal se debían venir ahora, antes de que empiece la competencia por el comercio de los productos de Oriente... ¿Y si les propongo el asunto? Te aseguro que incluso a mí me gustaría vivir por estos lados y llegar con facilidad hasta el Indo y conocer esas tierras y enseñar allá y más allá, hasta China...

—Pues, me parece que la idea no está nada mal. Nordán dice que Jamal propuso un día que toda la familia se viniera, cuando supieron que yo lo había decidido, y que mi padre lo tomó como posible.

Esa tarde Ovid comentó con Haquim y Tali lo que habían estado conversando, y ambos se mostraron totalmente disponibles para emprender el proyecto de vida que él eligiera, una vez terminada su misión inicial. Al atardecer, cuando toda la familia se reunió en el jardín, volvieron sobre el asunto. Nordán aseguró que si lo decidían pronto, sería más fácil lograr una ubicación cercana para las nuevas casas, pero que siempre sería posible, sobre todo por los antecedentes que Yaser y su familia iban dejando, en cuanto a su capacidad de trabajo y a su inteligencia para comprender el por qué de la necesidad de planear antes y luego construir apegándose en todo al plan establecido.

Con ideas tan inesperadas en cuanto al futuro, Tali se sintió extrañamente feliz de esperar un hijo que fuera a crecer en un pueblo avanzado y bien educado. Haquim también sentía emoción con las nuevas propuestas. Le preocupaba un poco que en Tiro no se hiciera trabajo de enseñanza como había pensado Ovid.

—No, padre, no creo que tengamos que preocuparnos por eso. Tiro está muy cerca de Salem y sin duda llegarán allá nuevos misioneros...; en cambio esto sí que está lejos y Nordán solamente podrá hacer algo al respecto aquí en la ciudad. Pero con lo que veo de las posibilidades de llegar por el mar a otros pueblos, es una oportunidad para ellos que de otra manera no se les dará tal vez en mucho tiempo. En comparación, para los de Tiro resulta muchísimo más fácil recibir un maestro de Salem que les lleve la enseñanza sobre el Dios Altísimo. Yo mismo le pediré a mi maestro que impulse a algunos para que vayan a las ciudades fenicias y difundan la verdad en ellas.

Tomada la decisión de esperar el nacimiento de su hijo, y considerando seriamente radicarse en Siraz después de concluida su parte en el inicio de ese pueblo que su maestro deseaba tanto, Ovid fue con Nordán a conversar con los dirigentes del trabajo de la ciudad y ofrecer su ayuda durante esos seis u ocho meses, y a hablarles de un lugar para construir su propia casa al regresar del viaje que haría hasta Tiro.

Los persas estuvieron de acuerdo y se admiraron del buen uso del idioma que hacía Ovid y de la sensatez de sus planes futuros, así como de la fuerza de ese ideal que compartía con Nordán de enseñar sobre la verdad que ambos aprendieron con el maestro de Salem.

De este modo, cada día Ovid y Kalim salían, junto con Nordán, Yaser y sus dos hijos, a colaborar en el trabajo de las calles y en la apertura de cauces para la red del acueducto que llegaría hasta cada casa. Haquim se quedaba con las mujeres y ayudaba en algunos quehaceres a la hora de preparar los alimentos, y en la tarde salían a caminar y a sentir el aire que soplaba desde el mar. El viejo estaba feliz por el embarazo de su hija. También la paz y tranquilidad de esa ciudad a medias habitada, ejercía sobre todos una benéfica presión que llevaba las mentes hacia el pensamiento en el Dios Altísimo: al fin y al cabo, su conocimiento había sido la causa directa de que circunstancias tan diversas los tuvieran congregados en lo que parecía ser el extremo del mundo y hubiera cambiado su vida de forma tan radical. Este pensamiento orientaba la conversación cuando, sentados sobre un montículo, observaban la ciudad y el mar, y sentían la dulzura del atardecer.

Un mes después de la llegada de Ovid y los suyos, Nordán recibió la propuesta de construir una casa especialmente diseñada para la administración de la ciudad. El plano había sido claramente dibujado en una tablilla traída por el último emisario, quien traía además la recomendación de que se emprendiera tal obra cuanto antes. Los encargados pensaron que Nordán, con la ayuda de sus parientes y otros obreros que fueran teniendo tiempo disponible, podrían terminar en seis meses la obra que se les proponía.

Yaser y su hijo mayor, que se habían hecho expertos en arreglar la piedra entre ambos, una vez que miraron los muros y las indicaciones de longitud y altura, hablaron de que necesitaban al menos dos meses para tener lista toda la piedra calculada. Kalim tímidamente ofreció ayudar, aunque nunca antes había hecho algo como eso; creía que podría aprender. Ovid ayudaría a Nordán en la apertura de las zanjas para los cimientos y el menor de los hijos de Yaser, con ocho años de edad, se comprometió a alcanzar objetos y agua a los trabajadores.

Al día siguiente se eligió y marcó el espacio dentro del diseño de la ciudad, y su correspondiente sobre el terreno; luego comenzaron los trazos en la tierra para comprobar la apropiada distribución de muros y aberturas. Una semana después, hechas todas las correcciones que el ensayo de andar sobre el plan dibujado en el piso mostró necesarias, comenzaron a excavar y a colocar piedras.

Fueron cinco meses de trabajo continuo. Otros trabajadores ayudaban esporádicamente, cuando terminaban una obra o debían suspenderla por algún período. Solamente descansaban cortos ratos durante el día y las necesarias horas de sueño por la noche. Los entusiasmaba el progreso que iban logrando y la armonía del conjunto de paredes que crecían y daban lugar a amplias estancias, con ventanas para la iluminación y la ventilación, corredores para que quizás muchas personas transitaran en días de gran movimiento, todo alrededor de un espacio central que albergaría una fuente y sectores de jardín con flores y pájaros...

Cuando la obra de piedra estuvo terminada, todos se sentían muy satisfechos y orgullosos. Recibieron con alegría la felicitación de los jefes de construcción, así como la invitación para que Ovid, si lo deseaba, eligiera un terreno para construir su casa.

Esa noche, con la perspectiva de un día entero de descanso, conversaron largamente. En la mañana siguiente mirarían el plan de la ciudad para elegir allí el sitio de la nueva casa. No quedaban dudas de que eso era lo mejor.

Tres semanas después, llegó la hora del parto. Nordán llamó a la madre persa que había atendido a su esposa en los nacimientos de sus dos hijos, y ella, con la ayuda de Timna y de Lía, asistió a Tali. Nació Asán, primer hijo de Ovid.

La casa ya estaba diseñada en una tablilla de arcilla cruda. Todo ocupaba su lugar de manera suave y organizada, aunque menos de un año antes ninguno hubiera imaginado tal desarrollo de los hechos.

Pasado casi un mes del nacimiento de su hijo, Ovid comenzó a sentir urgencia de terminar cuanto antes el encargo de asegurarse de la salida de Terah hacia Salem. Así, después de hablar en primer lugar con Tali y luego con los demás, decidió que lo mejor era viajar él solo. Los otros y el mismo Kalim le insistieron en que se llevara al muchacho. Así, éste de paso visitaría a su madre y tomaría decisiones con los suyos acerca de dónde se quedaría a vivir.

Una semana más tarde, salieron. Ovid llevaba la idea de viajar rápidamente y regresar en cuantoTerah se encontrara andando hacia el norte: —Lo haremos así, Kalim: Si Terah ya está por salir, lo espero y salgo con él hasta Babilonia. Allí me adelanto para ir a Tiro a saludar a mis padres y familiares, y luego voy a Salem, a lo mejor por el mar para ganar tiempo, para ver a mi maestro y contarle de todos los acontecimientos y que él vea qué emisarios mandar a Terah... y me regreso...— Hizo una pausa para pensar y continuó: —Seguramente en ese camino de regreso me encontraré con Terah, hablaremos y, sin duda, después de mi conversación con el maestro tendré motivos para animarlo a continuar con fe su viaje; y finalmente me despediré de él y volveré a

Babilonia a encontrarme contigo y saber qué decidiste. Luego será el regreso a Siraz...

—Yo ya tengo hecha mi elección. Volveré a Siraz y allí viviré. Si tú no me necesitaras más, allá hay mucho trabajo para hacer...—, dijo Kalim.

—Y tus padres, ¿qué crees que dirán?—, preguntó Ovid a su ayudante mientras lo observaba complacido.

—Mi padre ya está haciendo comercio entre Babilonia y Ur, de modo que no le será difícil alargar algunos viajes y llegar hasta Siraz... Sobre todo si tus hermanos comienzan a viajar por mar a oriente y traen todo lo que allá venden que les gusta tanto a las mujeres... Y yo siempre podré ir de vez en cuando a Babilonia a visitarlos.

Las conversaciones con Kalim fueron de gran ayuda para Ovid, pues gracias a ellas tenía cosas siempre frescas y divertidas en qué pensar cada vez que la nostalgia por su esposa y su hijito le hacían ver el camino como un largo y tremendo destierro.

............

Cuando Ovid y Kalim llegaron a las tierras de Terah, nada parecía haber cambiado en sus meses de ausencia. Sin embargo, pronto fueron informados del avance de los preparativos del viaje y de que Terah proyectaba salir después de la fiesta de Año Nuevo. El propio Terah les confirmó su plan. Abram se adelantaría a Babilonia para buscar guías que los acompañaran a Salem. Ellos solos, con sus gentes y ganados, constituían una caravana de tal naturaleza, que no era pensable unirse a una caravana común.

Faltaban cinco meses para la fiesta. Ovid sintió que nada podría hacer en ese tiempo, a menos que él se adelantara hacia Salem.

—Kalim, ¿qué dirías si dejamos a éstos que sigan con su proyecto y nos adelantamos? ¿Tú los esperas en Babilonia, le ayudas a Abram a conseguir los guías y me mandas avisar cuando por fin salgan de allá?—, preguntó Ovid a su ayudante.

—Yo creo que sería bueno. Aquí no podemos ayudar mucho. Lo mejor es que tú hables con Terah y con Abram—, contestó Kalim.

El dueño de casa estuvo de acuerdo; incluso se sintió cómodo al saber que el propio Ovid avisaría a Melquisedec de su viaje y llegada. Abram conversó con Kalim acerca del tiempo y el lugar en donde se encontrarían en Babilonia, para contactar a los guías y buscar los víveres que hicieran falta.

Así, Ovid volvió a Babilonia con Kalim. Allí estuvo tres días en casa de Izhar, al cabo de los cuales se despidió, después de haber acordado todo lo relativo a mensajes y colaboración para los viajeros que llegarían de Ur.

## XII. El gran viaje

Por largo tiempo permaneció en la memoria de los habitantes de la región el día en que Terah salió de Ur con su familia: Desfilaron por el camino y bordearon la ciudad organizados en una larguísima caravana, mil trescientas personas con más de cinco mil ovejas y doscientas cabalgaduras, entre asnos y camellos, que llevaban a las mujeres mayores y a los niños, además de los elementos para acampar y las provisiones para los primeros tres meses de viaje. Abram salió adelante y avanzó con su sobrino Lot para llegar a Babilonia, a encontrarse con Kalim y los guías que debían conducirlos hasta Salem. Terah y Nazor, su otro hijo, caminaban con la caravana. Nazor iba a la cabeza con un grupo de hombres jóvenes armados, experimentados en batallas, quienes tenían el encargo de revisar el camino en previsión de ataques de tribus hostiles o de ladrones.

En Babilonia, Abram contrató cuarenta hombres entre guías y auxiliares, quienes se comprometieron a llevarlos hasta Jarán. Allí serían relevados por hombres de la región expertos en el paso del Éufrates y con ellos descenderían en dirección a Salem.

Tres meses después de la salida de Ur, cuando la inmensa caravana partió de Babilonia rumbo al norte, Kalim envió un mensaje a Salem avisando a Seír del hecho. Él informaría a Melquisedec y a Ovid.

Dos semanas más tarde, habiendo conversado con sus padres y sin que le quedara ninguna duda al respecto, Kalim decidió unirse a una caravana para volver a Siraz. Prefería con mucho adelantar en conocimientos de construcción y quizás de navegación con Yaser y Nordán, a quedarse en Babilonia por tiempo indefinido hasta el regreso de Ovid. Su padre lo acompañó hasta Susa.

............................

Mientras Terah iniciaba la marcha con toda su gente y su hacienda, Ovid, que había tomado la decisión de seguir directamente a Salem, iba llegando al paso del río en el norte de Mesopotamia.

Gracias a que no había llovido en los últimos meses, el río fue rápidamente vadeado por la caravana y pronto llegaron a Damasco. En esta ciudad, donde descansaron dos días, siguiendo las indicaciones de Nordán, Ovid buscó a Salman, el hijo de Safed, para saber por él qué sucesos especiales habían tenido lugar en su tierra y su familia.

Por Salman supo Ovid que su padre continuaba con el negocio de comprar y vender maderas, que los cuñados de su hermano Sobed lo habían buscado hasta Salem y lo daban por muerto, porque ningún guía de caravanas tenía noticia de que alguien con ese nombre hubiese viajado con su familia en ninguna dirección. Además supo que su madre deseaba saber más de ellos y de sus nietos, pues Nordán le había mandado información del nacimiento de cada uno de sus hijos, pero nada más.

El día de la salida de Damasco, Ovid le pidió al beduino informar a su madre que su hijo menor estaba de viaje para ir a visitarla y que tardaría algunos meses en llegar a Tiro, pero recomendándole que no hablara de haberlo visto personalmente, sino sólo de haber recibido el mensaje procedente de Babilonia. Le explicó que le urgía hablar con su maestro cuanto antes y que de hacer la visita a Tiro en esos días, no podría demorarse más de una semana con su familia. Salman, con su habitual parquedad de palabra, comprendió perfectamente las razones del hermano de Yaser y de Timna y se lo comunicó con inclinaciones de cabeza.

Kalim, por su parte, volvió a Siraz con ánimo y muy buena disposición para trabajar y aprender. Servía gustosamente a todos, aunque hizo especial amistad con los hijos de Yaser. Los tres planearon ahorrar lo suficiente como para hacer juntos un viaje hasta la costa y explorar las posibilidades de vivir más cerca del mar, una vez terminados sus compromisos en apoyo a los constructores de la ciudad persa.

.................................

Un año largo tardó Terah en llegar a Jarán. En cada ciudad se demoraba al menos dos semanas para hacer negocios, comprando y vendiendo ovejas y cabalgaduras, y visitando lugares que le señalaban como posibles ubicaciones de los primeros semitas que emigraban hacia el sur.

Una vez en Jarán, los nuevos guías que iban a ayudarles en el último tramo , les avisaron acerca de la necesidad de detenerse allí por algún tiempo, quizás un par de meses o algo más, porque la creciente del río y las lluvias intensas que no paraban, hacían imposible continuar antes la travesía.

Terah sabía, sin ninguna duda, que Jarán era la tierra de sus antepasados. Las tradiciones de la familia aseguraban que el padre de su bisabuelo había salido de allí hacia el sur, con gran riqueza de ganados y muchos servidores, más de doscientos años antes. Sin ninguna preocupación por la demora que tendría el viaje, al recibir la noticia de que debían acomodarse en esa localidad para una estadía larga, alegremente él y sus hijos buscaron tierras apropiadas para acampar.

Dos meses después estaban tan acomodados, que Terah, apoyándose en el hecho de que pasar el río continuaba siendo imposible, decidió despedir a los guías y comenzar algunas construcciones para permanecer un par de años en esa buena tierra.

Sucedió que, en cuanto se conoció la noticia de la llegada y establecimiento de la familia de Terah en Jarán, empezaron a aparecer en plan de visita y de mutuo reconocimiento, descendientes de los hermanos del bisabuelo Reú. En tres o cuatro meses, la cantidad de familiares que vivían en la región y que pudieron comprobar la historia de sus respectivos progenitores hacia atrás, había crecido a un número cercano a quinientas familias. Entonces Terah, fiel a su ánimo conquistador, resolvió ampliar sus posesiones y establecer vínculos de trabajo e intereses con todos los parientes, a fin de hacer crecer efectivamente la familia mediante la inclusión en ella de cuantos tuvieran alguna posibilidad de parentesco con él.

Ovid, ignorante del giro inesperado que había tomado el viaje de Terah, llegó a Salem. Melquisedec estaba con Katro; con gran emoción relató sus historias y escuchó las que ellos le contaron; recorrió en su compañía la ciudad que veía más grande y poblada; visitó a los amigos y conoció a los nuevos discípulos de la escuela, que eran niños pequeños cuando él se marchó a Babilonia; vivió de nuevo esos momentos de inmensa alegría al compartir las sencillas cenas de pan y vino con el maestro y los demás creyentes.

En reuniones con Melquisesec, Ovid le explicó detalladamente las circunstancias de su vida y trabajo en Babilonia y en Ur, y la visita a Nordán que lo había decidido a unir su espíritu fenicio con su formación de misionero, arraigándose en la costa de las nuevas tierras que los persas estaban colonizando.

Un mes y medio después de la llegada de Ovid a Salem, recibieron el mensaje de Kalim sobre la salida de Terah de Babilonia, noticia que a todos alegró mucho.

—Ya puedes ir donde quieras y vivir donde quieras. Has cumplido a cabalidad tu tarea inmediata—, le dijo Melquisedec con gran afecto. —Sabiendo que Terah está ya en camino, yo me encargo de lo restante. Aquí tengo suficientes ayudantes y guías que son creyentes y que sin duda me traerán noticias del viajero y su gran familia.

—Gracias por todo, maestro —, dijo Ovid muy emocionado, al tomar consciencia de que había llegado la hora de partir de manera definitiva. —Solamente deseo mucho que se cumplan a cabalidad tus anhelos y que ese pueblo crezca y permanezca fiel hasta...—, y aquí el discípulo miró a su maestro interrogativamente.

—...Hasta que la humanidad entera sea una sola familia con un único Padre—, terminó Melquisedec.

—¿Quieres decir que toda la humanidad formará parte de ese pueblo algún día?

—No exactamente; pero ese pueblo será el inicio de un proceso que se extenderá poco a poco, hasta que todos los hombres se sientan hijos de un solo Dios y consecuentemente se comporten como hermanos entre sí—, le explicó Melquisedec.

Entonces Ovid le habló de su preocupación por la gente de Tiro. Sentía que les faltaba al no regresar en plan de enseñanza a su ciudad natal. Melquisedec lo tranquilizó asegurándole que enviaría misioneros jóvenes y capaces para que llevaran a los pueblos fenicios la verdad.

—Además—, le explicó, —Nordán ya inició el trabajo y tus padres, en particular tu madre, es una muy querida y escuchada transmisora del mensaje.

—¿Y cómo sabes esto?—, le preguntó Ovid admirado.

—Por una visita muy grata que recibimos... No sé si Nordán te habló de Safed, el beduino, y de su familia.

—Sí, pero no mucho.

—Pues vino, y te aseguro que es un verdadero hombre de Dios. Cuando se marchó, tenía el proyecto de buscar a la familia de un hermano que hace muchos años se estableció en Jarán. Estaba convencido de que ese hermano habría recibido con inmensa felicidad la enseñanza sobre el Dios Altísimo y, puesto que ya había muerto, él, Safed, deseaba enseñar a esos sobrinos lo que el padre de ellos sin duda les habría transmitido de haberlo sabido en vida. Después volvería a los alrededores de Tiro porque se sentía muy vinculado por lazos de amistad con tu familia.

—Pues me alegro mucho. Pero eso no quita que de tiempo en tiempo envíes discípulos para que mantengan viva la fe de mi gente, ¿verdad?—, comentó Ovid.

—Cuenta con que lo haré. Ve con los tuyos. Sé feliz. Si te atrae viajar al oriente, no dejes de hacerlo. Sé que llevarás a todas partes el impulso de enseñar la verdad en la que crees y amas—, le dijo Melquisedec, mirándolo afectuosamente.

Ovid se despidió de su maestro y fue al patio de las caravanas para establecer el día en el cual saldría de regreso hacia Siraz.

Cinco días después, la comunidad lo despedía en un alegre convite. Asistieron muchos guías que se comprometieron a mantener informados a todos de los principales sucesos de la escuela de Salem, de los misioneros y de los discípulos.

Cuando Ovid llegó a Jarán a su regreso de Salem y después de dos meses de descanso en Tiro, se enteró de que Terah no pensaba de momento continuar el viaje. Fue entonces a visitarlo y le comentó que su maestro estaba muy deseoso de verlo. Terah le explicó que el compromiso que había adquirido con muchos parientes que acababa de conocer le impedía seguir de inmediato, pero que en cuanto todo se regularizara, sin duda haría la segunda parte del recorrido y llegaría hasta la escuela de Salem.

Ovid se despidió de Terah y de sus hijos, y salió más tranquilo y seguro de que el jefe de la muy crecida familia no contemplaba la posibilidad de regresar a Ur. Antes de continuar con su viaje, envió a Melquisedec un mensaje con un guía conocido, informándole del asunto y de la nueva ubicación de la familia de Terah.

Al cabo de un año y medio de haber salido en compañía de Kalim, Ovid regresó a Siraz. El pensamiento de su hijo le impulsó a acelerar la marcha cuanto pudo, y fue muy grande su alegría cuando Tali lo recibió con Asán tomado de la mano y el niño le tendió los brazos, gesto que repetía siempre frente a los hombres de la familia, pero que Ovid sintió como un reconocimiento de su condición de padre. Todos vinieron a saludar en cuanto se fueron enterando del regreso del hermano, amigo y pariente, y a escuchar los relatos de tantos lugares y personas conocidas.

—Pues sí que nuestros padres y Jamal esperan saber acerca de las posibilidades reales de navegación para venirse…—, fueron las palabras con las que Ovid finalizó el recuento minucioso que hizo para todos, de sus actividades en Tiro.

Muchas veces, en charlas con Nordán, Ovid le habló del maestro y del número creciente de discípulos que asistían a la escuela, entre los cuales había muchos guías de caravanas que constituían un medio muy eficaz de comunicación para todos.

Yaser, junto con sus hijos y con Kalim, a quien Ovid dio total libertad de elegir lo que haría en el futuro, estaban impacientes por bajar hasta la costa; para empezar, querían recorrerla y observar el mar y las gentes que vivieran en sus cercanías. Así, después de terminar el compromiso de construcción que habían aceptado, informaron de su próxima partida. Otros obreros que también habían finalizado las obras a su cargo, se les unieron, de modo que una mañana, antes de la aurora, veinte hombres liderados por Yaser, salieron en dirección al mar.

Los intentos de navegación fueron exitosos. Los hombres de la expedición no hallaron persona alguna en el litoral que exploraron. Con maderas traídas por el mar, y parte de los elementos que habían llevado consigo, construyeron dos balsas para recorrer la costa. Un día de navegación hacia el sur, los llevó al descubrimiento de vestigios dejados por navegantes chinos que algún día, muchos años atrás, habían llegado hasta allí en barcos grandes. Con emoción escogieron un espacio que consideraron apropiado y seguro para construirse un poblado, y regresaron a Siraz en plan de organizar un proyecto que incluyera, además del pueblo, la construcción de dos barcos. Necesitaban también conseguir voluntarios deseosos de hacer de tal proyecto una realidad. Yaser había entendido perfectamente la conveniencia de planear, antes de empezar a realizar las grandes ideas.

En lo que restaba del año, se hizo inminente la llegada de los pobladores para quienes se habían construido las casas. Cada vez que llegaban noticias de grupos familiares grandes que se congregaban en Babilonia, se podía sentir la emoción de todos esos persas que llevaban tanto tiempo lejos de los suyos.

Finalmente, aparecieron los primeros y detrás de ellos otros y otros, hasta que todas las casas fueron ocupadas y Siraz se convirtió repentinamente en una ciudad animada y bulliciosa.

.............................

Pasaban los años, subía y bajaba el nivel del Éufrates, y Terah no encontraba la coyuntura apropiada para reemprender el viaje hacia Salem...

## XIII. Genealogía y muerte de Terah

Reú, descendiente de Sem, el hijo mayor de Noé quien fuera a su vez el legendario sobreviviente de la gran inundación del norte de Mesopotamia, llegó a Ur de Caldea y se estableció en ella unos meses antes del nacimiento de su hijo Serug, quien a los treinta años fue padre de Nazor y éste, a los veintinueve, lo fue de Terah, el hombre que Ovid deseaba ganar para la causa de su maestro. El mayor de los hijos de Terah, llamado Abram, nació cuando su padre tenía setenta años. Después de él llegaron Nazor y Haram. Estos descendientes constituían la cuarta generación de la familia radicada en esta ciudad.

En los días de la llegada de Ovid y su familia a Ur, Abram tenía 53 años y estaba casado con una parienta de nombre Sarai. Nazor estaba también casado y Haram había muerto, dejando un hijo llamado Lot, y dos hijas de las cuales Milka, la mayor, era la mujer que Nazor había tomado como esposa.

Terah había heredado los dioses familiares de la casa de su padre, junto con las tradiciones de su madre: Ella había nacido en el seno de una de las familias sumerias que conservaban el culto del UNO, único dios de los muy antiguos pobladores de la región, junto con la práctica de los mandamientos que los sacerdotes setitas habían promulgado desde los tiempos de Adán y que sobrevivía en algunos grupos familiares, generalmente descendientes de uno de dichos sacerdotes.

Tanto el padre como sus hijos y nietos habían aprendido a leer las tablillas y a escribir en ellas. Abram y Nazor conocían los nombres de sus antepasados hasta Noé y se esforzaban por mantener una vida ordenada de acuerdo con las enseñanzas de sus padres, en especial el culto a los dioses. Dado que su madre no tenía las tradiciones de la madre de Terah, para ellos el UNO era un dios más en medio de los otros, que tenía la particular propiedad de ser invisible y del cual conservaban algunos mandatos escritos en tablillas que la abuela había dejado.

Por otra parte, los primeros semitas llegados a la región, y asimismo sus descendientes, debieron entrenarse para defender a Ur y apoyar a las otras ciudades-estado confederadas de los frecuentes ataques de los pueblos salvajes, que llegaban en son de guerra a invadir y apoderarse de las riquezas. Consecuentemente, todos los varones adultos de la casa de Terah habían sido adiestrados militarmente y participaban en las guerras defensivas cuando las circunstancias lo exigían. En el tiempo restante, ayudaban en la cría y atención de los ganados y demás bienes de la familia.

La de Terah era, pues, una familia semita, líder dentro de los procesos concernientes al crecimiento económico y cultural de Ur. Y tenía él una gran riqueza en ganados y tierras de cultivo, además de numerosos esclavos para los trabajos del campo y empleados para la administración de sus bienes.

Cuando se estableció en Jarán, Terah tenía ciento veinticinco años y su hijo Abram cincuenta y cinco. Por doce años Terah gobernó sobre la familia que lo acompañó desde Ur, ampliada con toda la parentela que encontró en la tierra de sus antepasados y que voluntariamente se sometió a su liderazgo, e hizo crecer grandemente su hacienda y sus rebaños. Su fama se extendió a través de toda la región.

Melquisedec se abstuvo de presionar al anciano líder para que reemprendiera la marcha hacia Salem. En lugar de esto, envió discípulos para que continuaran el trabajo que Ovid había realizado en Ur y enseñaran la verdad a las familias recién vinculadas. Terah y Abram recibían a estos sucesivos emisarios con gusto y les permitían desarrollar su misión.

Abram no estaba tan convencido como su padre de la posibilidad de generar un pueblo que se fundamentara en tales enseñanzas, sobre todo por medios pacíficos. Su formación militar, su habilidad como estratega de batallas demostrada en las experiencias y triunfos de su juventud, lo habían aficionado a las campañas guerreras y prefería con mucho el método de las armas para someter a la gente.

Nazor, por su parte, permanecía indiferente a la nueva doctrina, demostrando menosprecio hacia los jóvenes que no continuaban con el culto de los dioses materiales de sus padres, porque desde niños habían escuchado y creído en el Dios de Ovid y de los nuevos discípulos del maestro de Salem.

Cuando corría el año trece desde su llegada a Jarán, Terah enfermó y, sintiendo que su vida se acercaba al final, traspasó a su hijo Abram la dirección de sus propiedades y de las personas que en ellas vivían y trabajaban, recomendándole especialmente que cumpliera la voluntad de Melquisedec y que, después de su funeral, viajara a Salem tan pronto como pudiera, llevando consigo a su nieto Lot y a todos los familiares y servidores, y también a los esclavos que desearan ir y participar con él en la iniciación de ese pueblo, sin obligar a ninguno.

Nazor, viendo a su padre cada día más enfermo, le pidió que le asignara la parte de herencia que le correspondía, para evitar peleas futuras con su hermano. Le informó además de su proyecto de construir, al sur de Jarán, una ciudad que llevaría su nombre. Así Nazor quedó excluido de los proyectos del futuro pueblo y, a la muerte de su padre, Abram quedó sólo en compañía de su sobrino Lot para dirigir a todos aquéllos que aceptaran viajar a Salem.

Dos años después de fallecido Terah, y quince desde su llegada a Jarán, Abram salió hacia Salem con su esposa Sarai, su sobrino Lot y las personas que se adhirieron voluntariamente al proyecto, junto con todos sus rebaños y pertrechos.

## XIV. El tiempo de Abraham

Llegó por fin el día en que Melquisedec fue informado del avistamiento de la caravana de Abram y Lot, con un cálculo de cuatro o cinco días de camino para su arribo a Salem. Entonces el maestro volvió a su tienda y se instaló en ella. Explicó con detalle a sus discípulos acerca de la importancia de la visita que recibirían y del proyecto del nuevo pueblo, al cual todos los que desearan podrían unirse. Antes de retirarse a descansar, pidió a los más cercanos que prepararan pan y vino para la recepción de los visitantes.

El día de su llegada los viajeros fueron recibidos y agasajados con pan y vino, según la costumbre arraigada en la comunidad de Salem. Abram presentó ofrendas, reconociendo a Melquisedec como rey y postrándose ante él, a lo que el maestro lo haló del brazo para que se levantara y, con un gesto, impidió que los demás continuaran postrándose. Y dijo sencillamente:

—No debes creer que soy en verdad un rey. Solamente acepté tal título mientras los jefes de las tribus de Salem aprendían a colaborar entre ellos. Ya está eso hecho, así que en adelante no habrá más rey de Salem.

Abram estaba desconcertado: ¿Cómo que el rey de Salem vivía en una tienda? ¿Cómo que en lugar de un banquete de bienvenida, una sencilla comida de pan y vino? ¿Cómo que no había guardias ni soldados que protegieran a su soberano?

Melquisedec, aunque comprendió la extrañeza y desconfianza de Abram a la vista de su simplicidad, continuó con su programa: reforzar los aspectos esenciales que era necesario repetir sin cansancio a todos los seguidores de quien sería cabeza del pueblo encargado de mantener la fe en un único Dios. El propio líder semita informó a Melquisedec que, por temor a la sequía, una buena parte de las gentes y ganados no salió con ellos de Jarán y que esperarían hasta las siguientes lluvias para proseguir.

Abram se retiró con Lot para buscar una ubicación apropiada y que pudiera ser fácilmente protegida de incursiones tribales o de bandas de ladrones. Allí, en las colinas elegidas, comenzó a recibir a los discípulos del maestro de Salem para iniciar los preparativos de la celebración de la alianza con el Dios Altísimo. Pero como la sequía agotaba los pastos y el semita se informó de las buenas condiciones que reinaban en Egipto, viajó hasta el valle del Nilo, donde fue recibido con grandes muestras de aprecio por el Faraón.

Al tener noticia del viaje de Abram y sabiendo que podía ser muy larga la nueva espera, Melquisedec decidió aprovechar el tiempo dando término oficial a su reinado y ayudando a consolidar un gobierno representativo en la región. Mandó llamar a los jefes de las tribus y les explicó que ya no era necesario en modo alguno el cargo de rey de Salem. Les aconsejó que en adelante continuaran resolviendo sus problemas de forma colaborativa, como lo venían haciendo, y que se abstuvieran de nombrar un rey. Que él, por su parte, seguiría siendo amigo de todos y les daría consejo cuando se lo pidieran.

A sus discípulos encargó tareas de administración y difusión de la doctrina, no sólo en Salem y sus alrededores, sino en todos los lugares que pudieran elegir para establecerse. Respondió a todas sus inquietudes en torno a la obligación de pertenecer o no al nuevo pueblo que Abram gobernaría. A todos les quedó muy claro que no existía ninguna obligación de someterse a Abram, que podrían ir tan lejos como desearan y que si mantenían la fe y trataban de comunicarla a otros, cumplirían sin ninguna duda el deseo del Altísimo. Los que quisieran permanecer en Salem, pero fuera del pueblo de Abram, simplemente no deberían impedir a otros que desearan pertenecer a él, y todos evitarían entrar en controversias respecto de la forma de honrar al único e invisible Dios y Padre de todos.

Por fin, cuando los pastos se habían recuperado y acabaron de llegar los rezagados de Jarán, también Abram regresó de Egipto. Entonces Melquisedec pudo dedicar la mayor parte de su tiempo a la empresa de preparar la alianza, de convocar a todos los que deseaban entrar en ella y de asegurarse de que estuvieran bien enterados de lo que significaría en sus vidas, y en las de sus descendientes, el pacto de todos con el Dios Altísimo.

Pasaron trece años entre el regreso de Egipto y la celebración del pacto. Abram en este tiempo sucumbió al llamado de empresas guerreras, pese a los consejos de Melquisedec, quien no pudo frenar esos proyectos.

Cuando el líder semita volvió victorioso de su campaña, se dedicó con gran atención a pensar y actuar con miras al objetivo que lo había movilizado durante la mitad de su vida. Melquisedec, una vez terminada la labor de preparación, lo impulsó a fijar el día de la Alianza y a convocar a todos los que participarían, sin dilatar más la espera. Enseguida habló con él de la señal que llevarían todos los varones del pueblo y Abram obedeció. Terminada la celebración del pacto, cambió su nombre por Abraham.

Pero no tan fácilmente se olvidan las prácticas y se abandonan los temores de los dioses ancestrales. No solamente los últimos en alistarse dentro del pueblo, sino el propio líder y los de su familia, sufrían desmayos en la fe en el dios invisible y volvían a sus dioses materiales, a quienes en el secreto de sus casas veneraban y ofrecían sacrificios. Cuando pasaba algún tiempo sin hacerlo, los atormentaban sueños de tremenda ira y de venganza de esos exigentes fantasmas familiares, a los cuales se añadía el Altísimo como una voz más que también quería sacrificios de sangre. Fue larga y dura la lucha contra el temor...

Melquisedec continuó apoyando a Abraham por varios años. Finalmente, después de la visita que éste le hizo en la cual le manifestó su real convicción de que el Altísimo no deseaba sacrificios humanos, el maestro de Salem entendió que el patriarca del pueblo de la alianza estaba listo y que su misión en Salem había llegado a su fin.

Al día siguiente de esa visita de Abraham, cuando los discípulos llegaron a buscar a Melquisedec, encontraron la tienda vacía, sin ninguna señal del camino tomado por su maestro, y comprendieron que no volverían a verlo.

Melquisedec vivió más de ochenta años en Salem. Sus enseñanzas arraigaron en muchos de sus visitantes esporádicos procedentes de muy diversos lugares y culturas. Ellos llevaron a sus familias y pueblos la información acerca de la exigencia fundamental de fe por parte del Dios Altísimo, y en algunos pueblos se dieron casos de verdaderos creyentes que por generaciones transmitieron esta fe a los suyos y la convirtieron en herencia familiar. Así, aunque dispersos, hubo creyentes en el Indo, entre los hititas, los fenicios, los sirios, los pobladores del valle del Nilo y hasta en comunidades del lejano Oriente. Su partida marcó el inicio del tiempo de Abraham.

**********************

Fin de 'MELQUISEDEC MAESTRO DE SALEM'

Made in the USA
Middletown, DE
12 February 2023